C# für IT-Berufe

```csharp
using System;

namespace CSharp_IT_Berufe
{
  class Program
  {
    static void Main(string[] args)
    {
      Console.WriteLine("Informationsteil:");
      Console.WriteLine("     - Einführung C#");
      Console.WriteLine("     - Windows-Forms");
      Console.WriteLine();
      Console.WriteLine("Aufgabenpool");
      Console.WriteLine();
      Console.WriteLine("Lernsituationen");
      Console.WriteLine();
    }
  }
}
```

VERLAG EUROPA-LEHRMITTEL · Nourney, Vollmer GmbH & Co. KG
Düsselberger Str. 23 · 42781 Haan-Gruiten

Europa-Nr.: 85542

Verfasser:
Dirk Hardy, 46049 Oberhausen

Verlagslektorat:
Benno Buir

Das vorliegende Buch wurde auf der **Grundlage der aktuellen amtlichen Rechtschreibregeln erstellt.**

1. Auflage 2010

Druck 5 4 3 2 1

Alle Drucke derselben Auflage sind parallel einsetzbar, da sie bis auf die Behebung von Druckfehlern untereinander unverändert sind.

ISBN 978-3-8085-8554-2

©2010 by Verlag Europa-Lehrmittel, Nourney, Vollmer GmbH & Co. KG, 42781 Haan-Gruiten
http://www.europa-lehrmittel.de
Satz: Reemers Publishing Services GmbH, Krefeld
Druck: Media-Print Informationstechnologie, 33100 Paderborn

Vorbemerkung

Die Firma Microsoft suchte in den späten 90er-Jahren eine Antwort auf die enorm erfolgreiche Programmiersprache Java, die zugleich mit einer neuen Technologie verbunden war. Durch die virtuellen Maschinen, in denen der übersetzte Java-Quellcode ausgeführt wurde, war die Grundlage einer Plattformunabhängigkeit und weiterer Vorteile gegeben. Microsoft entwickelte daraufhin die Softwareplattform .NET, die die Möglichkeiten der Java-Technologie und zusätzliche Vorzüge haben sollte. Die Sprache C# wurde dann speziell für .NET entworfen. C# ist eine moderne und vollständig objektorientierte Sprache. Sie ist syntaktisch an die Sprache C++, konzeptionell aber eher an die Sprache Java angelehnt. Das Erlernen der Sprache C# beinhaltet auch die intensive Auseinandersetzung mit der .NET-Technologie. Diese Auseinandersetzung ist für die Ausbildung im IT-Bereich ein wichtiger Aspekt.

Aufbau des Buches

Das vorliegende Buch möchte die Sprache C# möglichst anschaulich, praxis- und unterrichtsnah vermitteln. Damit verfolgt dieses Buch einen **praktischen Ansatz**. Es ist die Ansicht des Autors, dass gerade in der schulischen Ausbildung der Zugang zu den komplexen Themen der Programmierung verstärkt durch anschauliche und praktische Umsetzung vorbereitet werden muss. Anschließend können allgemeine und komplexe Aspekte der Programmierung oder auch der Softwareentwicklung besser verstanden und umgesetzt werden.

Das Buch ist in **drei Teile** getrennt. Der **erste Teil** des Buches dient als **Informationsteil** und bietet eine **systematische Einführung in die Sprache C# und in die Grundlagen von .NET**.

Ein ausführlicher Einstieg in die **Windows-Forms-Programmierung** unter .NET rundet den Informationsteil ab.

Der **zweite Teil** des Buches ist eine **Sammlung von Übungsaufgaben**. Nach der Erarbeitung der entsprechenden Kenntnisse aus dem Informationsteil können die Aufgaben aus diesem Teil zur weiteren Auseinandersetzung mit den Themen dienen und durch verschiedene Schwierigkeitsgrade auch die Differenzierung im Unterricht ermöglichen.

Der **dritte Teil** des Buches beinhaltet **Lernsituationen** basierend auf dem Lernfeld Entwickeln und Bereitstellen von Anwendungssystemen aus dem Rahmenlehrplan für die IT-Berufe (speziell Fachinformatiker-Anwendungsentwicklung). Lernsituationen konkretisieren sich aus den Lernfeldern und sollen im Idealfall vollständige Handlungen darstellen (Planen, Durchführen, Kontrollieren). Aus diesem Grund werden die Lernsituationen so angelegt, dass neben einer Planungsphase nicht nur die Durchführung (Implementation des Programms) im Blickpunkt steht, sondern auch geeignete Testverfahren zur Kontrolle des Programms bzw. des Entwicklungsprozesses in die Betrachtung einbezogen werden. Die Lernsituationen können aber auch als **Projektideen** verstanden werden.

Das Buch ist für alle berufsbezogenen Ausbildungsgänge im IT-Bereich konzipiert. Durch die differenzierten Aufgabenstellungen kann es in allen IT-Berufen (speziell Fachinformatiker), aber auch von den informationstechnischen Assistenten genutzt werden.

Als Entwicklungswerkzeug wird in diesem Buch die *Express Edition Visual C# 2008* von Microsoft genutzt. Diese Entwicklungsumgebung ist kostenfrei als Download im Internet verfügbar. Die Links zu der benutzten Software und alle Quelltexte des Buches finden Sie ständig aktualisiert auf der Seite **http://www.dirkhardy.de** unter der Rubrik „Programmierbücher".

Für Anregungen und Kritik zu diesem Buch sind wir Ihnen dankbar (gerne auch per E-Mail).

Dirk Hardy   Im Mai 2010
E-Mail: Hardy@DirkHardy.de

Verlag Europa-Lehrmittel
E-Mail: Info@Europa-Lehrmittel.de

Teil
Einführung in C#
1

1 Einführung in .NET und C#

1.1 Das .NET-Framework

1.1.1 Entstehung des Frameworks

In den 90er-Jahren wurde mit Java eine Technik geschaffen, die nicht nur sehr erfolgreich war, sondern auch die Zukunft von Microsoft im Bereich der Programmierung ernsthaft gefährden konnte. Das lag einerseits an der modernen objektorientierten Programmiersprache Java, aber auch an der Plattformunabhängigkeit von Java-Programmen, die mithilfe der Java-Laufzeitumgebung auf den verschiedensten Rechnern und Betriebssystemen ausgeführt werden können. Aus diesen Gründen brauchte Microsoft eine Antwort auf diese neue Technik – und zwar das .NET-Framework. Das Framework kann als eine Weiterentwicklung der Java-Technologie gesehen werden, allerdings zugeschnitten auf die Windows-Betriebssysteme. Inzwischen gibt es auch eine Linux-Variante des .NET-Frameworks, das so genannte MONO-Projekt. Die folgende Grafik zeigt den zeitlichen Verlauf der .NET-Framework-Entwicklung:

Jahr 2000	Microsoft stellt das erste .NET-Framework in einer Vorabversion vor.	Die **Sprache C#** wird zur Standardisierung eingereicht.
Jahr 2002	.NET-Framework Version 1.0 und das Visual Studio .NET 2002 werden vorgestellt.	Programmiersprachen:
Jahr 2005	Microsoft .NET-Framework Version 2.0 und das Visual Studio .NET 2005 werden herausgebracht.	• **C#** • **C++/CLI**
Jahr 2008	.NET-Framework Version 3.5 und Visual Studio .NET 2008 sind auf dem Markt.	• **J#** • **VB**

1.1.2 Eigenschaften des .NET-Frameworks

Der große Vorteil des .NET-Frameworks liegt darin, dass es auf den verschiedenen Windows-Betriebssystemen installiert werden kann. Damit sind Programme auf den verschiedenen Windows-Betriebssystemen lauffähig – vorausgesetzt, das entsprechende .NET-Framework ist vorhanden. Die verschiedenen Versionen des Frameworks können alle parallel installiert werden, so dass einem .NET-Programm immer die richtige Version zur Verfügung stehen kann. Die wichtigsten Eigenschaften des Frameworks sind:

- **Sprachunabhängigkeit**: Ein .NET-Programm kann in verschiedenen Sprachen geschrieben werden. Der Zugriff aus einer Sprache wie C# auf Klassen aus anderen Sprachen wie C++/CLI ist möglich.

- **Objektorientierung**: So wie in der Java-Technologie ist die Programmierung unter .NET vollständig objektorientiert.

- **Verwalteter Code** (managed code): Ein .NET-Programm läuft in einer eigenen Laufzeitumgebung und kann besser kontrolliert werden. Beispielsweise werden die Speicherverwaltung und die automatische Speicherbereinigung durch die Laufzeitumgebung geregelt.

- **Plattformunabhängigkeit**: Diese Eigenschaft ist nur beschränkt gültig, da das Framework eigentlich für Windows-Betriebssysteme konzipiert ist. Andere Projekte (wie das MONO-Projekt) werden aber die Möglichkeit schaffen, .NET-Programme auch auf andere Betriebssysteme zu portieren.

1.1.3 Die Komponenten des .NET-Frameworks

Das .NET-Framework besteht aus verschiedenen Komponenten, die dafür sorgen, dass die oben beschriebenen Eigenschaften umgesetzt werden können. Neben der Laufzeitumgebung (Common Language Runtime, **CLR**), in der die .NET-Programme ausgeführt werden, definiert eine Sprachspezifizierung (Common Language Specification, **CLS**) die Anforderungen, die eine .NET-Programmiersprache haben muss. Beispielsweise muss der Index eines Arrays immer mit Null beginnen. In einer Typspezifizierung (Common Type System, **CTS**) wird zusätzlich ein sprachunabhängiges Datentypensystem festgelegt, mit dem eine .NET-Programmiersprache arbeiten können muss. Daneben verfügt das .NET-Framework über eine sehr mächtige Klassenbibliothek, mit der nicht nur viele grundlegende Funktionalitäten bereitgestellt sondern auch die Windows-Programmierung, die Internet-Programmierung oder auch Datenbankanbindungen realisiert werden. Die nächste Abbildung zeigt diese Komponenten noch einmal im Überblick.

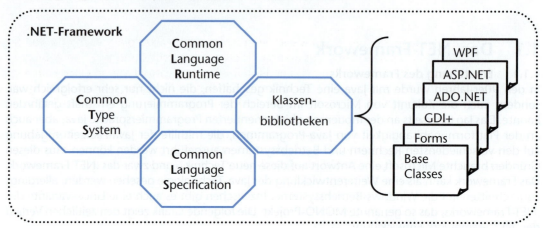

Mit den verschiedenen Klassenbibliotheken können die meisten Anwendungen realisiert werden. Die einzelnen Bibliotheken sind dabei für die folgenden Bereiche verantwortlich:

▶ **Base Classes (Base Class Library)**: eine Sammlung von Klassen für elementare Funktionalitäten wie Dateioperationen, mathematische Funktionen oder auch reguläre Ausdrücke.
▶ **Windows-Forms**: Die Klassen sind die Grundlage für die Entwicklung von Windows-Applikationen mit klassischen Elementen wie Fenstern, Menüs, Dialogen oder Buttons.
▶ **GDI+ (Graphic Device Interface +)**: Mit dieser Schnittstelle werden grafische Ausgaben in einem Fenster oder auf einem Drucker realisiert. Linien, Rechtecke, Bitmaps und weitere Elemente können angezeigt werden.
▶ **ADO.NET (ActiveX Data Objekts .NET)**: Mit diesen Klassen werden Datenbanken angesprochen. Sie sind auch die Grundlage für verteilte Anwendungen.
▶ **ASP.NET (Active Server Pages .NET)**: Die Entwicklung von Webanwendungen wird mithilfe dieser Bibliothek realisiert.
▶ **WPF (Windows Presentation Foundation)**: Die Entwicklung von Vista-Anwendungen wird mit dieser Bibliothek realisiert.

1.1.4   Kompilierung von .NET-Programmen

Ein .NET-Programm wird nicht mehr direkt in eine ausführbare Datei, sondern in eine Art Zwischencode (Intermediate Language, **IL**) übersetzt. Dieser Zwischencode wird dann von der .NET-Laufzeitumgebung ausgeführt. Dabei übersetzt der so genannte **Just in time-Compiler (JIT-Compiler)** den Zwischencode in nativen Code, der dann auf der jeweiligen Plattform ausführbar ist. Während der Ausführung überwacht die CLR dabei sicherheitsrelevante Aspekte und sorgt mit einem speziellen Dienst (dem **garbage-collector**) dafür, dass nicht mehr benötigter Speicher freigegeben wird. Das ganze System ist vergleichbar mit dem Java-Bytecode und den virtuellen Maschinen der Java-Plattformen.

Die folgende Abbildung zeigt den schematischen Ablauf einer Kompilierung:

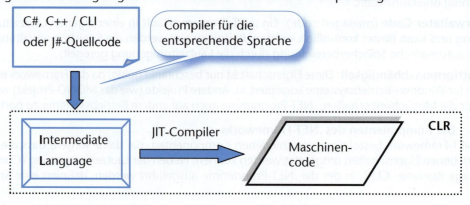

Das Ergebnis der Kompilierung in die Intermediate Language nennt man **Assembly**. Eine Assembly kann in Form einer `.exe`- oder einer `.dll`-Datei vorliegen. Ohne die CLR bzw. das .NET-Framework kann eine solche Datei allerdings nicht gestartet werden, auch wenn die Dateiendung an die bekannten ausführbaren Programme unter Windows erinnert. In einer Assembly stehen neben dem Programmcode weitere Informationen wie beispielsweise die benötigten Framework-Klassen (in bestimmten Versionen) und weitere Abhängigkeiten.

1.2 Die Sprache C#

1.2.1 Entwicklung der Sprache C#

Parallel zur ersten Vorabversion von .NET stellte Microsoft im Jahr 2000 die Sprache C# vor. Sie wurde im gleichen Jahr bei der **ECMA**[1] zur Standardisierung eingereicht und im Jahre 2003 auch von der ISO[2] genormt. C# wurde im Rahmen der .NET-Technologie entwickelt und ist deshalb auch perfekt auf die Besonderheiten von .NET abgestimmt. Die Federführung bei der Entwicklung von C# hatte *Anders Hejlsberg*, der als Chefentwickler der Programmiersprache Delphi große Erfahrung in der Entwicklung einer objektorientierten Programmiersprache hatte. Die Sprache C# vereinigt viele Vorteile anderer Programmiersprachen – vor allem der Sprachen C++ und Java. Die Nähe zu C++ wird vor allem durch die Syntax deutlich, denn die meisten elementaren Anweisungen sehen fast identisch aus. Von Java wurde beispielsweise das Konzept der Verweistypen übernommen, so dass C# keine Zeiger verwenden muss. Ihren Namen verdankt die Sprache einerseits der Programmiersprache C/C++ und andererseits einem Symbol aus der Musik. Die Raute „#" soll dabei für das Kreuz stehen, das einen Ton um einen Halbton erhöht. Damit soll deutlich werden, dass C# eine Weiterentwicklung der Sprache C/C++ ist.

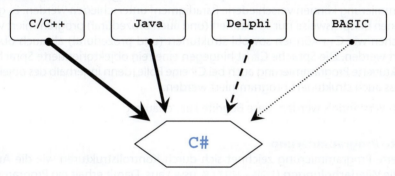

1.2.2 Eigenschaften der Sprache C#

Die folgenden Eigenschaften zeichnen die Sprache C# aus:

▶ Moderne, objektorientierte Sprache
▶ *„Etwas"* einfacher zu erlernen als C++ (Zeiger müssen nicht verwendet werden.)
▶ Plattformunabhängig konzipiert (beispielsweise auch für Linux mit dem MONO-Projekt verwendbar)
▶ Schnelle und effektive Softwareentwicklung (Windows-Anwendungen, Web-Anwendungen) mit Unterstützung durch mächtige .NET-Klassenbibliotheken
▶ Komfortable Anbindung von beliebigen Datenbanken

1.2.3 Schlüsselworte in C#

▶ Die Sprache C# hat einen Wortschatz[3] von ungefähr 80 reservierten Worten – den so genannten **Schlüsselworten**. Die Schlüsselworte sind die Grundlage der Programme in C#. Die folgende Tabelle zeigt die Schlüsselworte von C#:

abstract	as	base	bool
break	byte	case	catch
char	checked	class	const
continue	decimal	default	delegate
do	double	else	enum

---

1 ECMA ist eine private Organisation zur Normung von Informations- und Telekommunikationssystemen. ECMA hat das Ziel, Standards zu entwickeln und dabei mit anderen Normungsorganisationen zusammenzuarbeiten.
2 ISO ist die Internationale Organisation für Normung. Sie vereinigt die unterschiedlichen Normungsorganisationen der Länder wie beispielsweise das Deutsche Institut für Normung DIN.
3 Die Anzahl der Schlüsselworte ist abhängig von der jeweiligen Version. Spätere Versionen haben in der Regel mehr Schlüsselworte. Die obige Angabe bezieht sich auf die Version 3.0.

event	explicit	extern	false
finally	fixed	float	for
foreach	goto	if	implicit
in	int	interface	internal
is	lock	long	namespace
new	null	object	operator
out	override	params	private
protected	public	readonly	ref
return	sbyte	sealed	short
sizeof	stackalloc	static	string
struct	switch	this	throw
true	try	typeof	uint
ulong	unchecked	unsafe	ushort
using	virtual	volatile	void
while			

Die Bedeutungen der einzelnen Schlüsselworte werden Schritt für Schritt im Laufe dieses Informationsteils erklärt.

1.2.4   Prozedurale, strukturierte und objektorientierte Programmierung unter C#

In der Programmierung können verschiedene Paradigmen[4] unterschieden werden. Es gibt Sprachen wie C, mit denen beispielsweise nur strukturiert (und auch prozedural) programmiert werden kann. Andere Sprachen wie C++ können sowohl strukturiert (und prozedural) als auch objektorientiert programmiert werden. Die Sprache C# ist hingegen eine rein objektorientierte Sprache. Trotzdem spielt die strukturierte Programmierung auch bei C# eine Rolle, denn innerhalb des objektorientierten Rahmens muss auch strukturiert programmiert werden.

Zum besseren Verständnis werden diese Begriffe kurz erläutert:

Strukturierte Programmierung

Die strukturierte Programmierung zeichnet sich durch Kontrollstrukturen wie die **Auswahl** (IF-ELSE) oder die **Wiederholungen** (FOR, WHILE usw.) aus. Damit erhält ein Programm eine nachvollziehbare Struktur. In den Anfängen der Programmierung war es üblich, Sprunganweisungen (GOTO) in einem Programm zu benutzen. Dadurch wird ein Programm sehr unübersichtlich und fehleranfällig. Strukturierte Programme sind hingegen übersichtlicher und besser wartbar.

Beispiel:

```
FÜR Var := 1 BIS 5 MIT SCHRITTWEITE 1

    SCHREIBE AUF BILDSCHIRM Var
```

Das Beispiel zeigt eine Wiederholung in so genanntem Pseudocode[5]. Dieser Code beschreibt den Ablauf des Programmes, ohne allerdings auf eine spezielle Programmiersprache einzugehen. In dem Beispiel wird eine Variable Var so lange um 1 erhöht, bis der Wert 5 erreicht ist. Jeder Wert der Variablen wird dann auf dem Bildschirm ausgegeben.

Prozedurale Programmierung

Die prozedurale Programmierung teilt Programme in kleine Einheiten (Prozeduren oder Funktionen), die für bestimmte Aufgaben verantwortlich sind. Sind diese Prozeduren einmal geschrieben und getestet, dann können sie immer wieder benutzt werden – das spart Entwicklungszeit und führt auch zu einer besseren Lesbarkeit des Programms.

---

4 Paradigma kommt aus dem Griechischen und heißt so viel wie Muster oder Vorbild.

5 Pseudocode ist eine Art Sprache, mit der der Ablauf eines Programmes beschrieben wird. Pseudocode zeichnet sich dadurch aus, dass er näher an der natürlichen Sprache als an einer Programmiersprache ist. Ein Programm, das in Pseudocode geschrieben ist, kann problemlos in jede Programmiersprache übersetzt werden.

Beispiel:

```
PROZEDUR Ausgabe

    SCHREIBE AUF BILDSCHIRM "Hallo"

ENDE


FÜR Var := 1 BIS 5 MIT SCHRITTWEITE 1

    AUFRUF Ausgabe
```

```
Hallo
Hallo
Hallo
Hallo
Hallo
```

Das Beispiel in Pseudocode zeigt eine Prozedur mit dem Namen Ausgabe. Diese Prozedur hat eine Anweisung, die das Wort „Hallo" auf den Bildschirm schreibt. Die bereits bekannte Wiederholung aus dem Beispiel vorher läuft dann 5-mal und ruft jedes Mal die Prozedur Ausgabe auf. Damit steht 5-mal das Wort „Hallo" auf dem Bildschirm.

Objektorientierte Programmierung

Die objektorientierte Programmierung möchte Objekte der realen Welt in einem Programm abbilden. Damit sollen Problemstellungen aus beliebigen Bereichen (Geschäftprozesse, wissenschaftliche Untersuchungen usw.) geeigneter als mit den anderen Programmierparadigmen in Programme umgesetzt werden können.

Im Mittelpunkt der objektorientierten Programmierung steht die **Klasse**, aus der dann konkrete Objekte gebildet werden. Diese Objekte haben bestimmte Eigenschaften (Attribute) und so genannte Methoden, mit denen diese Eigenschaften beispielsweise verändert werden können.

Beispiel:

```
KLASSE Kunde

    Name

    Telefon

ENDE


BILDE OBJEKT K1 VON Kunde

K1.Name    := "Maier"

K1.Telefon := "123456"


    SCHREIBE AUF BILDSCHIRM K1.Name und K1.Telefon
```

```
Maier
123456
```

In dem Beispiel wird ein Klasse Kunde definiert. Von dieser Klasse können dann konkrete Objekte wie K1 (für Kunde 1) gebildet werden. Die Eigenschaften des Objektes (Name, Telefon) können dann mit Werten belegt werden. In diesem Beispiel erhält das Objekt K1 den Namen „Maier" und die Telefonnummer „123456". Anschließend werden Name und Telefon des Objektes auf den Bildschirm geschrieben.

1.2.5 Bestandteile eines C#-Programms

Ein C#-Programm besteht aus einer Folge von endlich vielen und eindeutigen Anweisungen[6], die mithilfe der Schlüsselworte und selbst gewählter Namen für bestimmte Elemente wie Klassen oder Objekte gebildet werden. Zusätzlich kann ein C#-Programm auch Anweisungen enthalten, die nicht zum eigentlichen Programm gehören, aber die Erstellung des Programms steuern. Das folgende Beispiel zeigt ein einfaches C#-Programm:

```
#define DEBUG
```

> Das ist kein C#-Befehl, sondern ein so genannter Präprozessor-Befehl, der vor der Übersetzung ausgeführt wird.

```
using System;
```

> Der Namensraum System wird verwendet.

---

6 Eine endliche Folge von eindeutigen Anweisungen an den Computer nennt man **Algorithmus**.

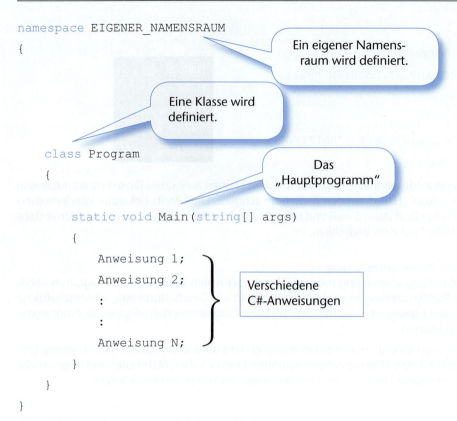

In dem obigen Beispiel wird deutlich, dass auch ein einfaches C#-Programm schon einen relativ komplizierten Aufbau hat. Das liegt daran, dass C# eine vollständig objektorientierte Sprache ist und deshalb immer auch eine Klasse definiert werden muss. Dieser Aufbau wird nun in den folgenden Kapiteln Schritt für Schritt erläutert.

2   Das erste C#-Programm

2.1   Ein C#-Projekt anlegen

Die integrierte Entwicklungsumgebung Visual C# ist eine komfortable Umgebung, um C#-Programme zu entwickeln. Besonders erfreulich ist der Umstand, dass die Umgebung kostenfrei als *Express Edition* im Internet bereitsteht. Ein C#-Programm besteht aus einer oder mehreren Quellcode-Dateien. Diese Dateien werden in einem Projekt organisiert. Visual C# unterscheidet im Prinzip vier verschiedene Projektarten:

- Windows-Forms-Anwendung (Windows-Applikation unter .NET)
- Konsolenanwendung (ähnlich einem DOS-Programm)
- WPF-Anwendungen (Windows-Vista-Applikationen)
- Bibliotheken (Sammlung von Funktionalitäten bzw. Klassen)

In diesem Buch sind hauptsächlich zwei Projektformen von Bedeutung: die Konsolenanwendung und die Windows-Forms-Anwendung. Die Konsolenanwendung ist ausreichend, um eine einfache Ein- und Ausgabemöglichkeit für die ersten C#-Programme zu haben. In den späteren Kapiteln wird dann die Windows-Forms-Anwendung verwendet. Die Konsolenanwendung ist natürlich nicht so ansprechend wie ein Windows-Programm, aber, um die Grundlagen der Sprache C# zu lernen, völlig ausreichend.

Anlegen eines neuen Projektes:
- Starten Sie Visual C# 2008.

- Wählen Sie den Menüpunkt Datei → Neu → Projekt.

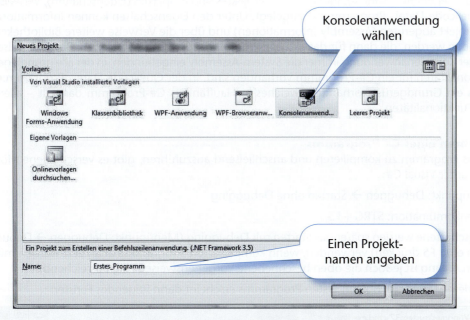

Nach dem Bestätigen mit „OK" wird ein neues Projekt angelegt und in der Entwicklungsumgebung angezeigt.

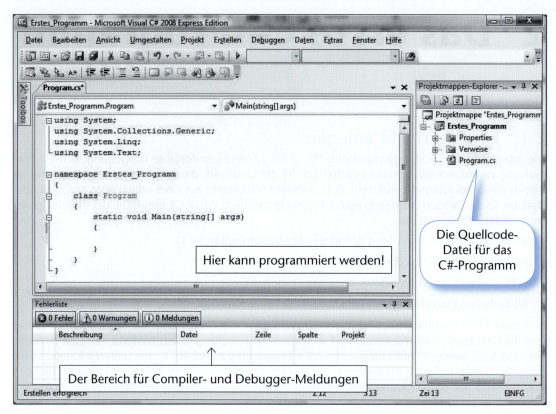

Die Entwicklungsumgebung hat ein Projekt mit dem gewählten Namen (hier „Erstes_Programm") angelegt. Zusätzlich zum Projekt wurde eine Projektmappe mit demselben Namen angelegt. Innerhalb dieser Projektmappe können beliebig viele weitere Projekte angelegt werden. Der Projektmappenname kann auch anders benannt werden (auf die rechte Maustaste über dem Namen klicken und „Umbenennen" wählen). Innerhalb des Projektes sind Properties (Eigenschaften), Verweise und die Quellcode-Datei „Programm.cs" angelegt. Unter den Eigenschaften können Informationen zu dem Projekt abgerufen (Assembly-Informationen) und über die Verweise weitere Bibliotheken eingebunden werden, die dann für das aktuelle Programm zur Verfügung stehen. Beispielsweise wird bei einer Konsolenanwendung immer die System-Assembly eingebunden, in der alle grundlegenden Funktionalitäten für ein C#-Programm vorhanden sind. In der Quellcode-Datei „Programm.cs" ist bereits ein Grundgerüst vorhanden, welches ein lauffähiges C#-Programm darstellt – allerdings ohne Funktionalitäten.

Ausführen eines C#-Programms

Um das Programm zu kompilieren und anschließend auszuführen, gibt es verschiedene Möglichkeiten unter Visual C#:

• Menüpunkt: Debuggen → Starten ohne Debugging

• Tastenkombination: STRG + F5

Fortgeschrittene werden später das Starten mit Debugging (Menüpunkt: Debuggen → Debugging starten oder F5 drücken) verwenden, wenn kompliziertere Programme analysiert werden müssen. Für den Anfang ist jedoch die oben beschriebene Vorgehensweise völlig ausreichend.

Nach dem Starten des obigen ersten Programms erscheint dann folgendes Fenster:

2.2   Das erste C#-Programm

2.2.1   Das C#-Grundgerüst

Das erste einfache Beispiel eines C#-Programms wurde bereits im ersten Kapitel dargestellt. Dieses Grundgerüst soll nun genauer betrachtet werden, da es die Ausgangsbasis für alle weiteren C#-Programme ist.

Das C#-Grundgerüst

```csharp
using System;

using System.Collections.Generic;

using System.Linq;

using System.Text;


namespace IT_BERUFE_CSHARP

{


    class Program

    {



        static void Main(string[] args)

        {

            //Hier findet die erste Programmierung statt!

        }


    }


}
```

> Mit der using-Anweisung werden Namensräume angesprochen.

> Ein eigener Namensraum wird angelegt.

> Ein Klasse wird definiert.

> Eine statische Methode mit Namen Main wird angelegt. Diese Methode entspricht dem Hauptprogramm.

Im Prinzip würde es ausreichen, sich zu Beginn auf die Hauptmethode Main (bzw. deren Inhalt) zu beschränken. Denn bis zu den Kapiteln über Methoden und das Klassenkonzept in C# ist nur diese Hauptmethode interessant, weil bis dahin alle C#-Programme komplett in dieser Methode geschrieben werden. Trotzdem werden die wichtigen Komponenten in den folgenden Unterkapiteln kurz erläutert. Im Laufe des Informationsteils werden diese Komponenten dann weiter beleuchtet.

2.2.2   Namensräume

Bei der Entwicklung von C#-Programmen werden viele verschiedene Komponenten benötigt, um beispielsweise auf den Bildschirm zu schreiben, von der Tastatur einzulesen oder eine Datenbank anzusprechen. Diese Komponenten stehen in Form einer Klassenbibliothek zur Verfügung. Damit diese Bibliothek eine Struktur erhält, werden beispielsweise alle Klassen, die zur Bildschirmausgabe und zur Tastatureingabe nötig sind, in einem eigenen Namensraum zusammengefasst. Andere Klassen, die beispielsweise für das Lesen und Schreiben nötig sind, werden ebenfalls in einem eigenen Namensraum zusammengefasst. Da Namensräume wiederum weitere Namensräume (Unternamensräume) enthalten können, entsteht eine gute Struktur. Der grundlegende Namensraum heißt System. Darin befinden sich die wichtigsten Klassen und natürlich weitere Namensräume. Die einzelnen Unternamensräume oder Klassen eines Namensraumes werden mithilfe des so genannten Punktoperators (also eines Punktes) angesprochen, wie das folgende Beispiel zeigt:

Benutzung der Namensräume

```
        System.Collections.ArrayList
```

> Die Klasse ArrayList

> Der Grundnamensraum System

> Der Unternamensraum Collection

Hinweis

Die Entwicklungsumgebung Visual C# verfügt über eine benutzerfreundliche Hilfe – die **IntelliSense**. Diese Hilfe vereinfacht die Eingabe von C#-Befehlen und die Suche nach Namensräumen und Klassen. Sobald ein erstes Zeichen eingetippt wird, versucht die IntelliSense einen Vorschlag für eine angemessene Ergänzung zu machen. In der Regel hilft dieses Werkzeug sehr bei der Entwicklung.

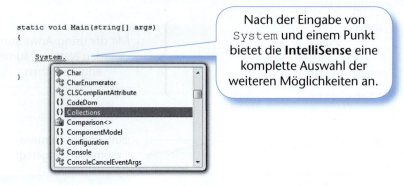

Nach der Eingabe von `System` und einem Punkt bietet die **IntelliSense** eine komplette Auswahl der weiteren Möglichkeiten an.

Der using-Befehl

Dieser Befehl vereinfacht die Nutzung der Namensräume. Wird ein Namensraum mit dem `using`-Befehl angegeben, so können alle Komponenten des Namensraumes direkt angesprochen werden, ohne vorher den Namensraum angeben zu müssen.

Beispiel: ohne using-Befehl

Auswahl der Klasse `ArrayList` aus dem Namensraum `System.Collection`

`System.Collections.`**`ArrayList`** `eineListe;`

Beispiel: mit using-Befehl

Auswahl der Klasse `ArrayList` aus dem Namensraum `System.Collection`

`using System.Collections;`

`ArrayList` `eineListe;`

Die Klasse kann nun direkt angesprochen werden, ohne den Namensraum anzugeben.

2.2.3   Die Klasse `Program` und die Hauptmethode `Main`

Die Sprache C# ist eine vollständig objektorientierte Sprache. Deshalb besteht jedes C#-Programm aus mindestens einer Klasse. Bei einem neuen Konsolenprojekt legt die Entwicklungsumgebung automatisch die Klasse `Program` an. Diese Klasse könnte auch durchaus einen anderen Namen haben; allerdings ist es sinnvoll, dass die Klasse so heißt, denn sie soll das Programm verkörpern. Innerhalb der Klasse gibt es eine so genannte statische Methode `Main`. Diese Methode wird beim Starten eines C#-Programms ausgeführt, sie ist also das Hauptprogramm. Deshalb darf diese Methode auch nicht umbenannt werden, denn sonst würde der Compiler das „Hauptprogramm" nicht finden. Bis zu den Kapiteln über Methoden und Klassen werden alle C#-Anweisungen innerhalb dieser statischen `Main`-Methode geschrieben.

Hinweis für den Leser

Zu diesem Zeitpunkt ist es nicht wichtig, wenn die Begriffe Klasse und statische Methode nicht wirklich verstanden wurden. Das kann erst im Laufe der nächsten Kapitel erfolgen. Es reicht völlig aus, wenn eine grobe Orientierung über die Komponenten des C#-Programms vorhanden ist. Durch die Konzentration auf den Inhalt der `Main`-Methode sind die Grundlagen der C#-Programmierung in den nächsten Kapiteln recht einfach zu erlernen.

2.2.4 Die Ausgabe auf dem Bildschirm

Nun soll das erste Programm um eine Möglichkeit erweitert werden, um auf den Bildschirm zu schreiben. Damit wäre eine erste Kommunikationsmöglichkeit zwischen Benutzer und Programm geschaffen. Die Ausgangsbasis ist wieder das Grundgerüst, welches von der Entwicklungsumgebung automatisch bei einem neuen Projekt angelegt wird:

```csharp
using System;


namespace IT_BERUFE_CSHARP
{

    class Program
    {

        static void Main(string[] args)
        {

            Console.WriteLine("Die erste Bildschirmausgabe!");

        }

    }

}
```

Die statische Methode WriteLine der Klasse Console schreibt eine **Zeichenkette** auf den Bildschirm und macht danach automatisch einen Zeilenumbruch.

Nach dem Starten erscheint dann folgende Bildschirmausgabe:

```
C:\Windows\system32\cmd.exe
Die erste Bildschirmausgabe!
Drücken Sie eine beliebige Taste . . .
```

Was ist eine Zeichenkette?

Eine Zeichenkette ist eine Reihe von endlich vielen Zeichen, also Buchstaben, Ziffern und Sonderzeichen, die in doppelten Anführungsstrichen eingerahmt sind.

2.2.5 Wichtige Regeln eines C#-Programms

Nach den ersten Beispielen von einfachen C#-Programmen können folgende wichtige Grundregeln festgehalten werden:

▶ Jedes C#-Programm hat mindestens eine Klasse und eine Hauptmethode Main.
▶ Die Anweisungen in der Hauptmethode werden in geschweifte Klammern { } eingeschlossen – ebenso die Definition der Klasse und des eigenen Namensraumes.
▶ Jede Anweisung in C# (wie beispielsweise Console.WriteLine(…);) wird mit einem Semikolon beendet.
▶ Mit dem using-Befehl können Komponenten von Namensräumen einfacher angesprochen werden.
▶ **C# unterscheidet zwischen Groß- und Kleinschreibung!**

2.3 Grundlegende Konventionen in C#

Nachdem die ersten C#-Programme kennen gelernt wurde, müssen nun noch weitere Aspekte erarbeitet werden, die bei der Erstellung der Programme wichtig sind.

Dazu stellen sich folgende Fragen:
• Wie werden Namen in C# gebildet (für Variablen usw.)?
• Wie werden Leerzeilen, Zeilenumbrüche oder Leerzeichen im Quellcode interpretiert?
• Wie können Kommentare im Quellcode geschrieben werden?

2.3.1   Bezeichner (Namen) in C#

Wie in allen Programmiersprachen gibt es in C# Namen für Variablen, Konstanten, Methoden, Strukturen und Klassen. Diese selbst gewählten bzw. definierten Namen unterliegen einer gewissen Konvention, die unbedingt eingehalten werden muss:

• Das erste Zeichen muss ein Buchstabe sein (Unterstrich ist auch erlaubt „_").

• Der Rest kann aus Ziffern und Buchstaben gestaltet werden.

• Der Bezeichner darf nicht mit einem Schlüsselwort von C# übereinstimmen.

Beispiele:

`zahl`	gültiger Bezeichner
`_zahl`	gültiger Bezeichner
`2mal7`	kein gültiger Bezeichner (erstes Zeichen ist Ziffer)
`break`	kein gültiger Bezeichner (Schlüsselwort in C#)
`zahl 1`	kein gültiger Bezeichner (Leerzeichen nach `zahl`)

Kamel-Notation[1] und Pascal-Notation

Die Benennung von Bezeichnern ist dem Programmierer freigestellt. Allerdings hat es sich als sinnvoll erwiesen, dass in einem Programm von Anfang an eine bestimmte Konvention eingehalten wird. Deshalb werden hier die so genannte *Kamel-Notation* und die *Pascal-Notation* vorgeschlagen. Die Kamel-Notation sollte für Variablen verwendet werden. Sie sieht vor, dass der Bezeichner immer mit einem Kleinbuchstaben anfängt. Sollte der Variablenname aus mehreren Komponenten bestehen, so fängt die nächste Komponente dann mit einem Großbuchstaben an. Die Pascal-Notation sollte für Methodennamen verwendet werden. Der einzige Unterschied ist, dass die Bezeichner sofort mit einem Großbuchstaben beginnen. Die folgenden Beispiele verdeutlichen diese Konventionen:

Variablennamen mit der Kamel-Notation

▶ eineVariable
▶ vieleAutos
▶ neuesObjekt

Methodennamen mit der Pascal-Notation

▶ SetzeWert()
▶ OeffneDatei()
▶ SchliesseFenster()

2.3.2   Trennzeichen

Zwischen den verschiedenen Anweisungen und Ausdrücken eines C#-Programms muss als Trennzeichen ein Semikolon stehen. Mehrere zusammengehörende Anweisungen werden (wie bei der `Main`-Methode) innerhalb geschweifter Klammern zusammengefasst.

Zwischen Schlüsselworten in C# und eigenen Bezeichnern muss zur Unterscheidung entweder ein Leerzeichen oder ein Operator (z.B. das Additionssymbol „+") stehen.

Dabei werden das Zeilenende, der Tabulator und mehrere Leerzeichen als ein Leerzeichen bzw. als ein Trennzeichen interpretiert.

Beispiel:

Alle drei Programme sind identisch in ihrer Funktionalität. Sie unterscheiden sich nur in der Anordnung des Quelltextes:

Programm 1:

```
using System;

namespace IT_BERUFE_CSHARP

    {
```

---

[1] Die *Kamel-Notation* hat ihren Namen wegen der "Höcker" im Wort, die sich durch die eingestreuten Großbuchstaben ergeben.

```
class Program
{
  static void Main(string[] args)
  {
    System.Console.WriteLine ("Leerzeichen und Co.!");
  }
}
}
```

> Zwischen Schlüsselwort (hier `void`) und Bezeichner (hier `Main`) muss ein Trennzeichen stehen (hier ein Leerzeichen).

> Die Anweisung, um auf den Bildschirm zu schreiben, wird in einer Zeile geschrieben und mit einem Semikolon beendet.

Programm 2:

```
using System;
namespace IT_BERUFE_CSHARP
{
  class Program
  {
    static void Main(string[] args)
    {
      System.Console.WriteLine
       ("Leerzeichen und Co.!")
       ;
    }
  }
}
```

> Die Anweisung, um auf den Bildschirm zu schreiben, wird auf drei Zeilen verteilt und mit einem Semikolon beendet.

Programm 3:

```
using System;namespace IT_BERUFE_CSHARP{class Program{
static void Main(string[] args){System.Console.WriteLine
("Leerzeichen und Co.!");}}}
```

> Das ganze Programm wird einfach hintereinander geschrieben.

Es ist ersichtlich, dass die erste Variante deutlich leserlicher als die zweite Variante ist. Die dritte Variante dient natürlich nur der Anschauung – so sollte kein C#-Programm aussehen. In allen drei Fällen erscheint nach dem Starten allerdings dieselbe Bildschirmausgabe:

2.3.3 Kommentare in C#

Jeder Programmierer weiß, wie wichtig Kommentare in einem Programm sind, vor allem wenn Monate später der Quellcode modifiziert werden soll und sich niemand mehr erinnert, welche Bedeutungen die Variablen oder Methoden hatten. Kommentare werden bei der Übersetzung des Compilers ignoriert, sie dienen also nur dem Verständnis des Quellcodes.

Ein Kommentar muss in die Zeichenfolge „/*" und „*/" eingerahmt werden. In der Entwicklungsumgebung werden Kommentare in grüner Farbe angezeigt. Kommentare können auch über mehrere Zeilen gehen, dürfen aber nicht verschachtelt werden. Kommentare, die nur eine Zeile betreffen, werden mit „//" eingeleitet.

Beispiel:

Ein C#-Programm wird mit Kommentaren versehen:

```
//Der Namensraum System wird mit using eingebunden
using System;


//Ein eigener Namensraum wird angelegt.
namespace IT_BERUFE_CSHARP
{
    /* Die Klasse Programm und ihre statische Methode Main
       stehen im Prinzip für das "Hauptprogramm".
       Nach dem Starten werden die Anweisungen in
       der Main-Methode ausgeführt.
    */
    class Program
    {
        static void Main(string[] args)
        {
            System.Console.WriteLine("Kommentare");
        }
    }
}
```

Hinweis:

Das Kommentieren von Quellcode ist wichtig, gerade für die Wiederverwendbarkeit und den übersichtlichen Aufbau des Quellcodes. Es sollte aber nicht übertrieben werden. Selbstverständliche Sachverhalte sollten nicht zusätzlich kommentiert werden. Kurz und präzise ist wichtiger, als ausladende Erklärungen abzugeben. Es kann sinnvoll sein, zu Beginn des Quellcodes einen Kommentarkopf anzulegen, der über den Quellcode bzw. das Programm informiert.

Beispiel:

```
/* Programmname: TESTXY
Version: 1.0
Autor: Hardy
letzte Überarbeitung: 15.06.2010
*/
```

2.4   Datentypen und Variablen

Eine elementare Aufgabe von Programmen ist die Speicherung und Verarbeitung von Daten. Die wenigsten Programme beschränken sich auf reine Bildschirmausgaben. Das eigentliche Programmieren beginnt mit der Möglichkeit, Werte über die Tastatur einzulesen und geeignet zu verarbeiten. Die folgenden Kapitel vermitteln die Grundlagen für diese Prozesse.

2.4.1   Variablen in C#

In C#-Programmen dienen Variablen dazu, Werte zu speichern. Sie sind also ein Platzhalter für einen beliebigen Wert. Beispielsweise kann man für die Berechnung von Zinsen gut eine Variable gebrauchen, um das Ergebnis der Rechnung zu speichern. Variablen haben einen Namen, der ein gültiger Bezeichner sein muss (siehe 2.3.1).

In manchen Programmiersprachen (z.B. BASIC) gibt es Variablen, die beliebige Werte speichern können (ganzzahlige Werte, Gleitkommazahlen, Zeichenketten usw.).

In C# muss vorher festgelegt werden, welche Art von Wert eine Variable speichern soll. Man spricht dabei vom **Datentyp** der Variable. Der Datentyp bestimmt ganz genau den Wertebereich und die Art des Wertes. Weiterhin gibt es **Gültigkeitsbereiche** von Variablen. Manche Variablen sind nur lokal (also örtlich begrenzt) gültig – beispielsweise nur in einer Methode. Manche Variablen können aber auch für mehrere Methoden gültig sein. Diese Variablen sind dann in der zugehörigen Klasse angelegt. Die vollständige Erfassung der Gültigkeit kann aber erst nach der Erarbeitung des Klassenkonzeptes verstanden werden. Bis dahin werden Variablen hauptsächlich in der `Main`-Methode betrachtet.

Beispiele für Variablen:

Name der Variable	Funktion der Variable
`zaehler`	eine Variable, die einen Durchlauf mitzählt
`endkapital`	speichert einen Kapitalwert für eine kaufmännische Berechnung
`zufallsWert`	speichert einen zufälligen Wert

Je nach Aufgabe speichern Variablen Werte. Nicht jede Variable kann allerdings jeden Wert speichern. Dazu sind die Variablen spezialisiert – sie speichern immer nur ganz bestimmte Werte. Die Variable hat also einen speziellen Datentyp.

2.4.2   Elementare Datentypen

In C# gibt es verschiedene Datentypen für verschiedene Datenformate. In der Mathematik gibt es die Menge der natürlichen Zahlen (positive Ganzzahlen), die Menge der ganzen Zahlen (positive und negative Ganzzahlen) und die reellen Zahlen (Dezimalbrüche). Für diese Zahlentypen stellt C# die entsprechenden Datentypen zu Verfügung (die rationalen und komplexen Zahlen spielen in diesem Zusammenhang keine Rolle). Zusätzlich gibt es spezielle Datentypen, um einzelne Zeichen, Zeichenketten oder auch Wahrheitswerte (boolesche Werte) zu speichern. Die folgende Tabelle zeigt die einzelnen Datentypen und deren Gültigkeitbereiche:

Datentyp	Beschreibung	Größe in Byte	Wertebereich
`byte`	Dieser Datentyp dient zur Speicherung von positiven ganzzahligen Werten.	1 Byte	Von 0 bis 255
`sbyte`	Dieser Datentyp dient zur Speicherung von ganzzahligen Werten. Das „s" steht für signed – also vorzeichenbehaftet.	1 Byte	Von –128 bis 127
`char`	Mit diesem Datentyp können Unicode-Zeichen gespeichert werden.	2 Byte	Unicode-Zeichensatz
`short`	Dieser Datentyp dient zur Speicherung von positiven und negativen ganzzahligen Werten.	2 Byte	–32768 bis 32767
`ushort`	Dieser Datentyp dient zur Speicherung von positiven ganzzahligen Werten. Das „u" steht für unsigned – also nicht vorzeichenbehaftet.	2 Byte	0 bis 65535
`int`	Dieser Datentyp dient zur Speicherung von positiven und negativen ganzzahligen Werten.	4 Byte	–2147483648 bis 2147483647
`uint`	Dieser Datentyp dient zur Speicherung von positiven ganzzahligen Werten. Das „u" steht für unsigned – also nicht vorzeichenbehaftet.	4 Byte	0 bis 4294967295

long	Dieser Datentyp dient zur Speicherung von positiven und negativen ganzzahligen Werten.	8 Byte	−9223372036854775808 bis 9223372036854775807
ulong	Dieser Datentyp dient zur Speicherung von positiven ganzzahligen Werten. Das „u" steht für unsigned – also nicht vorzeichenbehaftet.	8 Byte	0 bis 18446744073709551615
float	Dieser Datentyp dient zur Speicherung von Gleitpunktzahlen.	4 Byte	−3,402823E+38 bis 3,402823E+38
double	Dieser Datentyp dient zur Speicherung von Gleitpunktzahlen.	8 Byte	−1,797693134862E+308 bis 1,797693134862E+308
decimal	Dieser Datentyp dient zur Speicherung von Gleitpunktzahlen.	16 Byte	Zahlen mit 28 Stellen und festgelegten Nachkommastellen
bool	Mit diesem Datentypen können boolesche Werte gespeichert werden.	1 Byte	true oder false
string	Dieser Datentyp dient der Speicherung von Zeichenketten.	Je nach Bedarf	Alle Zeichen aus dem Unicode-Zeichensatz

C#- und .NET-Datentypen

Jeder C#-Datentyp hat eine Entprechung unter .NET bzw. wird auf einen entsprechenden .NET-Datentyp abgebildet. Es macht deshalb keinen Unterschied, ob der C#-Datentyp oder der .NET-Datentyp verwendet wird. Damit soll die Sprachunabhängigkeit von .NET-Programmen sichergestellt werden. Die folgende Auflistung zeigt diese Entsprechungen:

C#-Datentyp	.NET-Datentyp		C#-Datentyp	.NET-Datentyp		C#-Datentyp	.NET-Datentyp
byte	Byte		int	Int32		double	Double
sbyte	SByte		uint	UInt32		decimal	Decimal
char	Char		long	Int64		bool	Boolean
short	Int16		ulong	UInt64		string	String
ushort	UInt16		float	Single			

Werttypen und Verweistypen

Alle elementaren Datentypen gehören zu den so genannten **Werttypen** in C#. Nur der String-Datentyp ist ein so genannter Verweistyp. Auf den Unterschied zwischen Wert- und Verweistypen wird in Kapitel 6.1.2 über Klassen in C# detailliert eingegangen. Alle Werttyp-Variablen werden auf dem STACK[2]-Speicher abgelegt, die Verweistyp-Variablen bzw. -Objekte werden im HEAP-Speicher abgelegt.

2.4.3   Deklaration einer Variable

Mithilfe der elementaren Datentypen und eines geeigneten Bezeichners (Name) kann eine Variable in C# angelegt werden. Dazu muss zuerst der Datentyp und anschließend (durch ein Leerzeichen getrennt) der Bezeichner der Variable angelegt werden. Die folgenden Beispiele zeigen die Deklaration einiger Variablen:

```csharp
//Eine Variable vom Typ int anlegen:
int i;


//Eine Variable vom Typ double anlegen:
double d;
```

---

2 Der STACK-Speicher ist ein Speicherbereich, in dem Variablen nach dem LIFO-Verfahren (Last in first out) gespeichert werden. Die zuletzt gespeicherte Variable wird auch als Erstes wieder gelöscht. Der HEAP-Speicher ist hingegen ein Speicherbereich, in dem Variablen bzw. Objekte abgelegt und mithilfe eines Verweises auf diesem Speicherplatz verwaltet werden.

```
//Eine Variable vom Typ char anlegen:
char c;


//Eine Variable vom Typ string anlegen:
string s;
```

Initialisierung einer Variablen

Bei der Deklaration einer Variable kann sofort eine Initialisierung erfolgen. Damit wird der Variable ein Wert zugewiesen. Das geschieht mit dem so genannten Zuweisungsoperator "=".

ACHTUNG: Vor der ersten Verwendung einer Variablen nach der Deklaration muss die Variable initialisiert sein.

Beispiele für Deklarationen mit Initialisierung:

```
//Eine Variable vom Typ int anlegen und initialisieren:
int i = 10;
```
Initialisierung mit einem Literal

```
//Eine Variable vom Typ double anlegen und initialisieren:
double d = 1.25;
```
Initialisierung mit einem Literal

```
//Eine Variable vom Typ char anlegen und initialisieren:
char c = 'x';
```
Einzelne Zeichen in einfache Anführungsstriche!

```
//Eine Variable vom Typ string anlegen und initialisieren:
string s = "Eine Zeichenkette";
```
Zeichenketten in doppelte Anführungsstriche!

Literale

Feste Werte im Quelltext werden als **Literale** bezeichnet. Die obigen Initialisierungswerte sind Literale. Literale können numerische Werte wie 10 oder 1.25 sein (der Punkt ist das Dezimaltrennzeichen) oder auch Zeichenketten, die in doppelte Anführungsstriche gesetzt sind. Einzelne Zeichen werden hingegen mit einfachen Anführungsstrichen eingerahmt.

Experteninfo:

Für mathematische oder kaufmännische Berechnungen ist es wichtig zu wissen, auf wie viele Stellen genau der Datentyp arbeitet. Der `float`-Datentyp kann auf sechs Stellen und der `double`-Datentyp auf 15 Stellen genau arbeiten. Würde man folgende Zahl mit einer Variable vom Typ `float` speichern, so wäre sie nicht unterscheidbar, da die Genauigkeit nach sechs Stellen aufhört.

123.456**789** ←→ 123.456**999**

2.4.4   Operationen auf den elementaren Datentypen

Die arithmetischen Operatoren (+, -, /, *) sind aus dem Mathematikunterricht bekannt. Mit ihnen kann addiert, subtrahiert, dividiert und multipliziert werden. Diese Operationen können natürlich auch mit Variablen in C# durchgeführt werden. Mithilfe des Zuweisungsoperators = werden dann Werte bzw. Ergebnisse einer Berechnung einer Variable zugewiesen. Die folgenden Beispiele zeigen die Verwendung dieser Operatoren:

Beispiel 1:

```csharp
using System;

namespace IT_BERUFE_CSHARP

{

    class Program

    {

    static void Main(string[] args)

    {

                int wert_1 = 10;

                int wert_2 = 20;

                int summe = 0;

                int produkt = 0;


                summe = wert_1 + wert_2;

                produkt = wert_1 * wert_2;

    }

    }

}
```

> Vier Integer-Variablen werden mit entsprechenden Initialisierungen am Anfang der Methode angelegt.

> Die Summe und das Produkt der ersten beiden Variablen werden berechnet und zugewiesen.

Deklaration und sprechende Namen

Wie in dem Beispiel sichtbar, werden die Variablen zu Beginn der Methode angelegt. Das ist zwar nicht zwingend, erhöht aber die Lesbarkeit eines Quelltextes und sollte deshalb auch so angewendet werden. Bei der Wahl der Bezeichner sollten sprechende Namen (wie `summe` und `produkt`) verwendet werden. Damit wird der Quelltext ebenfalls besser lesbar und verständlicher.

Beispiel 2:

```csharp
using System;

namespace IT_BERUFE_CSHARP

{

    class Program

    {

    static void Main(string[] args)

    {

                float x = 1.5;

                float y = 2.5;

                float quotient = 0;


                quotient = x / y;

    }

    }

}
```

> Die Gleitpunktzahl x wird durch die Gleitpunktzahl y dividiert und das Ergebnis der Variablen `quotient` zugewiesen.

Beispiel 3:

```csharp
using System;

namespace IT_BERUFE_CSHARP

{

    class Program

    {

     static void Main(string[] args)

     {

                    string s_1 = "Guten";

                    string s_2 = "Tag";

                    string verkettung = "";


                    verkettung = s_1 + " " + s_2;


     }

    }

}
```

> In der Variable `verkettung` steht nun die Zeichenkette „Guten Tag".

> Zeichenketten können mit dem Plus-Operator verkettet, also miteinander verbunden werden.

Hinweis:

Außer dem Plus-Operator sind keine weiteren arithmetischen Operatoren für die Zeichenketten definiert.

3 Ein- und Ausgabe unter C#

3.1 Ausgabe in C#

Im vorigen Kapitel wurde schon die einfache Ausgabe auf dem Bildschirm vorgestellt. Programme leben von der Interaktion mit dem Benutzer. Es stellt sich also die Frage, wie die Bildschirmausgaben besser gestaltet werden können und vor allem wie ein Benutzer einen Wert für das Programm eingeben kann (Tastatureingabe). Hierzu gibt es statische Methoden der Klasse Console.

3.1.1 Ausgabe von Variablen

Die bereits bekannte Methode WriteLine() kann neben der Ausgabe von Zeichenketten auch die Inhalte von Variablen ausgeben. Dazu stehen zwei Varianten zur Verfügung:

Variante 1: Ausgabe mit dem Plus-Operator

```
using System;

namespace IT_BERUFE_CSHARP

{

    class Program

    {

        static void Main(string[] args)

        {

            int i = 10;

            double d = 1.25;

            string s = "Hallo";

            char c = 'x';


            Console.WriteLine(i);

            Console.WriteLine("Integer: " + i + " double: " + d);

            Console.WriteLine("Zeichenkette: " + s + " Zeichen: " + c);

            Console.WriteLine();

        }

    }

}
```

> Der Inhalt der Variablen i wird ausgegeben.

> Der Plus-Operator verknüpft die Zeichenkette mit dem Inhalt der Variablen.

Durch den Plus-Operator werden die Inhalte der Variablen automatisch in Zeichenketten umgewandelt und können dann mit anderen Zeichenketten verknüpft und auf den Bildschirm geschrieben werden.

Nach dem Starten sieht die Ausgabe dann so aus:

```
C:\Windows\system32\cmd.exe
10
Integer: 10 double: 1,25
Zeichenkette: Hallo Zeichen: x

Drücken Sie eine beliebige Taste . . .
```

Die Ausgabe der `double`-Zahl erfolgt mit einem Komma. Das liegt daran, dass die Entwicklungsumgebung sich den lokalen Gegebenheiten anpasst (in Deutschland wird das Komma als Dezimaltrennzeichen benutzt). Im Quelltext muss allerdings der Punkt als Trennzeichen benutzt werden.

Experteninfo:

Die Methode `WriteLine()` ist deshalb in der Lage, den Inhalt von beliebigen Variablen auszugeben, weil jede Variable über eine vordefinierte Methode verfügt, die den Inhalt in eine
Zeichenkette umwandelt. Diese Methode heißt `ToString()` und wird beim Thema Klassen
in C# näher beleuchtet.

Variante 2: Ausgabe mit Platzhaltern und Nummerierung

```csharp
using System;

namespace IT_BERUFE_CSHARP

{

    class Program

    {

        static void Main(string[] args)

        {

            int i = 10;

            double d = 1.25;

            string s = "Hallo";

            char c = 'x';


            Console.WriteLine("Integer: {0} double: {1} " , i , d);

            Console.WriteLine("Zeichenkette: {0} Zeichen: {1}" , s , c);

            Console.WriteLine();


        }

    }

}
```

> Mit geschweiften Klammern wird ein Platzhalter für den Inhalt einer Variable angegeben. Jeder Platzhalter hat eine Nummer (Index). Die erste Nummer startet mit Null.

> Die Variablen werden in der Reihenfolge der Platzhalter mit Kommata getrennt angegeben.

Nach dem Starten sieht die Ausgabe dann so wie in der ersten Variante aus:

```
C:\Windows\system32\cmd.exe
Integer: 10 double: 1,25
Zeichenkette: Hallo Zeichen: x

Drücken Sie eine beliebige Taste . . .
```

3.1.2   Ausgabe von Sonderzeichen

Neben der Ausgabe von Text und Variablenwerten können auch Sonderzeichen wie ein Zeilenumbruch verarbeitet werden. Alle Sonderzeichen (auch Escape-Sequenzen genannt) werden in
der Zeichenkette durch den Backslash „\" eingeleitet. Damit ist klar, dass es sich um ein spezielles
Zeichen handelt.

Beispiele für Escape-Sequenzen:

► `\a`   gibt einen Piepston aus.
► `\b`   Backspace – Cursor geht einen Schritt zurück.
► `\t`   Standardtabulator
► `\n`   new line – Zeilenumbruch
► `\"`   Anführungsstriche werden ausgegeben.
► `\\`   gibt einen Backslash aus.

Das folgende Programm zeigt die Anwendung der Escape-Sequenzen und deren Auswirkung auf die Ausgabe:

```csharp
using System;

namespace IT_BERUFE_CSHARP
{
    class Program
    {
        static void Main(string[] args)
        {
            Console.WriteLine("Beispiele fuer Escape-Sequenzen:");
            Console.WriteLine();
            Console.WriteLine("Einsatz von Tabulator und new-line:\n");
            Console.WriteLine("Text\tText\tText\nText\tText\tText\n");
            Console.WriteLine();
            Console.WriteLine("Ausgabe einer Pfadangabe:\n");
            Console.WriteLine("\"C:\\Programme\\Visual C# 2008\"\n");
            Console.WriteLine("Jetzt piept es! \a");
        }
    }
}
```

Nach dem Starten sorgen die Escape-Sequenzen für die folgende Bildschirmausgabe:

3.1.3   Formatanweisungen für WriteLine()
Die bereits bekannte geschweifte Klammer mit dem Index der Variablen kann zusätzlich weitere Informationen enthalten – so genannte Formatanweisungen. Damit kann die Ausgabe von Zahlen besser formatiert werden. Die wichtigsten Formatanweisungen sind in dem folgenden Beispiel aufgeführt.

Beispiel für Formatangaben

```csharp
using System;

namespace IT_BERUFE_CSHARP
{
    class Program
    {
        static void Main(string[] args)
        {
```

```
int i = 14532;

double x = 1.234;


Console.WriteLine("Exponentialschreibweise: {0:E}", i);

Console.WriteLine("Mit Nachkommastellen: {0:E2}", i);

Console.WriteLine("Hexadezimalschreibweise: {0:X}", i);

Console.WriteLine("Mit Nachkommastellen: {0:F2}", x);

Console.WriteLine();          }

    }

}
```

Index   *Formatsymbol*   *Nachkommastellen*

Die Angabe von „E" führt zu einer Ausgabe in Exponentialschreibweise. Eine Zahl in hexadezimaler Schreibweise kann durch die Angabe von „X" ausgegeben werden. Das „F" sorgt für eine Ausgabe im Gleitpunktformat. Nach den Formatzeichen kann zusätzlich die Anzahl der Nachkommastellen angegeben werden. Nach dem Starten sieht das obige Beispiel so aus:

```
C:\Windows\system32\cmd.exe

Exponentialschreibweise: 1,453200E+004
Mit Nachkommastellen: 1,45E+004
Hexadezimalschreibweise: 38C4
Mit Nachkommastellen: 1,23

Drücken Sie eine beliebige Taste . . .
```

3.2 Eingabe mit ReadLine()

3.2.1 Zeichenketten einlesen

Das Einlesen von Zeichen über die Tastatur kann mit der statischen Methode ReadLine() der Klasse Console realisiert werden. Die Methode liest den Eingabestrom über die Tastatur und speichert ihn in einer Zeichenkette. Diese Zeichenkette kann dann einer Variablen zugewiesen werden. Das folgende Beispiel zeigt die Verwendung von ReadLine():

```
using System;

namespace IT_BERUFE_CSHARP

{

    class Program

    {

        static void Main(string[] args)

        {

            string eingabe;

            Console.WriteLine("Bitte eine Eingabe machen:");
```

> Die Methode speichert die Tastatureingabe in einer Zeichenkette. Diese Zeichenkette kann dann einer string-Variablen zugewiesen werden.

```
            eingabe = Console.ReadLine();

            Console.WriteLine("Das war Ihre Eingabe: " + eingabe);

            Console.WriteLine();

        }

    }

}
```

Nach dem Starten erwartet das Programm eine Eingabe über die Tastatur. Die Eingabe wird mit **RETURN** bestätigt und anschließend wieder auf den Bildschirm geschrieben.

```
C:\Windows\system32\cmd.exe
Bitte eine Eingabe machen:
Hallo
Das war Ihre Eingabe: Hallo

Drücken Sie eine beliebige Taste . . .
```

3.2.2   Konvertierung der Eingabe

Die Methode `ReadLine()` speichert die Eingabe immer in einer Zeichenkette. Deshalb muss eine Umwandlung (Konvertierung) vorgenommen werden, wenn beispielsweise eine Integer-Zahl oder eine Gleitpunktzahl über die Tastatur eingelesen werden soll. Für diese Umwandlung steht eine spezielle Klasse zu Verfügung – die Klasse `Convert`. Diese Klasse verfügt über einige statische Methoden, die eine Zeichenkette in ein beliebiges anderes Format umwandeln. Das folgende Beispiel zeigt die Umwandlung der Zeichenkette in eine Integer-Zahl:

```csharp
using System;

namespace IT_BERUFE_CSHARP

{

    class Program

    {

        static void Main(string[] args)

        {

            int zahl;


            Console.WriteLine("Bitte eine Integerzahl eingeben:");

            zahl  = Convert.ToInt32 ( Console.ReadLine() );
```

> Die Klasse `Convert`

> Die statische Methode `ToInt32()` wandelt die Zeichenkette der `ReadLine()`-Methode in einen Integer-Wert mit 32 Bit (4 Byte) um.

```csharp
            Console.WriteLine("Das war Ihre Zahl: " + zahl);
            Console.WriteLine();

        }

    }

}
```

Nach dem Starten könnte die Bildschirmausgabe so aussehen:

```
C:\Windows\system32\cmd.exe
Bitte eine Integerzahl eingeben:
14
Das war Ihre Zahl: 14

Drücken Sie eine beliebige Taste . . .
```

Weitere Methoden der Klasse `Convert`:

▶ `Convert.ToInt16(...);`
▶ `Convert.ToInt64(...);`
▶ `Convert.ToUInt16(...);`

```
► Convert.ToUInt64(...);
► Convert.ToDouble(...);
► Convert.ToDecimal(...);
► Convert.ToSingle(...);
► Convert.ToString(...);
```

Die Klasse bietet für alle .NET-Datentypen eine geeignete Methode an. Natürlich ist es nicht nur möglich, eine Zeichenkette in eine Zahl, sondern auch eine Zahl in eine Zeichenkette oder Zahlen verschiedener Datentypen untereinander umzuwandeln, wie das folgende Beispiel zeigt:

```
string zeichenkette;

zeichenkette = Convert.ToString(123.456);
```

> Umwandeln einer Gleitpunktzahl in eine Zeichenkette

```
int zahl;

zahl = Convert.ToInt32(123.456);
```

> Umwandeln einer Gleitpunktzahl in eine Integer-Zahl

Bei der Umwandlung der Gleitpunktzahl in eine Integer-Zahl werden die Nachkommastellen einfach abgeschnitten. Die Variable `zahl` hat nach der Zuweisung den Wert 123.

4   Operatoren in C#

Die Operatoren sind ein sehr wichtiger Bestandteil einer Programmiersprache. Ohne Operatoren kann eigentlich kein Programm geschrieben werden. Auf Ein- oder Ausgabe könnte man unter Umständen verzichten, auf den Einsatz von Operatoren aber wahrscheinlich nicht.

4.1   Arithmetische Operatoren

4.1.1   Elementare Datentypen und ihre arithmetischen Operatoren

Die arithmetischen Operatoren (die so genannten Grundrechenarten) für die verschiedenen Datentypen wurden bereits angesprochen. Die Nutzung der Operatoren ist so, wie man es aus dem Mathematikunterricht gewohnt ist. Allerdings muss man die verschiedenen Datentypen unterscheiden, denn je nach Datentyp verhalten sich die Operatoren unterschiedlich.

Datentypen vom Typ Gleitpunktzahl (float, double und decimal):

Die Grundrechenarten sind wie gewohnt anzuwenden. Zahlen dieses Datentyps sind addierbar, subtrahierbar, multiplizierbar und dividierbar. Die Ergebnisse der Operationen sind ebenfalls Zahlen vom Typ Gleitpunkt.

Beispiel:

```
float a = 1.2F;

float b = 10.45F;

float c;

c = a + b;        // Variable c hat den Wert 11.65

c = a / b;        // Variable c hat den Wert 0.114833
```

Hinweis:

Literale vom Typ Gleitpunktzahl sind immer vom Datentyp `double`. Damit einer `float`-Variablen eine Gleitpunktzahl zugewiesen werden kann, muss das Suffix „F" für `float` angehängt werden.

Datentypen vom Typ Ganzzahl (byte, short, int, long):

Die Grundrechenarten sind ebenfalls wie gewohnt anzuwenden. Zahlen dieses Datentyps sind addierbar, subtrahierbar, multiplizierbar und dividierbar. Die Ergebnisse der Operationen sind ebenfalls Zahlen vom Typ Ganzzahl.

Beispiel:

```
int x = 1;

int y = 2;

int z;

z = x + y;  // Variable z hat den Wert 3

z = x / y;  // Variable z hat den Wert 0
```

Eine Integer-Division hat einen Rest, aber keine Nachkommastellen. Die Nachkommastellen werden „abgeschnitten". Den Rest der Division könnte man mit einem anderen Operator bestimmen – dem Modulo-Operator (siehe nächstes Unterkapitel).

4.1.2 Der Modulo-Operator

Dieser Operator liefert den Rest einer Integer-Divison. Beispielsweise ist die Zahl 25 nur mit einem Rest durch 7 teilbar. Der Rest ist 4. Genau diesen Rest liefert der Modulo-Operator %.

Beispiel:

```
int a = 25;

int b = 12;

int c;


c = a % b;        // c hat den Wert 1

c = b % a;        // c hat den Wert 12
```

> Diese Operation scheint zuerst etwas merkwürdig, da b kleiner als a ist. Aber die Logik des Modulo-Operators ist eindeutig.
>
> 12 ist 0-mal durch 25 teilbar und es bleibt ein Rest von 12.

Hinweis: Gebrauch des Modulo-Operators

Der Modulo-Operator wird immer dann benötigt, wenn mathematische Algorithmen umzusetzen sind. Beispielsweise werden Kontonummern und Bankleitzahlen mit so genannten Prüfziffern versehen. Diese Prüfziffern berechnen sich unter anderem mithilfe des Modulo-Operators.

4.1.3 Inkrement- und Dekrementoperatoren

In der Programmierung kommt es öfter vor, dass eine Variable ihren Wert um 1 erhöhen bzw. erniedrigen muss – beispielsweise solche Variablen, die bestimmte Vorgänge oder Operationen mitzählen sollen. Aus diesem Grund gibt es spezielle Operatoren, die eine Variable um 1 erhöhen bzw. erniedrigen. Diese Operatoren sind der Inkrementoperator (++) und der Dekrementoperator (--).

ACHTUNG:

Die Position der Operatoren ist wichtig. Es gibt die Postfix- und die Präfix-Notation. Das bedeutet, dass der Operator einmal nach der Variablen und einmal vor die Variable geschrieben wird. Das hat Auswirkungen, wie die folgenden Beispiele zeigen:

Postfix-Notation

```
int x = 10;

Console.WriteLine ( x++ );

Console.WriteLine( x );
```

Der Wert von x wird erhöht, allerdings ist das erst zur nächsten Anweisung wirksam. Bei der Ausgabe hat x noch den Wert 10, erst danach den Wert 11.

Präfix-Notation

```
int x = 10;

Console.WriteLine ( --x );

Console.WriteLine( x );
```

Der Wert von x wird erniedrigt, und zwar direkt in derselben Anweisung. Bei der Ausgabe hat x dann schon den Wert 9, danach natürlich weiterhin den Wert 9.

4.2   Relationale und logische Operatoren

4.2.1   Relationale Operatoren

Relationale Operatoren sind vergleichende Operatoren. Sie dienen dazu, zwei Werte miteinander zu vergleichen. Das Ergebnis dieses Vergleichs ist ein boolescher Wert (true oder false).

Folgende Operatoren stehen zur Verfügung:

Operator	Bedeutung
<	kleiner
<=	kleiner – gleich
>	größer
>=	größer – gleich
==	Vergleich
!=	ungleich

Beispiele:

```
int x = 10;

( x < 20 )        ergibt den logischen Wert true

( 5 >= x )        ergibt den logischen Wert false

( x == 10 )       ergibt den logischen Wert true

( x != 11 )       ergibt den logischen Wert true
```

4.2.2   Logische Operatoren

Logische Operatoren verknüpfen logische Zustände **(true oder false)** miteinander, das Ergebnis ist ebenfalls ein boolescher Wert **(true oder false)**.

Beispiel:

Ein Wert soll innerhalb bestimmter Grenzen liegen. Dazu werden zwei Vergleiche mit einem logischen Operator verknüpft.

```
int x;

x = Convert.ToInt32(Console.ReadLine());

Console.WriteLine ( (x > 0) && (x < 100) );
```

true oder false

true oder false

Der logische UND-Operator `&&` verknüpft die beiden Zustände. Nur wenn beide true sind, ist das Ergebnis ebenfalls true.

Nach dem Starten könnte das Beispielprogramm so aussehen:

Folgende Operatoren stehen zur Verfügung:

Operator	Bedeutung
&&	UND
||	ODER
!	NEGATION

Bei einer UND-Verknüpfung ist das Ergebnis nur dann true, wenn beide Operanden true sind, ansonsten false. Bei einer ODER-Verknüpfung ist das Ergebnis true, wenn bereits einer der beiden Operanden (oder beide) true sind. Operanden sind die Ausdrücke, die links und rechts von den Operatoren stehen.

Beispiele:

```
int x = 10;
int y = 20;


( x < 20 ) && ( y > x )      ergibt den logischen Wert true
!( x > 20 )                  ergibt den logischen Wert true
( x > 20 ) || ( x > y )      ergibt den logischen Wert false
```

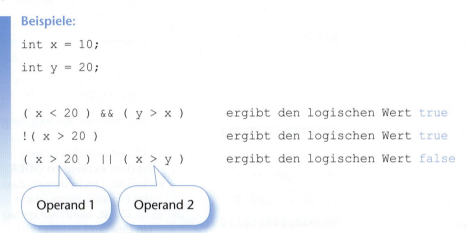

Operand 1   Operand 2

Zur Übersicht sind die Verknüpfungstabellen (Wahrheitstabellen) für die einzelnen Operatoren aufgeführt:

UND	true	false
true	**true**	false
false	false	false

ODER	true	false
true	true	true
false	true	**false**

NEGATION	
true	false
false	true

4.3 Bit- und weitere Operatoren

4.3.1 Logische Bit-Operatoren

Alle Werte von Variablen in C# werden letztendlich in Form von Nullen und Einsen gespeichert. Der ganzzahlige Datentyp byte ist beispielsweise 2 Byte groß und damit stehen 16 Bit zur Verfügung, um entweder eine Null oder eine Eins zu speichern. Die Darstellung einer solchen Zahl findet deshalb im so genannten Dualsystem (Binärsystem) statt. Das Dualsystem hat genau zwei Ziffern, die Null und die Eins. Damit können die Zahlen dann gebildet werden.

Beispiel:

```
byte x = 25;
```

Bit-Darstellung von 25:

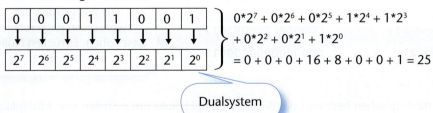

Dualsystem

Bit-Operatoren arbeiten nun auf dieser Bit-Ebene. Sie manipulieren bitweise, also Bit für Bit. **Bit-Operatoren arbeiten allerdings nur mit ganzzahligen Werten!**

Folgende Operatoren stehen zur Verfügung:

Operator	Bedeutung
&	bitweises UND
|	bitweises ODER
^	bitweises EXCLUSIV – ODER
~	bitweise NEGATION

Beispiele:

```
short x = 11;          0000000000001011
short y = 9;           0000000000001001
x & y;                 0000000000001001
```

> Die Bits werden einzeln mit UND verknüpft.

```
short x = 11;          0000000000001011
short y = 9;           0000000000001001
x | y;                 0000000000001011
```

> Die Bits werden einzeln mit ODER verknüpft.

```
short x = 11;          0000000000001011
short y = 9;           0000000000001001
x ^ y;                 0000000000000010
```

> Die Bits werden einzeln mit dem **exclusiven ODER** verknüpft. Das bedeutet, dass das Ergebnis genau dann `true` (1) ist, wenn nur genau ein Operand `true` (1) ist.

```
short x = 11;          0000000000001011
x = ~x;                1111111111110100
```

> Alle Bits werden **negiert**, also umgedreht.

Hinweis: Nutzen der Bit-Operatoren

Beispielsweise werden in der Netzwerktechnik IP-Adressen in einem Adressenraum durch das so genannte Subnetting zusammengefasst. Die zugehörigen IP-Adressen werden durch die bitweise UND-Verknüpfung mit einer Subnet-Mask identifiziert.

4.3.2   Bit-Schiebeoperatoren

Die Schiebeoperatoren << und >> arbeiten ebenfalls auf der Bit-Ebene und schieben die Bit-Muster von ganzzahligen Werten um beliebig viele Stellen nach rechts oder links. Folgende Beispiele verdeutlichen dieses *Schieben von Bits*.

Beispiele:

```
short x = 11;          0000000000001011
x = x << 2;            0000000000101100
```

> Die Bits werden um zwei Stellen nach links geschoben. Es rücken Nullen von rechts nach.

```
short x = 11;          0000000000001011
x = x >> 2;            0000000000000010
```

> Die Bits werden um zwei Stellen nach rechts geschoben. Es rücken Nullen von links nach.

Hinweis:

Mathematisch gesehen bedeutet das Bitschieben nach links um x Stellen eine Multiplikation der Zahl mit 2^x. Das Schieben nach rechts ist dementsprechend eine Integer-Division durch 2^x.

Experteninfo:

Negative Zahlen werden in dem so genannten **Zweierkomplement** dargestellt. Das bedeutet, dass alle Bits der entsprechenden positiven Zahl umgedreht werden und anschließend noch 1 dazuaddiert wird. Das hat mit der internen Darstellbarkeit der Zahlen zu tun. Deshalb verhält sich das Bitschieben mit negativen Zahlen anders. Beim Schieben nach rechts werden beispielsweise von links keine Nullen, sondern Einsen nachrücken.

```
short x = -5;        1111111111111011    Zweierkomplement

x = x >> 2;          1111111111111110    x hat den Wert -2
```

4.3.3 Typumwandlung mit cast-Operatoren

Einer Variablen vom Datentyp `float` oder `double` kann ohne Probleme der Wert einer ganzzahligen Variable zugewiesen werden. Umgekehrt geht das auch, allerdings werden die Nachkommastellen der Gleitpunktzahl dann abgeschnitten. Diese Zuweisungen beinhalten so genannte implizite (automatische) Datentypkonvertierungen. Darüber hinaus gibt es auch die Möglichkeit, explizit Datentypen zu konvertieren – mit den **cast-Operatoren**. In beiden Fällen muss der Programmierer wissen, was er tut, da eine Konvertierung mit Datenverlust einhergehen kann. Das explizite Umwandeln geschieht durch die Angabe des gewünschten Datentyps (in Klammern) vor dem umzuwandelnden Wert bzw. der umzuwandelnden Variable.

```
(Typ) Wert;
```

Gewünschter Datentyp

Umzuwandelnder Wert

Beispiele:

```
int i;

char c = 'a';

double d = 1.0;

bool b = false;

string s = "123";

i = (int) d;

i = (int) c;

d = (double) c;

i = (int) b;
i = (int s);
```

Die Umwandlung einer Gleitpunktzahl in einen ganzzahligen Wert geschieht unter Verlust der Nachkommastellen.

Bei der Umwandlung eines Zeichens in einen ganzzahligen Wert wird der Unicode des Zeichens verwendet – in diesem Fall erhält i den Wert 97.

Bei der Umwandlung eines Zeichens in einen double-Wert wird ebenfalls der Unicode des Zeichens verwendet – d erhält den Wert 97.

Diese Umwandlungen sind mit dem cast-Operator **nicht** möglich.

Die obigen Beispiele zeigen, dass die Umwandlungen von ganzzahligen Werten in Gleitpunktwerte (unter Datenverlust) möglich sind. Allerdings ist es nicht möglich, boolesche Werte oder Zeichenketten einfach in ganzzahlige Werte umzuwandeln. Für solche speziellen (unnatürlichen) Fälle gibt es die Klasse `Convert`, die für jede Umwandlung eine spezielle Methode zur Verfügung stellt. Die Klasse `Convert` wurde bereits bei der Eingabe mit `ReadLine()` verwendet, um eine Zeichenkette in den gewünschten Datentyp umzuwandeln. Mit dieser Klasse können dann auch die Konvertierungen des booleschen Wertes und der Zeichenkette vorgenommen werden, wie das folgende Beispiel zeigt:

Beispiel:

```
int i;

double d;

string s;


i = Convert.ToInt32(true);
```

> Der boolesche Wert `true` wird in den ganzzahligen Wert 1 konvertiert.

```
i = Convert.ToInt32("123");
```

> Die Zeichenkette wird in den ganzzahligen Wert 123 konvertiert.

```
d = Convert.ToDouble("1.11");
```

> Die Zeichenkette wird in den Gleitpunktwert 1.11 konvertiert.

```
s = Convert.ToString(1.11);
```

> Der Gleitpunktwert 1.11 wird in eine Zeichenkette konvertiert.

4.3.4   Zuweisung und gekoppelte Zuweisung

Der Zuweisungsoperator **=** ist schon aus den vorhergehenden Kapiteln bekannt. Er funktioniert so, wie man es erwartet. Trotzdem ist es sinnvoll, diesen Operator noch einmal genau zu betrachten. Links von einem Zuweisungsoperator muss immer ein so genannter **Linkswert** stehen. Damit ist eine Variable gemeint.

Beispiel:

```
int x;

x = 5;          korrekte Zuweisung

5 = x;          keine korrekte Zuweisung. 5 ist kein Linkswert.
```

Auf der rechten Seite der Zuweisung steht dann der so genannte **Rechtswert**. Dieser Wert kann eine Variable oder ein Ausdruck sein.

Beispiel:

```
int x;

int y = 10;
```

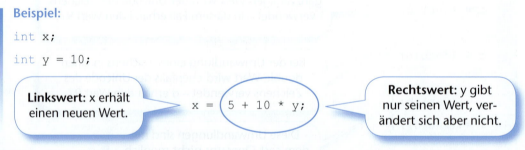

> **Linkswert:** x erhält einen neuen Wert.

`x = 5 + 10 * y;`

> **Rechtswert:** y gibt nur seinen Wert, verändert sich aber nicht.

Hinweis:

Eine Variable, die in einem Rechtswert steht, verändert ihren Wert nicht. Sie gibt nur ihren Wert für die Zuweisung.

Gekoppelte Zuweisungen

Neben der einfachen Zuweisung kann die Zuweisung an einen anderen Operator gekoppelt werden. Damit kann ein Ausdruck verkürzt werden. Ob das immer empfehlenswert ist, sei dahingestellt. Die Leserlichkeit des Quellcodes wird dadurch jedenfalls **nicht** erhöht.

Beispiele:

Normaler Ausdruck	Gekoppelte Zuweisung
x = x + 10;	**x += 10;**
y = y / 5;	**y /= 5;**

Die folgenden Operatoren können gekoppelt werden:

+ , - , * , / , % , & , | , ^ , << , >>

4.3.5   Besondere Operatoren

Die Sprache C# verfügt noch über weitere Operatoren, die je nach Zusammenhang sehr effektiv eingesetzt werden können.

Der typeof-Operator:

Dieser Operator zeigt die .NET-Typbezeichung eines Datentyps an.

```
Console.WriteLine(typeof(int));  //Ausgabe: System.Int32
```

Der is-Operator:

Mit diesem Operator kann der Typ einer Variablen (oder später eines Objektes) geprüft werden.

```
if (x is int) Console.WriteLine("Ein int!");

//Falls x vom Datentyp int ist, wird "Ein int!" ausgegeben
```

Der sizeof-Operator

Dieser Operator liefert die Größe eines Datentyps in Bytes.

```
Console.WriteLine(sizeof(int));     //Ausgabe: 4

Console.WriteLine(sizeof(double));  //Ausgabe: 8

Console.WriteLine(sizeof(bool));    //Ausgabe: 1
```

4.4   Rang von Operatoren

Aus dem Mathematikunterricht ist bekannt, dass Punkt- vor Strichrechnung gilt. Dieses Prinzip gilt auch in C#. Der Multiplikationsoperator hat beispielsweise eine höhere Priorität als der Additionsoperator. Ebenso haben alle anderen Operatoren auch eine Priorität. Dadurch ergibt sich eine Reihenfolge bei der Abarbeitung eines Ausdruckes. Alle bislang besprochenen Operatoren sind in der folgenden Tabelle mit ihrem Rang (ihrer Priorität) aufgelistet.

Rang	Beschreibung	Operator
14	Punktoperator	.
14	Indexklammer	[ ]
14	Inkrement/Dekrement–Postfix	++ und --
14	Speicherreservierung	new
14	Typ-Bestimmung	typeof
13	logische Negation	!
13	bitweise Negation	~
13	Vorzeichen	+ und -
13	Inkrement/Dekrement–Präfix	++ und --
13	cast–Operator	(Typ)
12	Multiplikation	*
12	Division	/
12	Modulo-Operator	%

Rang	Beschreibung	Operator
11	Addition	+
11	Subtraktion	-
10	Bit-Schiebeoperatoren	<< und >>
9	kleiner (kleiner-gleich)	< (<=)
9	größer (größer-gleich)	> (>=)
9	Laufzeittyp	is
8	gleich	==
8	ungleich	!=
7	bitweises UND	&
6	bitweises EXCLUSIV–ODER	^
5	bitweises ODER	|
4	logisches UND	&&
3	logisches ODER	||
2	Konditionaloperator	? :
1	Zuweisung	=
1	gekoppelte Zuweisungen	+= -= *= /= %= &= |= ^= >>= <<=

Das folgende Beispiel zeigt schematisch, wie der Compiler einen Ausdruck übersetzen würde. Dabei werden die Prioritäten der Operatoren berücksichtigt.

Beispiel:

```
int x = 0;
bool b = false;

    !b   &&   ++x > 1   ||   x << 1 > 2
```

! hat Priorität 14	
++ hat Priorität 13	
<< hat Priorität 10	
> hat Priorität 9	
&& hat Priorität 4	
|| hat Priorität 3	

Hinweis:

Die Problematik der Prioritäten ist vermeidbar, wenn durch Klammersetzung eine Reihenfolge der Abarbeitung vorgegeben wird.

5   Selektion und Iteration

Die Selektion (Auswahl) und die Iteration (Wiederholung) sind zwei sehr wichtige Konstrukte in einer Programmiersprache. In den vorherigen Kapiteln sind einige Probleme ohne diese Konstrukte gelöst worden, aber große und immer komplexer werdende Programme können ohne Selektion und Iteration nicht auskommen.

5.1   Die Selektion

5.1.1   Darstellung der Selektion mit einem Programmablaufplan

Problemstellung:

Es soll eine Berechnung des Prozentsatzes bei gegebenem Kapital und Zinsen durchgeführt werden.

Formel:
$$\texttt{Prozentsatz} = \frac{\texttt{Zinsen * 100}}{\texttt{Kapital}}$$

Das Programm kann einen Fehler verursachen, wenn für das Kapital der Wert 0 eingegeben wird (die Division durch 0 ist verboten).

Lösungsmöglichkeit:

Das Programm erkennt, ob eine Null eingegeben wurde, und führt dann keine Berechnung durch. Das Problem wird durch eine Dokumentationstechnik, den Programmablaufplan PAP[1], zuerst schematisch erfasst. Anschließend wird dann auf die Umsetzung in C# eingegangen.

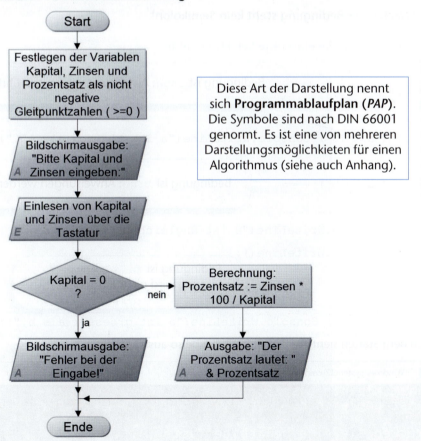

Programm Prozentsatzberechnung

Diese Art der Darstellung nennt sich **Programmablaufplan** (*PAP*). Die Symbole sind nach DIN 66001 genormt. Es ist eine von mehreren Darstellungsmöglichkieten für einen Algorithmus (siehe auch Anhang).

---

1   Der Programmablaufplan wurde mit dem Programm *PapDesigner* erstellt. Diese Software wurde speziell für die Ausbildung im IT-Bereich entwickelt und steht kostenfrei im Internet zum Download bereit.

5.1.2   Die einseitige Selektion mit der `if`-Anweisung

Die Umsetzung einer Auswahlmöglichkeit im Programm (Selektion) geschieht in C# mit dem Schlüsselwort `if`. Die `if`-Anweisung ist eine einseitige Selektion, da nur eine oder mehrere Anweisungen ausgeführt werden, wenn die Bedingung erfüllt ist. Wenn die Bedingung nicht erfüllt ist, so geschieht nichts.

Syntax in C#:

```
if ( Bedingung ) Anweisung;
```

> Wenn die Bedingung wahr ist (logisch `true`), dann wird die Anweisung ausgeführt.

oder

```
if ( Bedingung )
{
    Anweisung 1;
         :
    Anweisung N;
}
```

> Ist die Bedingung wahr, dann werden beliebig viele Anweisungen ausgeführt.

Hinweise:

Die Bedingung steht in einfachen Klammern. Mehrere zusammengehörende Anweisungen werden in geschweiften Klammern zusammengefasst.

Was ist eine Bedingung? Eine Bedingung ist ein Ausdruck, der einen logischen Zustand hat (entweder true oder false). Eine Bedingung kann beispielsweise ein Vergleich sein.

Nach einer Bedingung steht kein Semikolon!

Beispiele für die einseitige Selektion mit if:

```
int a = 10;
int b = 15;
```

> Bedingung ist `true`: Anweisung wird ausgeführt.

```
if ( a < 15 ) Console.WriteLine("a ist kleiner als 15.");


if ( a != b )
```

> Bedingung ist `true`: Anweisungen werden ausgeführt.

```
{
    Console.WriteLine("a ist ungleich b.");
    Console.WriteLine();
```

> Bedingung ist `false`: Anweisung wird nicht ausgeführt.

```
}


if ( a > b ) Console.WriteLine("a ist groesser als b.");
```

Nach dem Starten sieht die Bildschirmausgabe so aus:

```
C:\Windows\system32\cmd.exe
a ist kleiner als 15.
a ist ungleich b.

Drücken Sie eine beliebige Taste . . .
```

5.1.3   Die zweiseitige Selektion mit der `if-else`-Anweisung

In manchen Fällen ist es sinnvoll, eine Alternative zu haben, wenn eine Bedingung nicht zutrifft. In diesen Fällen kann die so genannte zweiseitige Selektion mit der `if-else`-Anweisung verwendet werden.

Syntax in C#:

```
if ( Bedingung ) Anweisung; else Anweisung;
```

oder

```
if ( Bedingung )
{
    Anweisung 1;
        :
    Anweisung N;
}
else
{
    Anweisung 1;
        :
    Anweisung N;
}
```

> Wenn die Bedingung false ist, dann wird die Anweisung (bzw. die Anweisungen) nach dem else ausgeführt.

Beispiele für die zweiseitige Selektion mit if-else:

```
int a = 20;
int b = 20;
```

> Bedingung ist false: Die else-Anweisung wird ausgeführt.

```
if (a < 15) Console.WriteLine("a ist kleiner als 15.");
else Console.WriteLine("a ist groesser gleich 15.");

if (a != b)
```

> Bedingung ist false:
> Die else-Anweisungen werden ausgeführt.

```
{
    Console.WriteLine("a ist ungleich b.");
    Console.WriteLine();
}
else
{
    Console.WriteLine("a ist gleich b.");
    Console.WriteLine();
}
```

Nach dem Starten sieht die Bildschirmausgabe so aus:

```
C:\Windows\system32\cmd.exe
a ist groesser gleich 15.
a ist gleich b.

Drücken Sie eine beliebige Taste . . .
```

Umsetzung des Programmablaufplans aus der Ausgangssituation
Mithilfe der zweiseitigen Selektion kann nun auch die Problemstellung aus der Ausgangssituation
gelöst werden:

```csharp
using System;
namespace IT_BERUFE_CSHARP
{
class Program
{
    static void Main(string[] args)
    {
        double kapital;
        double prozentsatz;
        double zinsen;
        Console.WriteLine("Bitte Kapital und Zinsen eingeben:");
        kapital = Convert.ToDouble(Console.ReadLine());
        zinsen = Convert.ToDouble(Console.ReadLine());

        if (kapital == 0)
        {
            Console.WriteLine("Fehler bei der Eingabe!");
        }
        else
        {
            prozentsatz = zinsen * 100 / kapital;
            Console.WriteLine("Der Prozentsatz lautet: " + prozentsatz);
        }
    }
}
}
```

Nach dem Starten könnte die Bildschirmausgabe so aussehen:

```
C:\Windows\system32\cmd.exe
Bitte Kapital und Zinsen eingeben:
100
10
Der Prozentsatz lautet: 10
Drücken Sie eine beliebige Taste . . .
```

Oder auch so:

```
C:\Windows\system32\cmd.exe
Bitte Kapital und Zinsen eingeben:
0
10
Fehler bei der Eingabe!
Drücken Sie eine beliebige Taste . . .
```

5.1.4 Verschachtelte Selektionen mit `if` und `if-else`

Als Anweisung nach einer Selektion kann natürlich wieder eine Selektion stehen, denn eine Selektion ist selbst nichts anderes als eine gültige Anweisung. Die Verschachtelung von Selektionen kann beliebig tief sein. Irgendwann kann höchstens ein Speicherplatzproblem die Verschachtelungstiefe begrenzen.

Beispiel 1:

```
int a = 10;
int b = 20;
int c = 1;
if ( a < 15 )
    if ( b > 10 )
        if ( c != 0) Console.WriteLine("alle Bedingungen erfuellt");
        else Console.WriteLine("Bedingung 3 nicht erfuellt");
    else Console.WriteLine("Bedingung 2 nicht erfuellt");
else Console.WriteLine("Bedingung 1 nicht erfuellt ");
```

Nach dem Starten sieht die Bildschirmausgabe so aus:

```
C:\Windows\system32\cmd.exe
Alle Bedingungen erfuellt!
Drücken Sie eine beliebige Taste . . . _
```

5.1.5 Mehrfachselektion mit `switch`

In manchen Fällen ist es nötig, eine Variable auf verschiedene Werte abzufragen. Das könnte beispielsweise mit verschachtelten `if`-Anweisungen geschehen. Angenehmer ist in diesem Fall jedoch die Verwendung der Mehrfachauswahl mit `switch`. Die `switch`-Anweisung prüft eine Variable vom Typ `int`, `char` oder `string` auf bestimmte Werte. Es werden dann gezielt Anweisungen ausgeführt. In einem Programmablaufplan wird eine Mehrfachselektion so dargestellt:

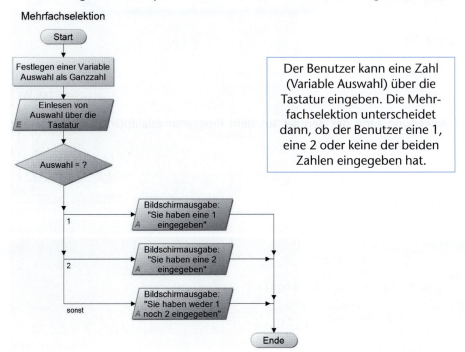

Der Benutzer kann eine Zahl (Variable Auswahl) über die Tastatur eingeben. Die Mehrfachselektion unterscheidet dann, ob der Benutzer eine 1, eine 2 oder keine der beiden Zahlen eingegeben hat.

Syntax in C#:

```
switch ( var )
{

    case Wert_1:
        Anweisung_1;
                :
        Anweisung_N;
    break;


    case Wert_2:
        Anweisung_1;
                :
        Anweisung_N;
    break;
    :
    :
    case Wert_N:
        Anweisung_1;
                :
        Anweisung_N;
    break;


    default:
        Anweisung_1;
                :
        Anweisung_N;
    break;

}
```

> Die Variable **var** darf vom Typ Ganzzahl oder String sein.

> Falls **var** *Wert_1* entspricht, dann werden die Anweisungen bis zum break ausgeführt.

> Falls **var** *Wert_2* entspricht, dann werden die Anweisungen bis zum break ausgeführt.

> Falls **var** *Wert_N* entspricht, dann werden die Anweisungen bis zum break ausgeführt.

> Falls **var** keinem der obigen Werte entspricht, dann werden die default-Anweisungen bis zum break ausgeführt.

Mit der switch-Anweisung kann das Beispiel aus dem Programmablaufplan dann umgesetzt werden:

```
using System;
namespace IT_BERUFE_CSHARP
{
    class Program
    {
        static void Main(string[] args)
        {

            int auswahl;
            Console.WriteLine("Bitte eine Zahl (Auswahl) eingeben:");
            auswahl = Convert.ToInt32(Console.ReadLine());
```

```
        switch (auswahl)
        {
            case 1:
                    Console.WriteLine("Sie haben eine 1 eingegeben!");
                break;

            case 2:
                    Console.WriteLine("Sie haben eine 2 eingegeben!");
                break;

            default:
                    Console.WriteLine("Weder 1 noch 2 eingegeben!");
                break;
        }
    }
}
```

Hinweis:

Wenn die Prüfungsvariable vom Typ string ist, dann könnte das Programm auch so aussehen:

```
string auswahl;
Console.WriteLine("Bitte eine Zahl (Auswahl) eingeben:");
auswahl = Console.ReadLine();

switch (auswahl)
{
    case "1":
        Console.WriteLine("Sie haben eine 1 eingegeben!");
        break;

    case "2":
        Console.WriteLine("Sie haben eine 2 eingegeben!");
        break;

    default:
        Console.WriteLine("Weder 1 noch 2 eingegeben!");
        break;
}
```

Springen mit goto:

In manchen Fällen kann es sinnvoll sein, dass nach der Abarbeitung eines case-Blocks noch ein weiterer Block abgearbeitet wird. Das kann durch ein explizites Springen mit der goto-Anweisung erreicht werden. Das folgende Beispiel zeigt die Verwendung dieses Befehls.

```csharp
using System;
namespace IT_BERUFE_CSHARP
{
    class Program
    {
        static void Main(string[] args)
        {
            int auswahl;
            Console.WriteLine("Bitte eine Zahl (Auswahl) eingeben:");
            auswahl = Convert.ToInt32(Console.ReadLine());
            switch (auswahl)
            {
                case 1:
                    Console.WriteLine("Abarbeitung von Fall 1!");
                    goto case 2;
                break;

                case 2:
                    Console.WriteLine("Abarbeitung von Fall 2!");
                    goto case 3;
                break;
                case 3:
                    Console.WriteLine("Abarbeitung von Fall 3!");
                break;
                default:
                    Console.WriteLine("Default-Fall");
                break;
            }
        }
    }
}
```

> Durch goto case 2 werden alle Anweisungen aus Fall 2 ebenfalls abgearbeitet.

Nach dem Starten sieht die Bildschirmausgabe so aus:

```
C:\Windows\system32\cmd.exe
Bitte eine Zahl (Auswahl) eingeben:
1
Abarbeitung von Fall 1!
Abarbeitung von Fall 2!
Abarbeitung von Fall 3!
Drücken Sie eine beliebige Taste . . .
```

Oder auch so:

```
C:\Windows\system32\cmd.exe
Bitte eine Zahl (Auswahl) eingeben:
2
Abarbeitung von Fall 2!
Abarbeitung von Fall 3!
Drücken Sie eine beliebige Taste . . .
```

5.2 Fuß-, kopf- und zählergesteuerte Iterationen

Problemstellung:

Das Programm zur Prozentberechnung aus Kapitel 5.1.1 soll die Berechnung nicht durchführen, wenn das eingegebene Kapital null ist. Sinnvoll wäre an dieser Stelle, dass das Programm eine fehlerhafte Eingabe wiederholen lässt.

In einem PAP kann das so dargestellt werden:

Fußgesteuerte Iteration

```
                    ┌───────────┐
                    │   Start   │
                    └───────────┘
                          │
            ┌─────────────────────────────┐
            │  Festlegen der Variablen     │
            │  Kapital, Zinsen und         │
            │  Prozentsatz als nicht       │
            │  negative                    │
            │  Gleitpunktzahlen ( >=0 )    │
            └─────────────────────────────┘
                          │
                          ▼
            ┌─────────────────────────────┐
         A  │  Bildschirmausgabe:          │        Solange der Benutzer
            │  "Bitte Kapital und          │        eine Null für das Kapital
            │  Zinsen eingeben:"           │        eingibt, wird die Eingabe
            └─────────────────────────────┘        wiederholt.
            ┌─────────────────────────────┐
         E  │  Einlesen von Kapital        │
            │  und Zinsen über die         │
            │  Tastatur                    │
            └─────────────────────────────┘
                          │
                     ◇ Kapital = 0 ? ◇  ── nein ──▶  ┌─────────────┐
                          │                          │     ...     │
                          ja                         └─────────────┘
            ┌─────────────────────────────┐                 │
         A  │  Bildschirmausgabe:          │                 ▼
            │  "Fehler bei der             │          ┌───────────┐
            │  Eingabe!"                   │          │    Ende   │
            └─────────────────────────────┘          └───────────┘
```

In einem C#-Programm gibt es drei Möglichkeiten, eine solche Wiederholung zu erreichen, und zwar mit den so genannten Schleifen (Iterationen). Es gibt die do-while-Schleife, die while-Schleife und die for-Schleife. Eine weitere Schleifenart (die foreach-Schleife) wird erst im Kapitel zu Arrays behandelt.

5.2.1 Die do-while-Schleife

Die do-while-Schleife ist eine Wiederholung von einer oder mehreren Anweisungen, **solange** eine Bedingung erfüllt ist. Die Bedingung ist dabei genauso aufgebaut wie bei der if-Anweisung. Die do-while-Schleife heißt **fußgesteuert**, da die Überprüfung der Bedingung am Ende der Schleife stattfindet. Dadurch wird der Schleifenrumpf (die Anweisungen innerhalb der Schleife) mindestens einmal durchlaufen.

Syntax in C#:

```
do  Anweisung;        while  (Bedingung);
```

C#-Schlüsselworte

Solange die Bedingung erfüllt ist, wird die Anweisung ausgeführt.

Ebenso gilt natürlich:

```
do
{
    Anweisung_1;
    Anweisung_2;
    :
    Anweisung_N;
}
while  (Bedingung);
```

⎫ Ausführen mehrerer
⎬ Anweisungen
⎭

Beispiele für die do-while-Schleife:

Es sollen die Zahlen von 1 bis 10 auf dem Bildschirm ausgegeben werden:

```
int x = 1;
do
{
    Console.WriteLine(x);
    x = x + 1;
}
while (x < 11);
```

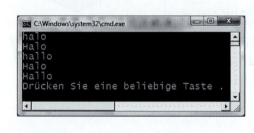

Eine Eingabe wird wiederholt, solange nicht das Wort „Hallo" eingegeben wurde.

```
string s;
do
{
    s = Console.ReadLine();;
}
while (s != "Hallo");
```

Mit der `do-while`-Schleife kann nun auch der Programmablaufplan aus der Problemstellung umgesetzt werden. Eine fehlerhafte Eingabe (Kapitel gleich 0) wird dann wiederholt.

```
using System;
namespace IT_BERUFE_CSHARP
{
    class Program
    {
        static void Main(string[] args)
        {
            double kapital;
            double prozentsatz;
            double zinsen;
            do
            {
                Console.WriteLine("Bitte Kapital und Zinsen eingeben:");
                kapital = Convert.ToDouble(Console.ReadLine());
                zinsen = Convert.ToDouble(Console.ReadLine());
```

```
        if (kapital == 0)
        {
            Console.WriteLine("Fehler bei der Eingabe!");
        }
        else
        {
            prozentsatz = zinsen * 100 / kapital;
            Console.WriteLine("Prozentsatz: " + prozentsatz);
        }
    }
    while (kapital == 0);
}
```
}

Nach dem Starten könnte die Bildschirmausgabe so aussehen:

```
C:\Windows\system32\cmd.exe
Bitte Kapital und Zinsen eingeben:
0
10
Fehler bei der Eingabe!
Bitte Kapital und Zinsen eingeben:
100
10
Der Prozentsatz lautet: 10
Drücken Sie eine beliebige Taste . . .
```

5.2.2 Die while-Schleife

Die while-Schleife ist ebenfalls eine Wiederholung von einer oder mehreren Anweisungen, **solange** eine Bedingung erfüllt ist. Die while-Schleife heißt aber **kopfgesteuert**, da die Überprüfung der Bedingung sofort am Anfang der Schleife stattfindet. Dadurch wird der Schleifenrumpf möglicherweise nicht durchlaufen (wenn die Bedingung falsch ist). Der folgende Programmablaufplan zeigt eine kopfgesteuerte Schleife:

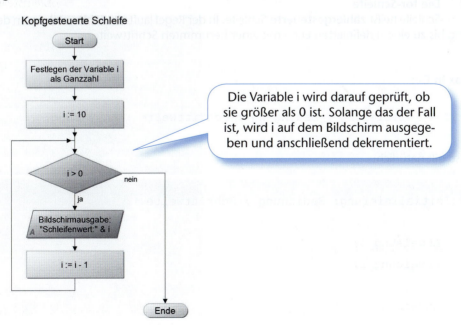

Kopfgesteuerte Schleife

Die Variable i wird darauf geprüft, ob sie größer als 0 ist. Solange das der Fall ist, wird i auf dem Bildschirm ausgegeben und anschließend dekrementiert.

Syntax in C#:

```
while  (Bedingung)          Anweisung;
```

> Solange die Bedingung erfüllt ist,
> wird die Anweisung ausgeführt.

Ebenso gilt natürlich:

```
while  (Bedingung)
{
    Anweisung_1;
    Anweisung_2;
    :
    Anweisung_N;
}
```

Ausführen mehrerer Anweisungen

Beispiel für die while-Schleife:

Der vorhergehende Programmablaufplan der kopfgesteuerten Schleife wird mit einer while-Schleife umgesetzt.

```
int i;
i = 10;


while (i > 0)
{
    Console.WriteLine("Schleifenwert: " + i);
    i = i - 1;
}
```

5.2.3   Die for-Schleife

Die for-Schleife heißt **zählergesteuerte** Schleife. In der Regel läuft ein Zähler von einem definierten Anfang bis zu einem definierten Ende mit einer bestimmten Schrittweite.

Syntax in C#:

```
for (Initialisierung ; Bedingung ; Schrittweite ) Anweisung;
```

Ebenso gilt natürlich:

```
for (Initialisierung; Bedingung ; Schrittweite )
{
    Anweisung_1;
    Anweisung_2;
    :
    Anweisung_N;
}
```

Beispiel einer for-Schleife:

Die Schleife startet mit 1 und endet mit 10. Die Schrittweite des Zählers ist 1.

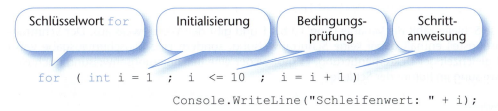

Nach dem Starten der for-Schleife sieht die Bildschirmausgabe so aus:

Sehr wichtig ist es auch, den zeitlichen Ablauf der for-Schleife zu verstehen, denn davon hängt das korrekte Funktionieren der Schleife ab.

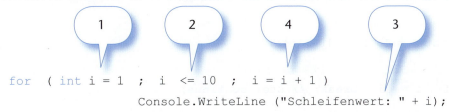

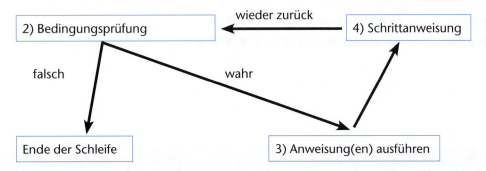

Die **for**-Schleife kann aber noch viel mehr als „einfach" nur zählen: Es können je nach Bedarf Teile der Schleife weggelassen oder in einem Teil mehrere Anweisungen oder Bedingungen eingefügt werden.

Die einfachste Schleife sieht dann so aus:

```
for ( ; ; );        Endlosschleife
```

Das ist eine gültige Anweisung, die man aber nicht unbedingt benutzen sollte – denn es ist eine so genannte Endlosschleife, das Programm stürzt ab.

Das folgende Beispiel zeigt die Universalität der for-Schleife:

```
int i = 10;

for (; i>0 ; Console.WriteLine(i--)) ;
```

Diese Schleife zählt die Variable i von 10 bis 1 und gibt den Wert jeweils aus. Der Schrittanweisungsteil enthält dabei keine Schrittanweisung, sondern eine Bildschirmausgabe von i mit gleichzeitiger Dekrementierung. Es gibt weder eine Initialisierungsanweisung noch eine Anweisung im Rumpf der Schleife.

Hinweis:

Die Schleifenvariable einer for-Schleife wird in der Regel im Initialisierungsteil deklariert und initialisiert. Damit ist diese Variable nur innerhalb der for-Schleife gültig (lokal gültig). Nach der for-Schleife ist die Variable nicht mehr benutzbar.

```
for (int i = 1; i <= 10; i = i + 1)

          Console.WriteLine("Schleifenwert: " + i);

i = 10;
```

> **Fehlermeldung des Compilers:**
>
> Fehler 1: Der Name "i" ist im aktuellen
>   Kontext nicht vorhanden.

5.2.4   Abbruch und Sprung in einer Schleife

Alle Schleifen können unabhängig von der Bedingungsprüfung abgebrochen werden. Das geschieht mit dem Schlüsselwort break. Mit dem Schlüsselwort continue kann hingegen ein Schleifendurchlauf übersprungen werden.

Beispiel für die Anwendung von break und continue:

```
for (int i = 1; i <= 10 ; i++)
{
    if ( i == 5 ) break; // oder continue;


    Console.WriteLine(i);
}
```

Die Schleife mit break ergibt folgende Ausgabe: **1 2 3 4**

Die Schleife mit continue ergäbe dann: **1 2 3 4 6 7 8 9 10**

6 Das Klassenkonzept in C#

Die Sprache C# ist eine vollständig objektorientierte Sprache. In den bisherigen Kapiteln wurden allerdings keine objektorientierten Themen behandelt, sondern die Grundlagen der strukturierten Programmierung besprochen. Das war notwendig, um eine Basis für die weiteren Themen zu schaffen. Trotzdem waren einige Aspekte bereits objektorientiert (wie beispielsweise die Programm-Klasse oder die Nutzung von statischen Methoden), wurden aber nur so weit beschrieben, dass es für die Ausführung eines Programms ausreichte. Mit diesem Kapitel beginnt nun die objektorientierte Programmierung in C#. Unter objektorientierter Programmierung kann eine spezielle Art der Programmierung verstanden werden, die versucht, gewisse Gegebenheiten möglichst realitätsnah umzusetzen. Im Mittelpunkt der objektorientierten Programmierung steht das **Objekt** bzw. die **Klasse**. Eine Klasse kann als eine Art Bauplan betrachtet werden, mit dem Objekte gebildet werden können. Die Begriffe Objekt und Klasse werden nun näher betrachtet.

Was ist ein Objekt?
Ein Objekt ist eine softwaretechnische Repräsentation eines realen oder gedachten, klar abgegrenzten Gegenstandes oder Begriffs. Das Objekt erfasst alle Aspekte des Gegenstandes durch Attribute (Eigenschaften) und Methoden.

Was sind Attribute und Methoden?
Attribute sind die Eigenschaften des Objektes. Sie beschreiben den Gegenstand vollständig. Attribute sind geschützt gegen Manipulation von außen (das nennt man Kapselung). Methoden beschreiben die Operationen, die mit dem Objekt (bzw. seinen Attributen) durchgeführt werden können. Von außen erfolgt der Zugriff auf Attribute durch die Methoden.

Was ist eine Klasse?
Unter einer Klasse versteht man die softwaretechnische Beschreibung eines Bauplanes für ein Objekt. Aus einer Klasse können dann Objekte abgeleitet (gebildet, instanziert) werden.

Diese etwas abstrakten, aber wichtigen Begriffsdefinitionen sollen nun anhand von Beispielen veranschaulicht werden.

Beispiel:

Diese Rennwagen sind konkrete Objekte. Sie haben Attribute wie Farbe, Leistung in KW und Hubraum.

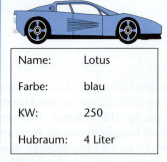

Name:	Lotus
Farbe:	blau
KW:	250
Hubraum:	4 Liter

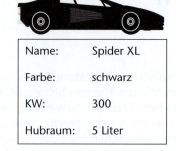

Name:	Spider XL
Farbe:	schwarz
KW:	300
Hubraum:	5 Liter

Beide Rennwagen haben dieselben Attribute. Sie unterscheiden sich nur in den Attributwerten. Der Spider XL hat beispielsweise eine höhere Leistung als der Lotus. Man könnte sagen, dass beide Rennwagen mithilfe desselben Bauplanes hergestellt worden sind. Der zugrunde liegende Bauplan könnte als **Klasse** Rennwagen bezeichnet werden. Die folgende Darstellung der Klassen und Objekte entspricht schon ungefähr der Form, die die formale Sprache UML benutzt, um Klassen und Objekte darzustellen.

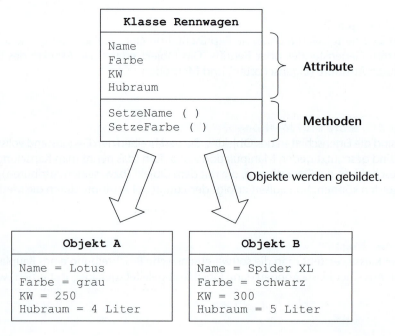

Hinweise

- Die Objektorientierung und die neuen Begriffe erscheinen gerade am Anfang recht abstrakt und es scheint nur wenig vorstellbar, wie eine neue Software objektorientiert programmiert werden soll. Dagegen hilft nur eins: Schritt für Schritt die Aspekte der objektorientierten Programmierung (OOP) kennen lernen und an konkreten Beispielen umsetzen. Gute objektorientierte Programmentwicklung hat auch viel mit Erfahrung zu tun.

- Neben der veränderten Sichtweise der Programmierung hat die OOP auch ganz praktische Vorteile gegenüber der strukturierten oder prozeduralen Programmierung. Diese Vorteile sind beispielsweise die Kapselung von Daten in den Objekten oder die Vererbung. Kapselung von Daten bedeutet, dass der Zugriff auf die Attribute eines Objektes kontrolliert abläuft. Dieser kontrollierte Zugriff geschieht über die Methoden eines Objektes. Dadurch wird beispielsweise verhindert, dass ein wichtiges Attribut eines Objektes aus Versehen mit einem falschen Wert beschrieben wird. Die Vererbung erspart dem Programmierer ungemein viel Arbeit, weil er einmal geschriebene Klassen an andere Klassen vererben kann.

- Das komplette Konzept der OOP wird allerdings erst dann richtig deutlich, wenn die Kapitel Klassenkonzept, Überladung von Operatoren, Vererbung und Polymorphismus bearbeitet wurden.

6.1 Die erste Klasse in C#

In diesem Kapitel geht es hauptsächlich um die konkrete Umsetzung einer Klasse in C#. Zuerst wird der allgemeine Aufbau einer Klasse in C# beschrieben. Dabei stehen vor allem die Attribute und deren Sichtbarkeit im Vordergrund. Das steht im unmittelbaren Zusammenhang mit einem wichtigen Aspekt der OOP, der Kapselung. Anschließend werden Funktionsweise und Aufbau von Methoden beleuchtet.

6.1.1 Aufbau einer Klasse in C#

Eine Klasse in C# wird mit dem Schlüsselwort **class** eingeleitet. Innerhalb einer Klasse (eingerahmt durch geschweifte Klammern) gibt es Attribute und Methoden, die mit einem Sichtbarkeitsmodifizierer (private, public, protected oder internal) versehen werden. Diese einzelnen Modifizierer haben unterschiedliche Auswirkungen:

Der private-Modifizierer:
Alle Attribute (und auch Methoden), die damit gekennzeichnet werden, sind von außen nicht zugreifbar. Der Zugriff kann nur über geeignete (öffentliche) Methoden erfolgen.

Der public-Modifizierer:
Alle Methoden (und auch Attribute), die damit gekennzeichnet werden, sind von außen zugreifbar. Diese Elemente bezeichnet man auch als Schnittstelle der Klasse nach außen. Die Kommunikation mit der Klasse (bzw. mit einem Objekt dieser Klasse) findet über diese Schnittstelle (public-Elemente) statt.

Der protected-Modifizierer:
Dieser Modifizierer verhält sich nach außen wie der private-Modifizierer, hat aber eine weitere Funktionalität, die jedoch erst beim Thema Vererbung relevant wird. Bis dahin werden nur die beiden anderen Modifizierer betrachtet.

Syntax in C#:

Eine Klasse kann public oder internal sein. Wenn nichts angegeben wird, dann ist die Klasse internal. Damit ist sie nur in derselben Assembly ansprechbar.

```
[Modifizierer] class  Name
{
        [ Attribute ]
        [ Methoden ]
}
```

Beliebig viele Attribute können angelegt werden.

Beliebig viele Methoden können angelegt werden. Zusätzlich gibt es noch spezielle Methoden (die Konstruktoren und den Destruktor, dazu später mehr).

Erstes Beispiel einer Klasse:

```
using System;

namespace IT_BERUFE_CSHARP

{

    class CErsteKlasse

    {
        public int x = 10;

        private string s = "Hallo";

    }
```

Implizit internal

Die Klasse CErsteKlasse wird definiert. In der Klasse sind zwei Attribute vorhanden. Ein Attribut ist „public" und ein Attribut ist „private".

```
class Program
{
    static void Main(string[] args)
    {
        CErsteKlasse objektVerweis;

        objektVerweis= new CErsteKlasse();

        objektVerweis.x = 20;

        objektVerweis.s = "Neu";
    }
}
```

> Ein Objekt der Klasse wird angelegt.

> Zugriffsversuch auf die Attribute

> Dieser Zugriff ist verboten, weil s **ein privates Attribut ist!**

In diesem ersten Beispiel sind einige neue Aspekte zu klären:

▶ Eine neue Klasse wird innerhalb des Namensraumes definiert, aber nicht innerhalb der Program-Klasse. Die Program-Klasse kann nun mit der neuen Klasse arbeiten. Der Name der Klasse ist frei wählbar (siehe Konventionen für Variablennamen). Das „C" vor dem Klassennamen ist optional und dient nur dazu, eine einheitliche Konvention einzuhalten. Es steht natürlich für class.

▶ Das Erstellen eines Objektes der neuen Klasse geschieht ähnlich wie das Anlegen einer Variable von einem elementaren Datentyp. Statt des Datentyps wird aber der Klassenname verwendet. Die Klasse ist im Prinzip ein neu geschaffener (benutzerdefinierter) Datentyp. In einem ersten Schritt wird ein so genannter Verweis auf die Klasse angelegt:

```
CErsteKlasse objektVerweis;
```

> Verweis anlegen

▶ Anschließend kann diesem Verweis dann ein konkretes Objekt im Speicher zugeordnet werden. Mit dem new-Operator wird ein solches Objekt im Speicher angelegt und dem Verweis zugewiesen:

```
objektVerweis = new CErsteKlasse();
```

> Objekt im Speicher mit new anlegen und dem Verweis zuordnen

▶ Der Zugriff auf ein Attribut des Objektes geschieht durch den Punktoperator.

```
objektVerweis.x = 20;
```

> Public-Attribute können direkt angesprochen werden. Allerdings widersprechen public-Attribute einem Grundprinzip der OOP – siehe auch nächste Erläuterung.

> Punktoperator

▶ Private-Attribute können nicht von außen angesprochen werden. Nach dem Starten des Programms erscheint der folgende Compiler-Fehler:

```
Fehler 1:
Der Zugriff auf "CErsteKlasse.s" ist aufgrund der Sicherheitsebene nicht
möglich.
```

objektVerweis.s = "Neu";   > Fehlerzeile

Dieser Fehler macht darauf aufmerksam, dass versucht wurde, auf ein privates Attribut zuzugreifen. Das wird vom Compiler verhindert, denn private Atrribute sollen nicht von außen zugänglich sein. Das entspricht einem Grundprinzip der objektorientierten Programmierung – der **Kapselung**. Nun kann es natürlich nicht die Lösung sein, alle Attribute mit dem public-Modifizierer zu versehen, denn damit würde gegen dieses Grundprinzip verstoßen. Vielmehr müssen andere geeignete Mechanismen entwickelt werden, um kontrolliert auf die Attribute zugreifen zu können. Mithilfe der Methoden kann dieses Problem gelöst werden.

6.1.2   Werttypen und Verweistypen

Bislang wurden Variablen von elementaren Datentypen (Werttypen) einfach angelegt und konnten benutzt werden. Das lag daran, dass diese Variablen in einem bestimmten Speicherbereich abgelegt wurden – dem **STACK**[1]-Speicher. Mit der Einführung der Klassen in C# kommt ein neuer Typ ins Spiel, und zwar der Verweistyp. Alle Objekte, die von Klassen gebildet werden, werden in einem anderen Speicherbereich abgelegt – dem **HEAP**-Speicher. Damit auf das Objekt zugegriffen werden kann, muss nun ein Verweis auf das Objekt angelegt werden. Das kann in zwei Schritten (siehe obiges Beispiel) oder auch in einem Schritt geschehen, wie das folgende Beispiel zeigt:

```
CErsteKlasse objektVerweis = new CErsteKlasse();
```

Verweis der Klasse
CErsteKlasse

Mit dem new-Operator ein Objekt dynamisch im HEAP-Speicher anlegen und dem Verweis zuordnen

Der garbage-collector

Alle Werttyp-Variablen werden auf dem STACK gespeichert und auch wieder automatisch gelöscht, wenn sie ihre Gültigkeit verlieren. Im Gegensatz dazu wird ein Objekt auf dem HEAP gespeichert und erst dann gelöscht, wenn kein Verweis mehr für dieses Objekt existiert, denn es können durchaus mehrere Verweise auf dasselbe Objekt existieren. Dieses Löschen wird durch den so genannten **garbage-collector** durchgeführt. Dieser Mechanismus erkennt „verweislose" Objekte und entfernt sie aus dem Speicher. In anderen Programmiersprachen wie beispielsweise C++ musste dieses Löschen vom Programmierer selbst durchgeführt werden, was eine erhebliche Fehlerquelle war.

6.2   Methoden in C#

Nach den ersten Beispielen einer Klasse wurde deutlich, dass der Zugriff auf die Attribute über einen Mechanismus erfolgen muss, der auch zusätzlich Kontrollmöglichkeiten bietet. Beispielsweise wäre es nicht sinnvoll, dem Attribut PS eines Rennwagens einen negativen Wert zuzuweisen. An dieser Stelle müsste eine Methode diese unsinnige Zuweisung verhindern.

6.2.1   Aufbau einer Methode

Eine Methode ist technisch gesehen nichts anderes als eine Funktion. Sie wird aufgerufen und erfüllt eine bestimmte Aufgabe. Anschaulich kann man sich eine Methode wie einen Apparat vorstellen, der Eingaben (Werte) erhält und ein Ergebnis produziert.

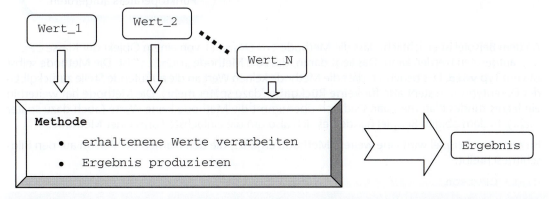

In allen bisherigen Beispielen wurden bereits Methoden (intuitiv) verwendet. Die wichtigste dabei war die statische Main-Methode. Diese Methode wird beim Starten des Programms aufgerufen und ausgeführt. Daran sieht man, dass innerhalb einer Methode genauso programmiert wird, wie es in den vorherigen Kapiteln der Fall war.

---

1   Der STACK-Speicher ist ein bestimmter Speicherbereich, der für lokale (begrenzt gültige) Variablen genutzt wird. Er arbeitet nach dem LIFO-Prinzip (Last in first out). Der HEAP-Speicher ist hingegen ein Bereich, in dem Platz für Objekte bereitgestellt wird.

Die wichtigsten Eigenschaften von Methoden im Überblick:

▶ Methoden haben einen Bezeichner (Namen), der wie bei den Variablen gebildet wird. Es sollte die Pascal-Konvention eingehalten werden (beginnende Buchstaben großschreiben). Nach dem Bezeichner steht immer ein rundes Klammerpaar (entweder leer oder mit Parametern versehen).

▶ Methoden haben einen so genannten Rumpf, in dem die Methode programmiert wird. Der Rumpf wird in geschweiften Klammern eingefasst.

▶ Methoden können beliebig viele Werte (Parameter) übernehmen.

▶ Methoden können einen Wert zurückgeben.

Das erste einfache Beispiel einer Methode

```csharp
using System;

namespace IT_BERUFE_CSHARP
{
    class CPerson

    {

        private string name;

        public void InitName()
        {
            name = "Kaiser";

        }

    }

    class Program

    {

        static void Main(string[] args)
        {

            CPerson einePerson = new CPerson();

            einePerson.InitName();

        }

    }

}
```

> Die Klasse CPerson soll für eine beliebige Person stehen. Der Einfachheit halber wird zuerst nur ein Attribut (Name) angelegt.

> Die Methode InitName initialisiert das private Attribut name der Klasse CPerson.

> Ein Objekt der Klasse CPerson wird angelegt.

> Die Methode InitName() wird mithilfe des Punktoperators aufgerufen.

An dem Beispiel ist ersichtlich, dass die Methode InitName() von einem Objekt der Klasse CPerson aufgerufen werden kann. Das liegt daran, dass die Methode „public" ist. Die Methode selbst ist vom Typ **void**. Das bedeutet, dass die Methode keinen Wert an die aufrufende Stelle zurückgibt – der Datentyp void steht also für **keine Rückgabe** (dazu später mehr). Die Methode hat weiterhin ein leeres rundes Klammerpaar. Dadurch übernimmt die Methode keine Werte (auch dazu später mehr). In dem obigen Beispiel handelt es sich also um die einfachste Form einer Methode.

Im nächsten Beispiel wird eine weitere Methode ergänzt, die den Namen der Person auf den Bildschirm schreibt:

```csharp
class CPerson

{
:

:

    public void SchreibeName()
    {

        Console.WriteLine(name);
        Console.WriteLine();

    }

}
```

> Die Methode SchreibeName() schreibt den Namen der Person auf den Bildschirm.

```csharp
class Program
{
    static void Main(string[] args)
    {

        CPerson einePerson = new CPerson();

        einePerson.InitName();
        einePerson.SchreibeName();
    }
}
```

> Aufruf der Methoden durch Angabe der Namen und der leeren Klammern

Nach dem Starten sieht die Bildschirmausgabe so aus:

```
C:\Windows\system32\cmd.exe
Kaiser

Drücken Sie eine beliebige Taste . . .
```

6.2.2   Rückgabewert einer Methode

Die Methode SchreibeName() aus dem obigen Beispiel schreibt den Namen einer Person auf den Bildschirm. Nun soll aber der Name der Person einer anderen string-Variablen zugewiesen werden. Dazu müsste eine Methode den Namen zurückgeben können. Das kann durch folgende Anpassung geschehen:

> Rückgabedatentyp der Methode

```csharp
public string GibName()
{
    return name;
}
```

> Rückgabe eines Wertes mit return

Mithilfe dieser Methode kann der Name einer string-Variablen zugewiesen werden:

```csharp
static void Main(string[] args)
{

    CPerson einePerson = new CPerson();
    string einName;

    einePerson.InitName();
    einName = einePerson.GibName();
    Console.WriteLine(einName);
}
```

> Die Methode gibt den Namen zurück.

Die obige Zuweisung funktioniert deshalb, weil die Methode nach ihrem Aufruf einen Wert zurückgibt und dieser Wert dann anstelle des Methodenaufrufes steht:

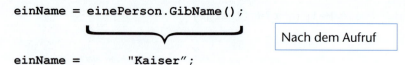

```
einName = einePerson.GibName();
```
Nach dem Aufruf

```
einName =         "Kaiser";
```

Allgemein kann der Aufbau einer Methode mit Rückgabewert so geschrieben werden:

```
Modifizierer Rückgabedatentyp Bezeichner ()
{
    Anweisung_1;

    Anweisung_2;

    :

    Anweisung_N;


    return Wert;
}
```

Der Rückgabedatentyp und der Datentyp des Rückgabewertes müssen übereinstimmen.

Das folgende Beispiel zeigt eine Methode, die einen Rückgabedatentyp double hat, aber einen string zurückgibt. Das passt natürlich nicht zusammen.

```
public double SchlechtesBeispiel()
{
    string zurueck = "Hallo";
    return zurueck;
}
```

Compilerfehler:

Fehler 1 Eine implizite Konvertierung vom Typ "string" in "double" ist nicht möglich.

Hinweise:

- Bei der Rückgabe von Werttypen mit return wird eine Kopie des Rückgabewertes erstellt und an die aufrufende Stelle zurückgegeben.

- Bei der Rückgabe von Verweistypen mit return wird der Verweis zurückgegeben.

6.2.3   Lokale Variablen

Die Variablen, die in einer Methode angelegt werden, sind nur innerhalb dieser Methode gültig. Wird eine Methode aufgerufen, so werden diese Variablen verarbeitet und nach Beendigung „gelöscht" (sie haben also eine lokale Gültigkeit). Objekte können ebenfalls in einer Methode angelegt werden. Sie werden vom garbage-collector gelöscht, sobald kein Verweis mehr auf sie existiert. Möchte man das „Überleben" eines Objektes sichern, so müsste der Verweis auf das Objekt zurückgegeben werden. Das folgende Beispiel demonstriert diese Problematik:

```
using System;

namespace IT_BERUFE_CSHARP
{
    class CPerson { ... }


    class CTest
    {
        public CPerson GibeinePerson()
        {
            CPerson einePerson = new CPerson();
            return einePerson;
        }
```

Diese Methode erzeugt ein Objekt auf dem HEAP-Speicher mit einem lokalen Verweis. Der Verweis wird aber von der Methode zurückgegeben.

```csharp
    public void LokaleVariablen()
    {
        int x = 10;

        string s = "Hallo";
    }



}
class Program
{
    static void Main(string[] args)
    {
        CTest einTest = new CTest();



        CPerson neuePerson = einTest.GibeinePerson();


        einTest.LokaleVariablen();
    }
}
}
```

> Diese Methode legt zwei lokale Variablen auf dem STACK-Speicher an. Nach dem Aufruf der Methode werden diese Variablen wieder gelöscht.

> Mithilfe der Methode `Gibeine-Person()` wird eine Person erzeugt und dem Verweis `neuePerson` zugewiesen. Auch nach dem Aufruf der Methode ist das Personen-Objekt gültig, da ein Verweis darauf existiert.

> Diese Methode wird aufgerufen und die zwei lokalen Variablen werden erzeugt. Nach dem Aufruf sind die lokalen Variablen gelöscht.

Hinweis

Alle Variablen, die bislang in der `Main`-Methode angelegt wurden, sind selbstverständlich auch nur lokal gültig. Da die `Main`-Methode aber im Prinzip das Programm ist, behalten die Variablen während der gesamten Laufzeit ihre Gültigkeit.

6.2.4   Übergabeparameter einer Methode

Eine Methode kann nicht nur einen Wert zurückgeben, sondern auch Werte übernehmen. Das geschieht durch so genannte Parameter, die in den runden (bislang leeren) Klammern einer Methode angegeben werden können. Mehrere Parameter werden durch Kommata getrennt.

Allgemein kann der Aufbau einer Methode mit Rückgabewert und Parametern so geschrieben werden:

Modifizierer Rückgabedatentyp Bezeichner (Typ param_1, Typ param_2, ...)

```
{
    Anweisung_1;

    Anweisung_2;

    :

    Anweisung_N;


    return Wert;
}
```

> In den Parametern (auch Übergabevariablen genannt) sind die Werte gespeichert, die der Methode übergeben werden. Jeder Parameter hat einen Datentyp und einen Namen. Die Parameter sind durch Kommata getrennt.

Das folgende Programm zeigt die Verwendung von Parametern:

```csharp
using System;

namespace IT_BERUFE_CSHARP
{
```

```csharp
class CPerson
{
    private string name;
    private double gewicht;


    public void SetzeName(string nameParam)
    {
        name = nameParam;
    }


    public void SetzeAlleWerte(string nameParam, double gewichtParam)
    {
        SetzeName(nameParam);
        gewicht = gewichtParam;
    }



    public string GibName()
    {
        return name;
    }


    public double GibGewicht()
    {
        return gewicht;
    }
}


class Program
{
    static void Main(string[] args)
    {


        CPerson einePerson = new CPerson();


        einePerson.SetzeName("Kaiser");
        einePerson.SetzeAlleWerte("Maier", 85.5);


        Console.WriteLine("Name: " + einePerson.GibName());
        Console.WriteLine("Gewicht: " + einePerson.GibGewicht());


    }
}

}
```

> Die Methode SetzeName() der Klasse CPerson kann einen string übernehmen und dem Attribut name zuweisen.

> Die Methode SetzeAlleWerte() der Klasse CPerson kann einen string und einen double-Wert übernehmen und den entsprechenden Attributen zuweisen.

> Die vorhandene Methode SetzeName() wird einfach genutzt. Methoden derselben Klasse dürfen natürlich in Methoden aufgerufen werden.

> Die Methoden werden aufgerufen und Werte werden übergeben.

Nach dem Starten sieht die Bildschirmausgabe so aus:

```
C:\Windows\system32\cmd.exe
Name der Person: Kaiser
Gewicht der Person: 85,5
Drücken Sie eine beliebige Taste . . . _
```

> **Hinweis**
>
> Eine Methode kann beliebig viele Parameter haben. Die Parameter sind nichts anderes als lokale Variablen, in denen Werte gespeichert sind, die der Methode beim Aufruf übergeben werden. Mit den Parametern kann wie mit allen anderen lokalen Variablen einer Methode gearbeitet werden.

Das Verständnis für Übergabeparameter und Rückgabewerte einer Methode ist sehr wichtig, deshalb wird der Zusammenhang noch einmal grafisch verdeutlicht:

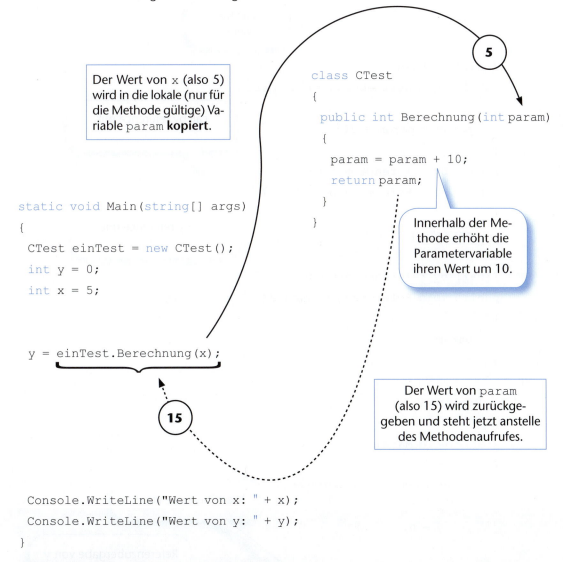

Der Wert von x (also 5) wird in die lokale (nur für die Methode gültige) Variable param **kopiert**.

```
class CTest
{
    public int Berechnung(int param)
    {
        param = param + 10;
        return param;
    }
}
```

Innerhalb der Methode erhöht die Parametervariable ihren Wert um 10.

```
static void Main(string[] args)
{
    CTest einTest = new CTest();
    int y = 0;
    int x = 5;

    y = einTest.Berechnung(x);
```

Der Wert von param (also 15) wird zurückgegeben und steht jetzt anstelle des Methodenaufrufes.

```
    Console.WriteLine("Wert von x: " + x);
    Console.WriteLine("Wert von y: " + y);
}
```

Nach dem Starten sieht die Ausgabe so aus:

```
C:\Windows\system32\cmd.exe
Wert von x: 5
Wert von y: 15
Drücken Sie eine beliebige Taste . . .
```

Die Variable y hat ihren Wert verändert. Sie hat den Rückgabewert der Methode erhalten. **Die Variable x hat ihren Wert nicht verändert**. Sie hat ihren Wert nur für eine Kopie zur Verfügung gestellt. Diese Art der Übergabe nennt man **call by value** – dazu beim nächsten Thema mehr.

6.2.5   Call by value und call by reference

Übergabe von Werttyp-Parametern

Die Übergabe von Werttyp-Parametern erfolgt standardmäßig mit einem **call by value** (Aufruf mit Wertübergabe). Wie in dem letzten Beispiel gezeigt, wird dabei nur der Wert einer Variable bei der Übergabe kopiert. Die Variable, die ihren Wert gibt, wird nicht verändert. Das Gegenteil dazu ist die Referenzübergabe (**call by reference**). Hier wird nicht der Wert einer Variable kopiert, sondern ein Verweis (Referenz) auf die Variable übergeben. Dadurch kann in der Methode der Inhalt der übergebenen Variable nachhaltig geändert werden. Die Referenzübergabe wird mit den Schlüsselworten ref oder out realisiert. Das folgende Beispiel zeigt beide Arten der Übergabe:

```csharp
using System;
namespace IT_BERUFE_CSHARP
{
    class CTest
    {
        //call by value                          ┌─ call by value
        public void Wertuebergabe(int param)
        {
            param = param + 10;                   ┌─ call by reference mit ref
        }
        //call by reference mit ref
        public void Referenzuebergabe_1(ref int param)
        {
            param = param + 10;                   ┌─ call by reference mit out
        }
        //call by reference mit out
        public void Referenzuebergabe_2(out int param)
        {
            param = 20;
        }
    }
    class Program
    {
        static void Main(string[] args)
        {
            CTest einTest = new CTest();
            int x = 5;                            ┌─ Wertübergabe von x
            int y = 0;
            int z;                                ┌─ Referenzübergabe von y
            einTest.Wertuebergabe(x);
            einTest.Referenzuebergabe_1(ref y);   ┌─ Referenzübergabe von z
            einTest.Referenzuebergabe_2(out z);
            Console.WriteLine("Wert von x: " + x);
            Console.WriteLine("Wert von y: " + y);
            Console.WriteLine("Wert von z: " + z);
```

```
        }

    }

}
```

Nach dem Starten sieht die Bildschirmausgabe so aus:

Wie erwartet, hat x seinen Wert nicht verändert, aber y und z haben ihre Werte verändert. Beide sind mit einem Referenzaufruf übergeben worden. Die Veränderung der Parameter in den Methoden hatte damit direkten Einfluss auf die Variablen y und z. Anscheinend gibt es keinen Unterschied in der Verwendung von ref und out. Beide Referenzaufrufe tun ihre Arbeit. Es gibt dennoch einen kleinen Unterschied: Variablen, die mit dem out-Parameter übergeben werden, müssen nicht initialisiert sein. Die Übergabe mit out bedeutet nämlich, dass die übergebene Variable unbedingt einen Wert erhalten muss. Referenzaufrufe mit ref erfordern hingegen, dass die Variable vorher initialisiert wird.

Übergabe von Verweistyp-Parametern

Bei Verweistypen verhält sich die Parameterübergabe anders als bei den Werttypen. Wenn ein Verweistyp mit einem **call by value** übergeben wird, dann wird der Verweis kopiert und damit verweisen sowohl der Parameter als auch der übergebene Verweis auf dasselbe Objekt im Speicher. Trotzdem gibt es Unterschiede zwischen **call by value** und **call by reference**, wie das folgende Beispiel zeigt.

```csharp
using System;

namespace IT_BERUFE_CSHARP
{
    class CVerweis
    {
        private int x;

        public int Gibwert()
        {
            return x;
        }

        public void SetzeWert(int param)
        {
            x = param;
        }
    }


    class CTest
    {
        //call by value
        public void Wertuebergabe(CVerweis param)
        {
            param.SetzeWert(10);
            param = new CVerweis();
            param.SetzeWert(30);
        }
```

> Die Klasse CVerweis dient als einfaches Beispiel für die Übergabe eines Verweises.

> Übergabe ohne ref oder out

> Der Verweis param erhält ein neues Objekt.

> Übergabe mit ref

```
        //call by reference mit ref
        public void Referenzuebergabe_1(ref CVerweis param)
        {
            param.SetzeWert(10);
            param = new CVerweis();
            param.SetzeWert(30);
        }
```

> Der Verweis param erhält ein neues Objekt.

> Übergabe mit out

```
        //call by reference mit out
        public void Referenzuebergabe_2(out CVerweis param)
        {
            param = new CVerweis();
            param.SetzeWert(30);
        }
    }

    class Program
    {
        static void Main(string[] args)
        {
            CTest einTest = new CTest();
            CVerweis einVerweis = new CVerweis();

            einVerweis.SetzeWert(0);
            einTest.Wertuebergabe(einVerweis);
            Console.WriteLine(einVerweis.Gibwert());

            einVerweis.SetzeWert(0);
            einTest.Referenzuebergabe_1(ref einVerweis);
            Console.WriteLine(einVerweis.Gibwert());

            einVerweis.SetzeWert(0);
            einTest.Referenzuebergabe_2(out einVerweis);
            Console.WriteLine(einVerweis.Gibwert());
        }
    }
}
```

> Die Übergabe mit out erzwingt eine Initialisierung des übergebenen Verweises.

Nach dem Starten sieht die Bildschirmausgabe so aus:

```
C:\Windows\system32\cmd.exe
10
30
30
Drücken Sie eine beliebige Taste . . . _
```

An den Aufrufen ist erkennbar, dass die Wertübergabe eines Verweises zwar Veränderungen an dem Objekt zulässt, aber keine neuen Objekte instanziert werden können, die dann auch dem übergebenen Verweis zugeordnet sind. Das kann nur bei der Referenzübergabe geschehen.

6.2.6 Überladen von Methoden

Beim Überladen von Methoden geht es darum, dass Methoden denselben Namen haben und ähnliche Aufgaben erfüllen, allerdings für verschiedene Übergabeparameter. Die Überladung ist eine wichtige Eigenschaft, die vor allem bei den Konstruktoren (siehe nächstes Kapitel) eingesetzt wird.

Beispiel:

Es sollen Methoden geschrieben werden, die den Inhalt eines Übergabeparameters auf dem Bildschirm ausgeben. Für verschiedene Datentypen wird jeweils eine eigene Methode implementiert.

```csharp
using System;

namespace IT_BERUFE_CSHARP

{

  class CPerson

  {

    private string name = "Maier";

    public string GibName()

    {

      return name;

    }

  }

  class CUeberladen

  {

    public void Ausgabe(CPerson personParam)

    {

      Console.WriteLine(personParam.GibName());

    }

    public void Ausgabe(int intParam)

    {

      Console.WriteLine(intParam);

    }

    public void Ausgabe(string stringParam)

    {

      Console.WriteLine(stringParam);

    }

  }

  class Program

  {

    static void Main(string[] args)

    {

      CUeberladen einTest = new CUeberladen();

      CPerson einePerson = new CPerson();

      einTest.Ausgabe(einePerson);

      einTest.Ausgabe(10);

      einTest.Ausgabe("Hallo");
```

Drei Methoden mit gleichem Bezeichner, aber unterschiedlichen Parametertypen

Je nach Übergabeparameter erkennt der Compiler die korrekte Methode.

```
                }
            }
        }
```

Nach dem Starten sieht die Bildschirmausgabe so aus:

```
C:\Windows\system32\cmd.exe                                    □  ⬜  X

Maier
10
Hallo
Drücken Sie eine beliebige Taste . . .
```

Vorteil:

Der Programmierer kann ähnliche Aufgaben mit demselben (Methoden-)Namen benennen – dadurch wird das Programmieren einfacher und übersichtlicher.

Hinweis:

Dem Überladen von Methoden sind keine Grenzen gesetzt – allerdings muss der Compiler immer eindeutig unterscheiden können, welche der Methoden aufgerufen werden soll. Die folgenden Methoden sind keine korrekt überladenen Methoden:

```csharp
public int Methode() { return 10; }

public double Methode() { return 10.5; }
```

> Eine Unterscheidung durch den Rückgabedatentyp reicht nicht aus.

6.2.7 Zusammenfassende Hinweise zu Methoden

Die bisherigen Ausführungen zu Methoden haben eher die technische Seite (Aufbau, Rückgabewert und Parameter) beleuchtet. Die nachfolgenden Anmerkungen sollen diese Ausführungen ergänzen und den Eindruck über die Möglichkeiten der Methoden vervollständigen.

Überprüfung der Attributzuweisungen

Eine wichtige Funktion der Methoden ist das Setzen und Zurückgeben von Attributwerten. Wenn Attribute nur über Methoden einen Wert erhalten, so kann sichergestellt werden, dass keine unsinnigen Attributwerte enstehen. Das kann enorm wichtig sein, denn unsinnige Attributwerte können ein ganzes Programm abstürzen lassen.

Beispiel:

Das Attribut `ps` eines Rennwagen-Objektes wird auf Sinnhaftigkeit geprüft. Nur wenn der Übergabeparameter in bestimmten Grenzen liegt, wird das Attribut neu gesetzt.

```csharp
public void SetzePs(int psParam)

{

        if (psParam < 1 || psParam > 3500) ps = 1;

        else ps = psParam;

}
```

Wiederkehrende Aufgaben in Methoden auslagern

Neben der Funktionalität als so genannte get- und set-Methoden wie im obigen Beispiel erfüllen Methoden natürlich auch viele andere Aufgaben. So ist es beispielsweise sinnvoll, immer wiederkehrende Programmteile in eine Methode auszulagern und damit ständig verfügbar zu machen. Wenn diese Programmteile nicht öffentlich, sondern nur innerhalb der Klasse verfügbar sein sollen, würde sich eine private Methode anbieten.

Beispiel:

Bei vielen Methoden einer Klasse soll so lange ein Wert über die Tastatur eingelesen werden, bis die Eingabe in bestimmten Grenzen liegt und damit korrekt ist. Diese Eingaberoutine kann nun in eine private Methode ausgelagert und von anderen Methoden genutzt werden.

```csharp
private int Einlesen()
{
    int eingabe;

    do
    {
        Console.WriteLine("Bitte einen Wert eingeben (>=0)");

        eingabe = Convert.ToInt32(Console.ReadLine());
    }
    while (eingabe < 0);

    return eingabe;
}


public void AndereMethode()
{
    int x = Einlesen();

    int y = Einlesen();

    int z = Einlesen();
}
```

> Eine immer wiederkehrende Aufgabe wird in eine private Methode ausgelagert.

> Eine andere Methode nutzt die vorhandene Einlesen-Methode.

Hinweis:

Jede Methode einer Klasse kann von jeder Methode derselben Klasse aufgerufen werden. Innerhalb der Klasse spielt es auch keine Rolle, ob die Methode private, protected oder public ist. Außerhalb der Klasse spielt es natürlich eine Rolle.

6.3   Weitere Elemente von Klassen

6.3.1   Konstruktoren und der Destruktor

Konstruktoren

Die Konstruktoren sind ganz spezielle Methoden einer Klasse, die von außen nicht aufrufbar sind, sondern implizit bei der Instanzierung von Objekten aufgerufen werden. Konstruktoren sind also bei der „Konstruktion" eines Objektes wichtig. Sie übernehmen in der Regel initialisierende Aufgaben. Das können Zuweisungen an Attribute oder auch das Herstellen einer Datenbankverbindung oder das Öffnen einer Datei sein (dazu später mehr). Konstruktoren haben folgende Eigenschaften:

▶ Konstruktoren heißen so wie der Klassenname.
▶ Konstruktoren können nicht explizt aufgerufen werden.
▶ Konstruktoren haben keinen Rückgabedatentyp und damit auch keinen Rückgabewert.
▶ Sie können beliebig oft überladen werden.
▶ Ein Konstruktor ohne Parameter heißt **Standardkonstruktor**.
▶ Ein Konstruktor mit Parametern heißt **Parameterkonstruktor**.

Das folgende Programm zeigt verschiedene Konstruktoren und deren Aufruf bei der Instanzierung von Objekten.

```csharp
using System;
namespace IT_BERUFE_CSHARP
{
    class CPerson
    {
        private string name;
        private string telefon;

        public CPerson()
        {
            name = "LEER";
            telefon = "LEER";
        }
        public CPerson(string nameParam)
        {
            name = nameParam;
            telefon = "LEER";
        }
        public CPerson(string nameParam, string telefonParam)
        {
            name = nameParam;
            telefon = telefonParam;
        }
        public void Ausgabe()
        {
            Console.WriteLine("Name der Person: " + name);
            Console.WriteLine("Telefon der Person: " + telefon);
            Console.WriteLine();
        }
    }
    class Program
    {
        static void Main(string[] args)
        {
            CPerson erstePerson = new CPerson();
            erstePerson.Ausgabe();


            CPerson zweitePerson = new CPerson("Maier");
            zweitePerson.Ausgabe();
            CPerson drittePerson = new CPerson("Kaiser","123456");
            drittePerson.Ausgabe();
        }
    }
}
```

Der Standardkonstruktor initialisiert die Attribute.

Der erste Parameterkonstruktor übernimmt einen Parameter für den Namen der Person.

Der zweite Parameterkonstruktor übernimmt zwei Parameter für den Namen und die Telefonnummer der Person.

Impliziter Aufruf des Standardkonstruktors durch Angabe von leeren Klammern

Impliziter Aufruf des ersten Parameterkonstruktors durch die Angabe eines Parameters

Impliziter Aufruf des zweiten Parameterkonstruktors durch die Angabe von zwei Parametern

Nach dem Starten sieht die Bildschirmausgabe dann so aus:

```
C:\Windows\system32\cmd.exe
Name der Person: LEER
Telefon der Person: LEER

Name der Person: Maier
Telefon der Person: LEER

Name der Person: Kaiser
Telefon der Person: 123456

Drücken Sie eine beliebige Taste . . .
```

Hinweis:

Konstruktoren haben in der Regel den `public`-Modifizierer, um bei der Instanzierung aufgerufen werden zu können. Wird hingegen ein privater Konstruktor geschrieben, so wird dadurch eine Instanzierung verhindert, wie das folgende Beispiel zeigt:

```csharp
class CPerson
{
    private CPerson()
    {
        name = "LEER";
        telefon = "LEER";
    }
}


static void Main(string[] args)
{
    CPerson erstePerson = new CPerson();
}
```

Keine Instanzierung möglich!

Der Compiler reagiert mit dieser Fehlermeldung:

Fehler 2: Der Zugriff auf „IT_BERUFE_CSHARP.CPerson.CPerson()" ist aufgrund der Sicherheitsebene nicht möglich.

Der Destruktor

Der Destruktor ist eine Methode, die dann aufgerufen wird, wenn ein Objekt seine Gültigkeit verliert – also genau dann, bevor der **garbage-collector** seinen Dienst verrichtet und das Objekt löscht. Der Destruktor hat ebenso wie die Konstruktoren keinen Rückgabedatentyp. Weiterhin kann der Destruktor keine Parameter übernehmen. Der Destruktor heißt so wie die Klasse, allerdings mit einer vorangestellten Tilde „~". Destruktoren können nicht explizit aufgerufen werden. In einer Programmiersprache wie C++ war der Destruktor enorm wichtig, um beispielsweise reservierten Speicher freizugeben. In C# übernimmt in der Regel der garbage-collector diese Aufgaben, aber trotzdem ist der Destruktor nicht unwichtig, um beispielsweise Aufräumarbeiten wie das Trennen einer Datenbankverbindung durchzuführen, bevor das Objekt gelöscht wird.

Beispiel eines Destruktors in der Personen-Klasse:

```csharp
class CPerson

{

   private string name;

   private string telefon;


   ~CPerson()          Der Destruktor
                       der Personen-Klasse
   {

           Console.WriteLine("Hier ist der Destruktor von: " + name);

   }

   :

   :

}

class Program

{

    static void Main(string[] args)

    {

       CPerson erstePerson = new CPerson();

       erstePerson.Ausgabe();



       CPerson zweitePerson = new CPerson("Maier");

       zweitePerson.Ausgabe();



       CPerson drittePerson = new CPerson("Kaiser","123456");

       drittePerson.Ausgabe();

    }

}
```

Nach dem Starten sieht die Bildschirmausgabe dann so aus:

```
C:\Windows\system32\cmd.exe

Name der Person: LEER
Telefon der Person: LEER

Name der Person: Maier
Telefon der Person: LEER

Name der Person: Kaiser
Telefon der Person: 123456

Hier ist der Destruktor von: Kaiser
Hier ist der Destruktor von: Maier
Hier ist der Destruktor von: LEER
Drücken Sie eine beliebige Taste . . .
```

Es ist deutlich erkennbar, dass die Objekte in umgekehrter Reihenfolge gelöscht werden. Das zuerst erstellte Objekt wird also zuletzt gelöscht.

Hinweis: Die Finalize-Methode

Der Destruktor wird vom Compiler eigentlich in eine andere Methode übersetzt – die so genannte Finalize-Methode. Diese Methode benutzt Vererbungsmechanismen und den Polymorphismus. Nach der Behandlung dieser fortgeschrittenen Themen wird auf diese Methode noch einmal eingegangen.

6.3.2 Der this-Verweis

Innerhalb einer Methode steht ein Verweis zur Verfügung, mit dem auf die Instanz referiert wird, von der die Methode aufgerufen wurde. Damit können Attribute und Methoden der Instanz gezielt angesprochen werden und Namensgleichheiten stellen kein Problem dar.

Beispiel: Namensgleichheit von Parameter und Attribut auflösen

```
class CPerson
{
    private string name;

    public void SetzeName(string name)
    {
        this.name = name;
    }
}
```

> Durch die Voranstellung des this-Verweises wird die Mehrdeutigkeit von name aufgelöst – this.name ist das Attribut und name ist der Parameter.

Hinweis:

Solange keine Parameter oder lokalen Methoden-Variablen einen Attributnamen überdecken, braucht der this-Verweis nicht benutzt werden. Allerdings ist es sehr komfortabel, den this-Verweis zu nutzen, denn nach der Eingabe von „this." zeigt die IntelliSense[2] alle verfügbaren Elemente der Klasse an.

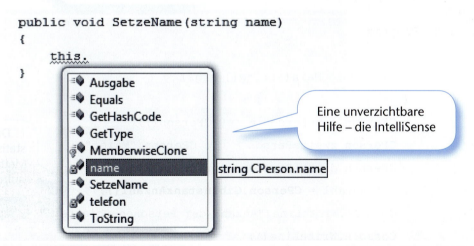

> Eine unverzichtbare Hilfe – die IntelliSense

6.3.3 Statische Klassenelemente

Bei der Instanzierung eines Objektes erhält jedes Objekt separaten Speicherplatz für seine Attribute. Dadurch können beliebig viele Objekte parallel zueinander existieren. Manchmal kann es jedoch sinnvoll sein, dass es ein gemeinsames Attribut für alle Objekte gibt. Die Objekte teilen sich dieses Attribut. Ein solches Attribut nennt sich **statisches Klassenattribut** oder auch kurz **Klassenattribut**. Ein solches Attribut kann beispielsweise die Anzahl der Instanzen (Objekte) einer Klasse zählen. Eine Methode kann ebenfalls statisch sein. Dadurch ist sie ohne ein konkretes Objekt aufrufbar, nur unter Angabe der Klasse. Einige dieser praktischen Methoden wurden schon zu Beginn eingeführt: die Main-Methode, die WriteLine-Methode oder auch die ReadLine-Methode. Das folgende Beispiel zeigt einen Instanzen-Zähler mithilfe statischer Elemente:

---

2 Die intelligente Eingabehilfe der Entwicklungsumgebung Visual C# wird *IntelliSense* genannt.

Beispiel:

```csharp
using System;
namespace IT_BERUFE_CSHARP
{
    class CPerson
    {
        private string name;
        private static int instanzZaehler = 0;

        public static int GibInstanzAnzahl()
        {
            return instanzZaehler;
        }
        public CPerson()
        {
            name = "LEER";
            instanzZaehler++;
        }
        public CPerson(string nameParam)
        {
            name = nameParam;
            instanzZaehler++;
        }
    }
    class Program
    {
        static void Main(string[] args)
        {
            CPerson einePerson = new CPerson();
            CPerson zweitePerson = new CPerson("Maier");
            CPerson drittePerson = new CPerson("Kaiser");
            int anzahl = CPerson.GibInstanzAnzahl();
            Console.WriteLine("Anzahl der Personen-Objekte: " + anzahl);
            Console.WriteLine();
        }
    }
}
```

> Ein Klassenattribut mit dem Schlüsselwort static anlegen

> Eine statische Methode mit dem Schlüsselwort static anlegen

> Ein neues Objekt zählen

> Ein neues Objekt zählen

> Die statische Methode aufrufen

Nach dem Starten sieht die Bildschirmausgabe dann so aus:

```
C:\Windows\system32\cmd.exe
Anzahl der Personen-Objekte: 3
Drücken Sie eine beliebige Taste . . .
```

Hinweise:

- Entsprechend der Kapselung ist es sinnvoll, das statische Attribut als `private`-Attribut zu definieren. Das Auslesen des statischen Attributes erfolgt dann natürlich mit einer statischen Methode.

- Statische Methoden können nicht von konkreten Objekten aufgerufen werden.

- C- bzw. C++-Programmierer werden festgestellt haben, dass es in C# keine globalen Methoden bzw. Funktionen gibt. Mithilfe der statischen Methoden können solche globalen Elemente teilweise ersetzt werden.

6.3.4   Eigenschaften

Eigenschaften sind eine Mischung aus Attributen und Methoden. Bei `private`-Attributen müssen in der Regel die so genannten get- und set-Methoden geschrieben werden, um den Zugriff zu steuern. Eigenschaften verknüpfen diese beiden Aspekte. Der Zugriff auf eine Eigenschaft erfolgt so einfach wie auf ein öffentliches Attribut. Im Hintergrund wird allerdings ein methodenähnliches Konstrukt aufgerufen. Das folgende Programm zeigt den Aufbau einer Eigenschaft für den Namen einer Person:

```csharp
using System;
namespace IT_BERUFE_CSHARP
{
    class CPerson
    {
        private string name;

        public string NAME
        {
            set
            {
                if (value != "") name = value;
                else name = "LEER";
            }
            get
            {
                return name;
            }
        }
        public CPerson()
        {
            name = "LEER";
        }
        public CPerson(string nameParam)
        {
            name = nameParam;
        }
    }

    class Program
    {
        static void Main(string[] args)
```

Das private Attribut `name`

Die öffentliche Eigenschaft `NAME`. Es ist nicht zwingend, die Bezeichung der Eigenschaft in Großbuchstaben zu schreiben. Es soll zur Unterscheidung dienen.

Der so genannte set-Accessor

Das Schlüsselwort `value` beinhaltet den Wert, der einer Eigenschaft zugewiesen werden soll.

Der so genannte get-Accessor

Die Eigenschaft arbeitet mit dem privaten Attribut zusammen.

```
        {
            CPerson einePerson = new CPerson();

            einePerson.NAME = "Maier";

            Console.WriteLine("Name der Person: " + einePerson.NAME);

        }
    }
}
```

> Automatischer Aufruf des set-Accessors

> Automatischer Aufruf des get-Accessors

Nach dem Starten sieht die Bildschirmausgabe dann so aus:

```
C:\Windows\system32\cmd.exe
Name der Person: Maier
Drücken Sie eine beliebige Taste . . .
```

Die Eigenschaft NAME verhält sich so wie ein öffentliches Attribut, aber intern werden die entsprechenden Accessoren aufgerufen. Die Accessoren ersetzen dabei die get- und set-Methoden. Durch das Schlüsselwort value kann bei einer Zuweisung auf eine Eigenschaft der übergebene Wert ausgelesen werden.

Lese- oder schreibgeschützte Eigenschaften

Falls eine Eigenschaft nur geschrieben und nicht gelesen werden soll, dann wird einfach der **get-Accessor** weggelassen.

Beispiel:

```
public string NAME
{
    set
    {
        if (value != "") name = value;
        else name = "LEER";
    }
}
```

Schreibgeschützte Eigenschaften werden analog angelegt, es fehlt dann jedoch der **set-Accessor**.

6.4   Strukturen in C#

Strukturen sind den Klassen sehr ähnlich. Sie können Attribute, Methoden, Eigenschaften und weitere Komponenten beinhalten. Der wichtigste Unterschied ist allerdings, dass Instanzen von Strukturen Werttypen sind und keine Verweistypen. Strukturen dürfen auch keinen Destruktor und keinen Standardkonstruktor (ohne Parameter) enthalten und können nicht vererbt werden (dazu später mehr). Aus diesen Gründen ist es sinnvoll, dass man Strukturen benutzt, um kleine kompakte Typen zu schaffen, so wie die elementaren Datentypen (int, double usw.).

Beispiel:

```csharp
using System;
namespace IT_BERUFE_CSHARP
{
struct TestStruct
{
    private int x;
    //private int x = 10;

    public TestStruct(int y)
    {
        x = y;
    }

    public int GetWert()
    {
        return x;
    }
}
class Program
{
    static void Main(string[] args)
    {
        TestStruct T1 = new TestStruct();
        Console.WriteLine(T1.GetWert());
        TestStruct T2 = new TestStruct(10);
        Console.WriteLine(T2.GetWert());
    }
}
}
```

> Die direkte Initialisierung ist bei Strukturen verboten.

> Nur Parameterkonstruktoren sind erlaubt.

> Aufruf ohne Parameterkonstruktor. Es wird eine Art Standardkonstrukor aufgerufen, der alle Attribute auf den Wert 0 setzt.

> Parameterkonstruktor-Aufruf

Nach dem Starten sieht die Bildschirmausgabe so aus:

```
C:\Windows\system32\cmd.exe
0
10
Drücken Sie eine beliebige Taste . . .
```

ACHTUNG:

Strukturen sind Werttypen – also ist die Übergabe als Parameter standardmäßig ein **call by value**.

7 Vererbung in C#

Das Konzept der Vererbung ist ein zentrales Thema in der OOP. Durch Vererbung können einerseits Situationen aus der „realen" Welt besser in die Programmiersprache umgesetzt werden, andererseits kann bereits existierender Programmcode (in Form von Klassen) wiederverwendet werden. Dadurch ergeben sich mehr Effizienz und Sicherheit in der Softwareentwicklung durch bereits vorhandenen und geprüften Programmcode. Bei der Vererbung spricht man von einer so genannten **Ist-Beziehung**.

Beispiel:

Die Basisklasse Person vererbt an die Klassen Kunde und Mitarbeiter. Der Kunde bzw. der Mitarbeiter sind eine Person (Ist-Beziehung). Der Kundenklasse bzw. Mitarbeiterklasse stehen nun alle Elemente der Basisklasse zur Verfügung (mit gewissen Einschränkungen, siehe später). Wenn beispielsweise die Personenklasse ein Attribut name hat, so erben sowohl die Kunden – als auch die Mitarbeiterklasse dieses Attribut.

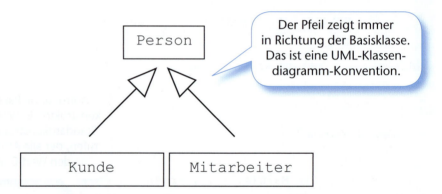

Der Pfeil zeigt immer in Richtung der Basisklasse. Das ist eine UML-Klassendiagramm-Konvention.

Die Klasse Kunde bzw. Mitarbeiter ist eine spezielle Klasse Person. Die Klasse Person ist eine Verallgemeinerung der Klasse Kunde bzw. Mitarbeiter. Aus diesem Grund spricht man auch von Generalisierung und Spezialisierung.

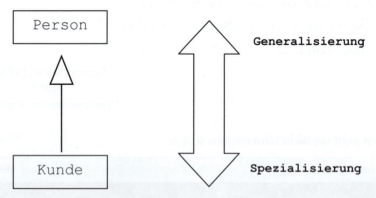

Hinweis:

Die Klasse, die vererbt (Person), wird in der Regel Basisklasse oder Oberklasse genannt. Die Klasse, die erbt (Kunde), wird abgeleitete Klasse oder Unterklasse genannt.

7.1 Die Vererbung in C#

7.1.1 Die einfache Vererbung

Solange eine Klasse immer nur von einer Klasse erbt, spricht man von **einfacher Vererbung**. Die einfache Vererbung bedeutet aber nicht, dass nicht mehrere Klassen hintereinander erben können. Die folgenden Beispiele sind einfache Vererbungen.

Beispiel: einfache Vererbungen

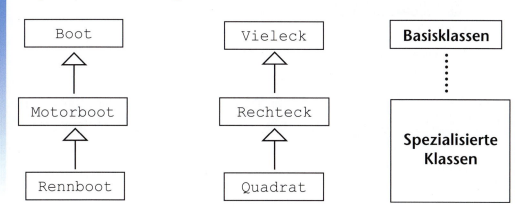

Hinweis:

Die Mehrfachvererbung[1] (wie beispielsweise in der Sprache C++) ist in C# nicht möglich. Dennoch besteht eine Möglichkeit, eine Art Mehrfachvererbung zu simulieren, indem die so genannten Interfaces implementiert werden (dazu später mehr in diesem Kapitel).

7.1.2 Umsetzung der Vererbung in C#
Die Umsetzung der Vererbung in C# erfolgt relativ einfach durch die Angabe der Basisklasse nach einem Doppelpunkt.

Syntax in C#:

```csharp
class CBasis
{
    public CBasis()
    {
        // Standardkonstruktor
    }
    :
    :
}
```

> Nach dem Doppelpunkt wird die Basisklasse angegeben.

```csharp
class CErbe : CBasis
{
    public CErbe () : base()
    {
        // Standardkonstruktor
    }
    :
    :
}
```

> Aufruf des Basisklassenkonstruktors mithilfe des Schlüsselwortes base

Das folgende Beispiel zeigt die Vererbung einer Person als Basisklasse an einen Kunden.

```csharp
using System;
namespace IT_BERUFE_CSHARP
{
    class CPerson
    {
```

---

1 Unter Mehrfachvererbung ist zu verstehen, dass eine Klasse von beliebig vielen anderen Klassen parallel erbt.

```
        private string name;
        public CPerson()
        {
            name = "LEER";
        }
        public CPerson(string nameParam)
        {
            name = nameParam;
        }
    }

    class CKunde : CPerson
    {
        private int kundenID;

        public CKunde() : base()
        {
            kundenID = 0;
        }
        public CKunde(string nameParam, int kundenIDParam) :
                base(nameParam)
        {
            kundenID = kundenIDParam;
        }
    }
    class Program
    {
        static void Main(string[] args)
        {
            CKunde einKunde = new CKunde();
            CKunde zweiterKunde = new CKunde("Maier", 123);
        }
    }
}
```

> **Aufruf des Basis-klassenkonstruktors mit** `base()`

> **Aufruf des Para-meterkonstruktors mit** `base(nameParam)`

In der Hauptmethode werden zwei Kunden instanziert. Der erste Kunde wird mit dem Standard-konstruktor instanziert. Dadurch wird auch implizit der Basisklassenkonstruktor aufgerufen und die Attribute werden mit „LEER" bzw. „0" besetzt. Der zweite Kunde wird mit dem Parameterkonstruktor aufgerufen und der übergebene Name wird einfach an den Basisklassen-Parameterkonstruktor weitergereicht. Damit sind die Attribute des zweiten Kunden mit „Maier" und „123" besetzt.

7.1.3 Zugriff auf Attribute

In der abgeleiteten Klasse CKunde können alle öffentlichen Elemente der Basisklasse so genutzt wer-den, als wären sie in der Klasse selbst angelegt. Der direkte Zugriff auf private Elemente ist hingegen gesperrt und nur über Methoden möglich, wie das folgende Beispiel zeigt:

Beispiel:

Eine Methode Ausgabe() in der Klasse CKunde soll sowohl Kunden-ID als auch Namen eines Kundenobjektes ausgeben.

```
public void Ausgabe()
{
```

> Der direkte Zugriff auf das geerbte
> Attribut name ist **nicht** möglich!

```
    Console.WriteLine("Name des Kunden: " + name);

    Console.WriteLine("ID des Kunden: " + kundenID);

    Console.WriteLine();

}
```

Durch die Implementierung einer get-Methode in der Personenklasse ließe sich das obige Problem umgehen. Allerdings gibt es eine andere (komfortablere) Möglichkeit durch einen neuen Modifizierer – den protected-Modifizierer. Das Attribut name in der Personenklasse muss einfach als protected-Attribut gekennzeichnet werden.

```
class CPerson
{
```

> Das Attribut als protected
> kennzeichnen

```
    protected string name;
        :
}

class CKunde: CPerson
{
```

> Der direkte Zugriff
> auf das geerbte Attribut
> name ist **jetzt** möglich!

```
    public void Ausgabe()
    {
        Console.WriteLine("Name des Kunden: " + name);

        Console.WriteLine("ID des Kunden: " + kundenID);

        Console.WriteLine();

    }

}

class Program
{
    static void Main(string[] args)
    {
        CKunde einKunde = new CKunde();
        CKunde zweiterKunde = new CKunde("Maier", 123);
        einKunde.Ausgabe();
        zweiterKunde.Ausgabe();
    }
}
```

Nach dem Starten sieht die Ausgabe dann so aus:

```
C:\Windows\system32\cmd.exe
Name des Kunden: LEER
ID des Kunden: 0

Name des Kunden: Maier
ID des Kunden: 123

Drücken Sie eine beliebige Taste . . .
```

Hinweis:

Alle Attribute, die als `protected` deklariert werden, können in den abgeleiteten Klassen direkt angesprochen werden, sind aber nach außen wie private Elemente geschützt.

7.2 Polymorphismus

Nur eine Programmiersprache, die den Polymorphismus umsetzt, darf sich objektorientierte Programmiersprache nennen. Ansonsten wäre sie nur eine *objektbasierte* Programmiersprache. Ganz allgemein betrachtet bedeutet Polymorphismus, dass ein Verweis während der Laufzeit des Programmes auf verschiedene Objekte zeigen kann und trotzdem die korrekten Methoden der Objekte über den Verweis aufrufbar sind. Diese etwas komplex scheinende Erklärung soll nun anhand von konkreten Beispielen erläutert werden. Dazu werden in einem ersten Schritt die Klasse `object` (als Basis aller Klassen) und die Zuweisungen von Verweisen auf Verweise innerhalb einer Vererbungshierarchie besprochen. Anschließend kann das Wesen des Polymorphismus genauer beleuchtet werden.

7.2.1 Die Klasse object

In C# gibt es eine wichtige Klasse – die Klasse `object`. Diese Klasse kann man als Basisklasse aller Variablen und Objekte ansehen. Jede Klasse, die selbst erstellt wird (auch jede Struktur), ist implizit von der Klasse `object` abgeleitet, ohne dass es angegeben werden muss. Deshalb kann auch jeder Werttyp und jeder Verweistyp in ein Objekt der Klasse `object` konvertiert werden.

Beispiel:

```
static void Main(string[] args)
{

        object einObjekt;

        int x = 10;

        einObjekt = x;

        Console.WriteLine(einObjekt.ToString()); //gibt 10 aus.

}
```

> Einen Verweis vom Typ `object` anlegen

> Der Wert der Integer-Variablen wird dem Objekt zugewiesen.

> Die Methode `ToString()` ist eine spezielle Methode, die den Inhalt des Objektes als `string` zurückgibt.

Boxing

Bei dem obigen Beispiel wird ein Werttyp in ein Objekt umgewandelt. Dabei findet ein so genanntes **Boxing** statt. Der Werttyp, der auf dem STACK gespeichert wurde, wird zu einem Objekt, das auf dem HEAP gespeichert wird. Es wird also Platz auf dem HEAP reserviert und dort der Inhalt des Werttypen gespeichert. Der Verweis `objektVerweis` ist dann eine Referenz darauf, zeigt also auf den Wert 10 im HEAP. Diesen Vorgang bezeichnet man als **Boxing** (Einpacken/Verpacken). Würde man nun den Wert der Variable x ändern, so hätte das keine Auswirkung auf das Objekt im HEAP, wie folgendes Beispiel zeigt.

Beispiel:

```
object einObjekt;

int x = 10;

einObjekt = x;

x = 20;
```

> Nach der Zuweisung an das Objekt erhält x einen anderen Wert.

> Behält den Wert 10.

```
Console.WriteLine(einObjekt.ToString());
```

10

Unboxing

Mit **Unboxing** bezeichnet man das Gegenteil des **Boxings**. Nun wird ein Verweistyp in einen Werttyp konvertiert. Dazu kann eine statische Methode der Klasse `Convert` oder ein cast-Operator genutzt werden.

Beispiel:

```csharp
int y = Convert.ToInt32(einObjekt);
// Alternativ: int y = (int)einObjekt;

einObjekt = 20;

Console.WriteLine(y); //gibt 10 aus.
Console.WriteLine(einObjekt.ToString()); //gibt 20 aus.
```

> Unboxing

> Nach der Zuweisung an y erhält das Objekt einen anderen Wert.

7.2.2 Zuweisungen innerhalb von Vererbungshierarchien

Innerhalb einer Vererbungshierarchie können Objekte (bzw. Verweise) der abgeleiteten Klassen Objekten der Basisklasse (oder der allgemeineren Klassen) zugewiesen werden. Das ist sinnvoll, denn die Objekte der abgeleiteten Klassen haben alle Informationen (Werte), die ein Basisklassenobjekt haben muss. Umgekehrt ist es natürlich nicht sinnvoll.

Beispiele:

Ausgangsbasis ist die Vererbungshierarchie Person, Kunde und Mitarbeiter.

```csharp
using System;

namespace IT_BERUFE_CSHARP
{
    class CPerson
    {
        :
        :
    }

    class CKunde : CPerson
    {
        private int kundenID;
        :
    }


    class CMitarbeiter : CPerson
    {
        private string abteilung;
        :


        public string GibAbteilung()
        {
            return abteilung;
        }
    }
}
```

```csharp
class Program
{
    static void Main(string[] args)
    {
        CPerson einePerson = new CPerson();
        CKunde einKunde = new CKunde();
        CMitarbeiter einMitarbeiter = new CMitarbeiter();


        einePerson = einKunde;
        einePerson = einMitarbeiter;


        einKunde = einMitarbeiter;
        einMitarbeiter = einKunde;
        einKunde = einePerson;
        einMitarbeiter = einePerson;
    }
}
```

> Zuweisungen sind in Ordnung.

> Zuweisungen sind nicht in Ordnung – es fehlen Daten.

Hinweis:

Die Zuweisung eines Kunden oder Mitarbeiters an eine Person funktioniert einwandfrei. Allerdings können die speziellen Attribute und Methoden von Kunde oder Mitarbeiter nicht mehr aufgerufen werden, da es nur ein Personenverweis ist. Beispielsweise ist der folgende Zugriff nicht möglich:

```csharp
Console.WriteLine("Abteilung: " + einePerson.GibAbteilung());
```

Die Methode `GibAbteilung()` ist in der Mitarbeiter-Klasse definiert und kann über den Personenverweis nicht erreicht werden. Mit dieser Problematik beschäftigt sich auch das nächste Unterkapitel.

7.2.3 Virtuelle Methoden

Virtuelle Methoden sind Methoden, die in einer Basisklasse angelegt und in der Regel in einer abgeleiteten Klasse überschrieben werden. Wird nun ein Objekt einer abgeleiteten Klasse einem Basisklassenobjekt zugewiesen, kann mithilfe einer virtuellen Methode während der Laufzeit die richtige Methode aufgerufen werden. Das folgende Beispiel verdeutlicht den kompliziert klingenden Sachverhalt.

Beispiel:

Sowohl in der Klasse `CPerson` als auch in der abgeleiteten Klasse `CKunde` gibt es eine Methode `Ausgabe()`, die alle Daten des Objektes auf den Bildschirm bringen soll.

```csharp
class CPerson
{
    :

    public void Ausgabe()
    {
        Console.WriteLine("Name der Person: " + name);
        Console.WriteLine();
    }
}
```

```csharp
class CKunde : CPerson
{

    :

    public void Ausgabe()
    {

        Console.WriteLine("Name des Kunden: " + name);

        Console.WriteLine("ID des Kunden: " + kundenID);

        Console.WriteLine();

    }

}


static void Main(string[] args)
{

        CPerson einePerson = new CPerson("Maier");

        CKunde einKunde = new CKunde("Kaiser",123);


        einePerson.Ausgabe();

        einKunde.Ausgabe();

}
```

Nach dem Starten sieht die Ausgabe so aus:

Die Ausgabe-Methoden arbeiten einwandfrei – die Daten der Person und des Kunden werden auf den Bildschirm geschrieben. In einem weiteren Beispiel wird nun dem Personenverweis der Kunde zugewiesen.

Erweiterung des Beispiels:

Dem Personenverweis wird nun der Kunde zugeordnet und die Methode `Ausgabe()` erneut aufgerufen.

```csharp
static void Main(string[] args)
{

    CPerson einePerson = new CPerson("Maier");

    CKunde einKunde = new CKunde("Kaiser",123);


    einePerson = einKunde;

    einePerson.Ausgabe();

}
```

Nach dem Starten sieht die Ausgabe dann so aus:

```
C:\Windows\system32\cmd.exe                                          ─ □ X
Name der Person: Kaiser

Drücken Sie eine beliebige Taste . . .
```

Es ist erkennbar, dass nur die Basisklassenmethode `Ausgabe()` aufgerufen wird, obwohl der Personenverweis auf einen Kunden zeigt.

Lösung durch virtuelle Methoden und override
Die Lösung des Problems erfolgt durch virtuelle Methoden und explizites Überschreiben durch **override**: Wenn der Personenverweis auf einen Kunden zeigt, dann sollte auch die Methode aus der Klasse `CKunde` aufgerufen werden. Das geschieht, wenn die Methode in der Basisklasse als **virtual** deklariert und in der abgeleiteten Klasse durch override überschrieben wird.

```csharp
class CPerson
{                          ┌─────────────────────────────┐
                           │  Die Methode in der Basisklasse │
    :                      │    mit virtual definieren       │
                           └─────────────────────────────┘
    virtual public void Ausgabe()

    {
        Console.WriteLine("Name der Person: " + name);

        Console.WriteLine();

    }

}
```

```csharp
                           ┌─────────────────────────────┐
class CKunde : CPerson     │  Die Methode in der ab-     │
                           │  geleiteten Klasse over-    │
{                          │    ride überschreiben       │
                           └─────────────────────────────┘
    :

    public override void Ausgabe()

    {
        Console.WriteLine("Name des Kunden: " + name);

        Console.WriteLine("ID des Kunden: " + kundenID);

        Console.WriteLine();

    }

}
```

Nach diesen Veränderungen wird die korrekte Methode aufgerufen, wie das erneute Beispiel zeigt:

```csharp
static void Main(string[] args)

{
    CPerson einePerson = new CPerson("Maier");

    CKunde einKunde = new CKunde("Kaiser",123);


    einePerson = einKunde;

    einePerson.Ausgabe();

}
```

Nach dem Starten ist die Ausgabe dann korrekt:

```
C:\Windows\system32\cmd.exe
Name des Kunden: Kaiser
ID des Kunden: 123

Drücken Sie eine beliebige Taste . . .
```

Hinweis:

Durch die virtuellen Methoden und das Überschreiben in den abgeleiteten Klassen ist der **Polymorphismus** in der Sprache C# umgesetzt worden.

Nach der Einführung der virtuellen Methoden kann nun auch die Funktionsweise der Methode `ToString()` genauer erläutert werden. In der Basisklasse `object` ist diese Methode als virtuell definiert. Da jede Klasse implizit die Klasse `object` erbt, kann und sollte die Methode `ToString()` in jeder Klasse mit `override` überschrieben werden, um den Polymorphismus anzuwenden. Würde man beispielsweise in der Personenklasse die Ausgabe der Daten mithilfe der Methode `ToString()` machen, so wäre die Ausgabe einer Person noch einfacher:

```
class CPerson
{
    :

    public override string ToString()
    {
        return "Name der Person: " + name;
    }
}


static void Main(string[] args)
{
    CPerson einePerson = new CPerson("Maier");
    Console.WriteLine(einePerson);
}
```

> Die virtuelle Methode `ToString()` gibt eine Zeichenkette zurück.

> Die Methode `WriteLine()` erwartet ein Objekt vom Typ `object` und ruft dann automatisch die virtuelle Methode `ToString()` auf.

```
C:\Windows\system32\cmd.exe
Name der Person: Maier
Drücken Sie eine beliebige Taste . . .
```

7.3   Abstrakte Basisklassen

Eine abstrakte Basisklasse soll die Basis für weitere Klassen sein, ohne dass von dieser Klasse ein Objekt instanziert werden kann. Abstrakte Basisklassen sind dann sinnvoll, wenn eine Vererbungshierarchie eine Grundlage braucht, aber von der grundlegenden Klasse keine sinnvollen Objekte instanziert werden können und sollen.

Beispiel:

Ein Anwendungsbeispiel für abstrakte Basisklassen ist beispielsweise eine Klassenhierarchie zur Speicherung von grafischen Objekten (Kreise, Dreiecke, Rechtecke usw.). Jedes Objekt soll auf dem Bildschirm gezeichnet werden können. Deshalb ist es sinnvoll, eine abstrakte Basisklasse `CGraphik` mit einigen grundlegenden Atributen und Methoden zu entwerfen.

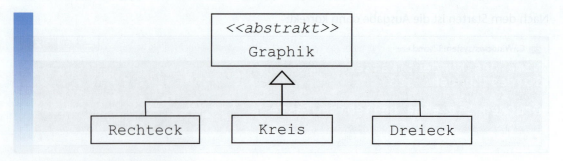

7.3.1   Eine abstrakte Basisklasse

Eine Klasse wird durch das Schlüsselwort abstract zu einer abstrakten Basisklasse. Damit kann **kein** Objekt dieser Klasse instanziert werden, wie das folgende Beispiel zeigt.

Beispiel:

```
using System;
namespace IT_BERUFE_CSHARP
{

    abstract class CPerson
    {
        protected string name;
        public CPerson()
        {
            name = "LEER";
        }
        public CPerson(string nameParam)
        {
            name = nameParam;
        }
    }
    class CKunde : CPerson
    {
        private int kundenID;
        public CKunde(): base()
        {
            kundenID = 0;
        }
        public CKunde(string nameParam, int kundenIDParam)
                : base(nameParam)
        {
            kundenID = kundenIDParam;
        }
    }
    class Program
    {
```

> Eine Klasse wird abstrakt.

```
static void Main(string[] args)
{


        //CPerson einePerson = new CPerson("Maier");

        CPerson einPersonenVerweis;




        CKunde einKunde = new CKunde("Kaiser", 123);

        einPersonenVerweis = einKunde;



    }

}
```

> Keine Instanzie-
> rung einer Person

> Ein Verweis
> ist aber möglich.

> Die Zuweisung eines Objektes aus der Vererbungs-
> hierarchie an den Basisklassenverweis ist in Ordnung.

7.3.2   Abstrakte Methoden deklarieren

In einer abstrakten Basisklasse werden die Grundlagen für die Vererbungshierarchie gelegt. Sinn-
vollerweise sollte auch der Polymorphismus eingesetzt werden. Anstelle der virtuellen Methoden können nun abstrakte Methoden angelegt werden. Damit müssen alle abgeleiteten Klassen die Methoden mit override überschreiben. Das hat den Vorteil, dass sich alle Klassen aus
der Vererbungshierarchie ähnlich verhalten und der Polymorphismus korrekt eingesetzt werden
kann. In dem folgenden Beispiel erhält die abstrakte Personenklasse eine abstrakte Methode
Ausgabe(), die in allen abgeleiteten Klassen überschrieben werden muss.

Beispiel:

```
using System;

namespace IT_BERUFE_CSHARP
{
    abstract class CPerson
    {
        :

        abstract public void Ausgabe();
    }

    class CKunde : CPerson
    {
        :

        public override void Ausgabe()
        {
            Console.WriteLine("Name des Kunden: " + name);

            Console.WriteLine("ID des Kunden: " + kundenID);

            Console.WriteLine();
        }
    }

    class Program
    {

        static void Main(string[] args)
```

> Eine abstrakte Methode
> anlegen. Die Methode wird
> nur deklariert, nicht definiert.

> Die abstrakte Basis-
> klassenmethode muss
> überschrieben werden.

```
        {
            CPerson einPersonenVerweis;

            CKunde einKunde = new CKunde("Kaiser", 123);

            einPersonenVerweis = einKunde;

            einPersonenVerweis.Ausgabe();
        }
    }
}
```

> Aufruf der Ausgabe-Methode über den Personen-Verweis

Nach dem Starten sieht die Ausgabe dann so aus:

```
C:\Windows\system32\cmd.exe

Name des Kunden: Kaiser
ID des Kunden: 123

Drücken Sie eine beliebige Taste . . .
```

Die überschriebene abstrakte Methode aus der Kundenklasse wird über den Personen-Verweis korrekt aufgerufen – der Polymorphismus funktioniert einwandfrei.

7.4   Interfaces in C#

Das Prinzip der Interfaces (Schnittstellen) hat viel Ähnlichkeit mit dem Konzept der abstrakten Basisklassen. Ein Interface sieht aus wie eine Klasse, aber ohne jegliche Implementierungen. Das Interface legt nur fest, welche Eigenschaften und Methoden genutzt werden sollen. Eine Klasse, die ein Interface implementiert, muss diese Eigenschaften und Methoden dann auch definieren. Eine Klasse kann beliebig viele Interfaces implementieren.

7.4.1   Aufbau eines Interfaces

Durch das Schlüsselwort interface wird die Deklaration eines Interfaces eingeleitet. Alle Eigenschaften und Methoden werden nur deklariert, nicht implementiert.

Beispiel:

```
using System;

namespace IT_BERUFE_CSHARP
{
    interface ITest
    {
        int EIGENSCHAFT
        {
            get;
            set;
        }

        void Anzeigen();
    }
```

> Ein Interface anlegen

> Eine Eigenschaft deklarieren, die über get- und set-Accessoren verfügen soll

> Eine Methode deklarieren

```csharp
class CInterfaceTest : ITest
{

    private int eigenschaft;

    public int EIGENSCHAFT
    {
        get
        {
            return eigenschaft;
        }
        set
        {
            eigenschaft = value;
        }
    }
    public void Anzeigen()
    {

        Console.WriteLine(eigenschaft);

    }

}
class Program
{

    static void Main(string[] args)
    {

        CInterfaceTest einTest = new CInterfaceTest();
        einTest.EIGENSCHAFT = 10;
        einTest.Anzeigen();

    }

}

}
```

Die Eigenschaft implementieren

Die Methode implementieren

Nach dem Starten sieht die Ausgabe dann so aus:

Hinweis:

Die Namen für Interfaces werden mit dem Großbuchstaben „I" eingeleitet, ähnlich wie die Klassennamen mit dem Großbuchstaben „C" beginnen. Das ist zwar nicht zwingend, erhöht aber die Leserlichkeit des Quelltextes.

7.4.2   Das Interface IDisposable

Im Kapitel über das Klassenkonzept in C# wurde der Destruktor vorgestellt und darauf hingewiesen, dass der Destruktor nicht explizit aufgerufen werden kann, sondern vom garbage-collector aufgerufen wird. Allerdings kann nicht genau gesagt werden, wann der Zeitpunkt eintritt, zu dem der garbage-collector den Destruktor aufruft. Es wäre deshalb kritisch, wenn in einem Destruktor Ressourcen (Dateiverbindungen, Datenbankverbindungen usw.) freigegeben würden und der Zeitpunkt nicht wählbar wäre. Aus diesem Grund sollte eine Klasse, die kritische Ressourcen freigeben muss, immer eine festgelegte Methode implementieren–und zwar die `Dispose()`-Methode (das Interface `IDisposable` hat diese Methode deklariert). In dieser Methode werden dann die entsprechenden Ressourcen freigegeben oder andere Aufräumarbeiten durchgeführt. Der Destruktor kann diese Methode dann ebenfalls aufrufen. Es muss nur sichergestellt sein, dass bereits freigegebene Ressourcen nicht erneut freigegeben werden. Das kann durch ein Flag-Attribut (Zustands-Attribut) geregelt werden und durch einen Mechanismus, der verhindert, dass der garbage-collector den Destruktor eines Objektes aufruft. Das folgende Beispiel zeigt eine Klasse, die diese Methode implementiert.

Beispiel:

```csharp
class CDisposeTest : IDisposable
{
    private bool disposed = false;

    ~CDisposeTest()
    {
        Console.WriteLine("Destruktoraufruf");
        Dispose();
    }

    public void Dispose()
    {
        if (disposed == false)
        {
            Console.WriteLine("Dispose-Aufruf");
            disposed = true;
            //Ressourcen freigegeben
            GC.SuppressFinalize(this);
        }
    }

    public void EineMethode()
    {
        if (disposed == false)
        {
            Console.WriteLine("Methodenaufruf");
            //Anweisungen mit den Ressourcen durchführen
        }
    }
}
```

> Das Interface `IDisposable` implementieren

> Ein Zustands-Attribut anlegen

> Destruktor ruft `Dispose()` auf.

> Nur ausführen, wenn nicht freigegeben.

> Zustand neu setzen

> Diese Methode verhindert, dass der garbage-collector den Destruktor dieses Objektes aufruft.

> Prüfen, ob bereits eine Freigabe stattgefunden hat. Ansonsten keine Anweisungen durchführen.

In einer Hauptmethode wird nun ein Objekt dieser Klasse angelegt:

```csharp
static void Main(string[] args)
{
    CDisposeTest einTest = new CDisposeTest();
}
```

Nach dem Starten sieht die Bildschirmausgabe so aus:

Es ist erkennbar, dass der Destruktor die `Dispose()`-Methode aufruft, um die Ressourcen freizugeben. Die Hauptmethode wird nun um einige Methodenaufrufe ergänzt:

```csharp
static void Main(string[] args)
{
    CDisposeTest einTest = new CDisposeTest();

    einTest.EineMethode();

    einTest.Dispose();

    einTest.EineMethode();
}
```

Nach dem Starten sieht die Bildschirmausgabe dann so aus:

Es ist erkennbar, dass nach dem „Aufräumen" mit der `Dispose()`-Methode keine Anweisungen mehr in der Methode `EineMethode()` ausgeführt werden und auch der Destruktor nicht mehr aufgerufen wird.

8 Überladen von Operatoren

Ein Ziel der objektorientierten Programmierung ist die realitätsnahe Abbildung einer Problematik, beispielsweise eines Geschäftsprozesses, in ein Softwaresystem. Die Technik des Überladens von Operatoren ist ein wichtiger Bestandteil für diesen Abbildungsprozess, da die Operatoren sich an das Wesen eines Objektes anpassen können. Diese Anpassung ist nichts anderes als die Programmierung einer entsprechenden (statischen Operator-) Methode innerhalb der Klasse. Dieselben Operatoren haben dann unterschiedliche Bedeutungen bzw. Auswirkungen, je nachdem, für welches Objekt sie benutzt werden. Genau genommen gibt es diese Anpassung auch schon bei den Operatoren, die bislang behandelt wurden. Die arithmetischen Operatoren können für alle elementaren Datentypen benutzt werden. Im Hintergrund passieren allerdings verschiedene Aktionen, je nachdem, welcher Datentyp benutzt wird.

Beispiel:

```csharp
class Program
{
    static void Main(string[] args)
    {
        int x = 10;
        int y = 20;
        int z;

        double d = 1.2;
        double e = 2.8;
        double f;

        z = x / y;

        f = d / e;
    }
}
```

> Die Division von Integer-Zahlen ist intern ein anderer Prozess als die Division von Gleitpunktzahlen. Die interne Darstellung der Zahlen unterscheidet sich ja auch sehr.

Diese implizite Anpassung der Operatoren an den jeweiligen Datentyp ist eigentlich schon eine Überladung von Operatoren. Je nachdem, welcher Datentyp benutzt wird, hat der Operator eine andere Funktionalität. **Überladen heißt also, dem Operator eine neue Bedeutung zu geben.**

ACHTUNG:

Das Überladen von Operatoren kann immer nur im Zusammenhang mit einer Klasse geschehen. Die Operatoren für die elementaren Datentypen können nicht überladen werden. Das wäre auch nicht sinnvoll, denn wenn beispielsweise der Additionsoperator für den Datentyp `int` eine neue Bedeutung erhielte, wäre kein Programm mehr lauffähig. Die Programmierer müssen sich darauf verlassen können, dass diese Operatoren immer gleich arbeiten.

8.1   Operator-Methoden in C#

8.1.1   Der Aufbau einer statischen Operator-Methode

Als Ausgangsbasis soll eine Klasse dienen, die einen mathematischen Bruch verkörpert. Damit soll beispielhaft ein reale Problemstellung objektorientiert umgesetzt werden. Eine solche Klasse könnte so aussehen:

```csharp
using System;

namespace IT_BERUFE_CSHARP
{

    class CBruch

    {

        private int zaehler;
        private int nenner;


        public CBruch()

        {

            zaehler = 0;

            nenner = 1;

        }


        public CBruch(int zaehlerParam, int nennerParam)

        {

            zaehler = zaehlerParam;

            nenner = nennerParam;

        }


        public override string ToString()

        {

            return zaehler + " / " + nenner;

        }

    }


    class Program

    {

        static void Main(string[] args)

        {

            CBruch einBruch = new CBruch(1, 2);

            Console.WriteLine(einBruch);

        }

    }

}
```

Zähler und Nenner der Bruchklasse

Nach dem Starten sieht die Bildschirmausgabe so aus:

```
C:\Windows\system32\cmd.exe
1 / 2
Drücken Sie eine beliebige Taste . . . _
```

Die Klasse `CBruch` stellt also eine Bruchzahl mit Zähler und Nenner dar. Nun wäre es angebracht, wenn mit solchen Bruchzahlen auch gerechnet werden kann:

```
CBruch ersterBruch = new CBruch(1, 2);

CBruch zweiterBruch = new CBruch(3, 4);

CBruch dritterBruch = new CBruch();


dritterBruch = ersterBruch + zweiterBruch;


Console.WriteLine(dritterBruch);
```

> Zwei Brüche werden addiert.

Natürlich meldet der Compiler einen Fehler, wenn zwei Brüche addiert werden sollen:

```
Fehler 1:  Der Operator "+" kann nicht auf Operanden vom Typ "CBruch"
und "CBruch" angewendet werden.
```

Es fehlt also ein entsprechender Operator, mit dem zwei Brüche addiert werden können. Dieser Operator kann definiert werden, und zwar als eine statische Operator-Methode. Dazu muss man wissen, dass der Compiler einen Operator-Ausdruck in eine Methode übersetzt. Dabei werden die Operanden (die Brüche links und rechts von dem Operator) als Parameter der Methode übergeben:

```
dritterBruch = ersterBruch + zweiterBruch;


dritterBruch = operator + (ersterBruch , zweiterBruch);
```

Die Implementierung dieser Operator-Methode sieht so aus:

```
public static CBruch operator +(CBruch op_1, CBruch op_2)

{

    int z = op_1.zaehler * op_2.nenner + op_2.zaehler * op_1.nenner;

    int n = op_1.nenner * op_2.nenner;


    return new CBruch(z , n);

}
```

> Neue Zähler und Nenner berechnen

> Das Ergebnis der Addition als Bruch-Objekt zurückgeben

Nach der Implementierung der Operator-Methode können zwei Brüche einwandfrei addiert werden, wie die folgende Bildschirmausgabe zeigt:

Die „handschriftliche Berechnung" bestätigt die korrekte Berechnung:

$$\frac{1}{2} + \frac{3}{4} = \frac{2}{4} + \frac{3}{4} = \frac{5}{4} = \frac{10}{8}$$

Neben den Operatoren (wie dem Additionsoperator), die immer zwei Operanden haben, gibt es auch solche Operatoren, die nur einen Operanden haben, beispielsweise der Inkrementoperator ++. Das folgende Beispiel zeigt die Überladung dieses Operators in der Bruch-Klasse.

Beispiel:

```
public static CBruch operator ++ (CBruch op)

{

    CBruch eins = new CBruch(1, 1);

    op = op + eins;

    return op;

}
```

Der Inkrementoperator kann jetzt sowohl als Präfix- wie als Postfix-Operator genutzt werden:

Beispiel:

```
static void Main(string[] args)

{

        CBruch einBruch = new CBruch(1, 2);

        Console.WriteLine(++einBruch);

        Console.WriteLine(einBruch++);

}
```

Präfix-Notation

Postfix-Notation

Nach dem Starten sieht die Ausgabe des Bruches dann so aus:

```
C:\Windows\system32\cmd.exe

3 / 2
3 / 2
Drücken Sie eine beliebige Taste . . .
```

Die zweite Ausgabe des Bruches zeigt noch keine Inkrementierung, da mit der Postfix-Notation inkrementiert wurde.

8.1.2 Regeln für die Überladung von Operatoren

Das Überladen von Operatoren ist eine hervorragende Möglichkeit, um eine Klasse noch realitätsnäher zu implementieren. Es gibt allerdings einige Regeln, die beachtet werden müssen:

Regel 1:
Eine Operator-Methode muss immer öffentlich (public) und statisch (static) sein.

Regel 2:
Die Grundfunktionalität des Operators kann nicht geändert werden. Der +-Operator braucht beispielsweise zwei Operanden (Operand_1 + Operand_2). Daran ändert auch eine Überladung nichts.

Regel 3:
Es können nur existierende Operatoren überladen werden. Neue Operatoren können nicht entworfen werden. Beispielsweise kann man keinen „$-Operator" definieren, denn einen solchen Operator stellt C# nicht zu Verfügung.

Regel 4:
In C# ist es zwingend, dass zusammengehörende Operatoren (beispielsweise == und != oder < und >) auch immer zusammen überladen werden.

Regel 5:
Folgende Operatoren können nicht überladen werden:

?:   new   is   typeof   sizeof   =

Ebenso können die gekoppelten Zuweisungsoperatoren (wie += oder *=) nicht überladen werden. Die gekoppelten Zuweisungen werden implizit in die richtige Form übersetzt (beispielsweise x += 5 in x = x + 5).

> **Hinweis:**
>
> Im Unterschied zur Sprache C++ kann der Zuweisungsoperator = nicht überladen werden. Da in C# mit Wert- und Verweistypen gearbeitet wird und der garbage-collector den Speicher aufräumt, ist die Überladung des =-Operators auch nicht mehr so zwingend wie in C++.

8.2   Konvertierungsoperatoren überladen

8.2.1   Implizite und explizite Konvertierung

In einigen Beispielen wurde bereits die Konvertierung von elementaren Datentypen in elementare Datentypen benutzt – beispielsweise beim Einlesen über die Tastatur muss der Rückgabewert (Typ string) in den gewünschten Typ umgewandelt werden. Grundsätzlich kann bei der Umwandlung die implizite und die explizite Konvertierung unterschieden werden. Das bedeutet, dass die Umwandlung einmal automatisch (ohne weitere Anweisungen) und einmal nur mit speziellen Anweisungen durchgeführt wird. Das folgende Beispiel zeigt die unterschiedliche Vorgehensweise.

Beispiel:

```csharp
using System;

namespace IT_BERUFE_CSHARP

{

    class Program

    {

        static void Main(string[] args)

        {

            int intWert = 10;

            double doubleWert = 1.0;


            doubleWert = intWert;


            intWert =  doubleWert;


            intWert =  (int) doubleWert;

        }

    }

}
```

> Der Integer-Wert kann ohne Probleme (Datenverlust) in einen double-Wert konvertiert werden. Diese Konvertierung ist implizit, also automatisch.

> Diese Konvertierung ist **nicht implizit möglich**, da ein Datenverlust eintreten kann. Es muss deshalb explizit konvertiert werden.

> Explizite Konvertierung ist möglich.

8.2.2   Implizite Konvertierungsoperatoren überladen

Für die Bruchklasse aus dem vorherigen Unterkapitel wäre es sinnvoll, dass aus einer Integer-Zahl automatisch ein Bruch gebildet werden kann. Dazu müsste ein impliziter Konvertierungsoperator bereitstehen, der diese Umwandlung vornimmt.

Aufbau eines impliziten Konvertierungsoperators

> Schlüsselwort implicit

> Der Typ, in den umgewandelt wird

> Der umzuwandelnde Typ

```csharp
public static implicit operator NeuerTyp (AlterTyp) {...}
```

Für die Bruchklasse sieht der implizite Konvertierungsoperator dann so aus:

```csharp
public static implicit operator CBruch(int einWert)

{

    return new CBruch(einWert,1);

}
```

> Ein Bruchobjekt mit dem übergebenen Integer-Wert erstellen und mit return zurückgeben

Nach der Implementierung dieses Konvertierungsoperators ist die Zuweisung einer Integer-Zahl an einen Bruch problemlos möglich, wie das folgende Beispiel zeigt.

Beispiel:

```
class Program

{

    static void Main(string[] args)

    {

        CBruch einBruch = new CBruch();

        einBruch = 5;                    Implizite
                                         Konvertierung

        Console.WriteLine(einBruch);

    }

}
```

Nach dem Starten sieht die Bildschirmausgabe so aus:

```
C:\Windows\system32\cmd.exe
5 / 1
Drücken Sie eine beliebige Taste . . .
```

Die Umwandlung von einer (Integer-)Zahl in einen Bruch ist nur eine Variante. Ebenso wäre es sinnvoll, einen Bruch automatisch in eine Zahl zu konvertieren – beispielsweise in eine Gleitpunktzahl, denn dann wäre mit keinem bzw. geringem Datenverlust zu rechnen. Der entsprechende Konvertierungsoperator hat dann folgenden Aufbau:

```
public static implicit operator double(CBruch einBruch)

{

    return (double)einBruch.zaehler / (double)einBruch.nenner;

}
```

Nach der Implementierung dieses zweiten Konvertierungsoperators ist die Zuweisung eines Bruches an eine Gleitpunktzahl problemlos möglich, wie das folgende Beispiel zeigt.

Beispiel:

```
class Program

{

    static void Main(string[] args)

    {

        CBruch einBruch = new CBruch(1,4);

        double y = einBruch;              Implizite
                                          Konvertierung

        Console.WriteLine(y);

    }

}
```

Nach dem Starten sieht die Bildschirmausgabe so aus:

```
C:\Windows\system32\cmd.exe
0,25
Drücken Sie eine beliebige Taste . . .
```

8.2.3   Explizite Konvertierungsoperatoren überladen

Die implizite Konvertierung ist sehr praktisch, hat aber den Nachteil, dass dem Anwender möglicherweise nicht bewusst ist, dass eine Konvertierung durchgeführt wurde, da sie automatisch abläuft. Deshalb können die Konvertierungsoperatoren auch als explizite Operatoren überladen werden. Die Syntax ist identisch, nur das Schlüsselwort implicit wird gegen explicit ausgetauscht, wie die folgenden Methoden zeigen:

```csharp
public static explicit operator CBruch(int einWert)

{

    return new CBruch(einWert, 1);

}

public static explicit operator double(CBruch einBruch)

{

    return (double)einBruch.zaehler / (double)einBruch.nenner;

}
```

Nach der Implementierung der expliziten Konvertierungsoperatoren sind die Zuweisungen problemlos möglich, wie das folgende Beispiel zeigt.

Beispiel:

```csharp
class Program

{

    static void Main(string[] args)

    {

        CBruch einBruch = new CBruch();


        einBruch = (CBruch)5;           // Explizite Konvertierung


        Console.WriteLine(einBruch);

        CBruch zweiterBruch = new CBruch(1, 4);


        double y = (double)zweiterBruch;  // Explizite Konvertierung


        Console.WriteLine(y);

    }

}
```

Nach dem Starten sieht die Bildschirmausgabe so aus:

```
C:\Windows\system32\cmd.exe
5 / 1
0,25
Drücken Sie eine beliebige Taste . . .
```

9 Arrays in C#

Angenommen, Sie möchten in einem Programm zehn Werte vom Typ int speichern und mit diesen Werten dann weiterarbeiten. Sie könnten sich dazu zehn Variablen vom Typ int anlegen und dann hintereinander einlesen.

Beispiel:

```csharp
using System;
namespace IT_BERUFE_CSHARP
{
    class Program
    {
        static void Main(string[] args)
        {
            int wert1, wert2 ,wert3 , wert4, wert5;
            int wert6, wert7, wert8, wert9 , wert10;

            Console.WriteLine("Ersten Wert eingeben:");
            wert1 = Convert.ToInt32(Console.ReadLine());
            :
            Console.WriteLine("Letzten Wert eingeben:");
            wert10 = Convert.ToInt32(Console.ReadLine());
        }
    }
}
```

Das ist nicht besonders effektiv: Nicht nur, dass es viel Schreibarbeit ist, sondern auch viele andere Problemstellungen wären schwer zu realisieren. Beispielsweise wäre die Suche nach dem Minimum der eingegebenen Zahlen mit Aufwand verbunden.

Beispiel:

```csharp
:
int minimum;
minimum = wert1;
if (minimum < wert2) minimum = wert2;
if (minimum < wert3) minimum = wert3;
if (minimum < wert4) minimum = wert4;
:
if (minimum < wert8) minimum = wert8;
if (minimum < wert9) minimum = wert9;
if (minimum < wert10) minimum = wert10;
```

Es lässt sich erahnen, mit welchem Aufwand es verbunden wäre, wenn nicht nur zehn, sondern 1000 oder 10.000 Werte verarbeitet werden müssten. Um solche Vorgänge zu vereinfachen, gibt es in C# (und auch in allen anderen Sprachen) die so genannten Arrays, auch Felder genannt.

9.1   Ein- und mehrdimensionale Arrays

9.1.1   Eindimensionale Arrays

Möchte man (wie in den einführenden Bemerkungen zu Arrays) mehrere Werte eines Datentyps speichern, so lässt sich das mit einem (eindimensionalen) Array realisieren.

Statt:

```
int wert1;
int wert2;
:                    }   int [] werte = new int[10];
:
int wert10;
```

Damit stehen zehn Speicherplätze für Integer-Werte zur Verfügung. Jeden einzelnen Speicherplatz kann man über den Namen des Arrays (hier `werte`) und einen so genannten Index ansprechen. Soll beispielsweise der Wert 100 im ersten Array-Element gespeichert werden, so kann das so geschehen:

```
Werte[0] = 100;
```

Der erste Speicherplatz bzw. das erste Array-Element erhält den Wert 100.

Index

Allgemein kann die Syntax eines Arrays so dargestellt werden:

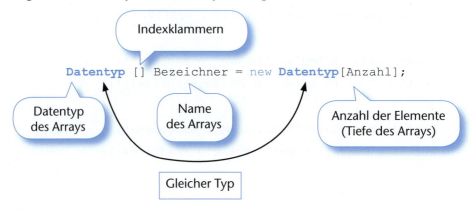

Indexklammern

```
Datentyp [] Bezeichner = new Datentyp[Anzahl];
```

Datentyp des Arrays

Name des Arrays

Anzahl der Elemente (Tiefe des Arrays)

Gleicher Typ

Beispiel:

Das Array `werte` soll mit Zahlen gefüllt werden.

```
int[] werte = new int[10];

int i;

for (i = 0; i < 10; i++) werte[i] = i * 10;
```

Die Elemente des Arrays werden mit dem so genannten **Indexoperator [ ]** angesprochen. Wenn man ein spezielles Element ansprechen will, so geschieht das mithilfe des Indexoperators und der Angabe des Index.

Nach der Schleife ist das Array `werte` so gefüllt:

Index i	0	1	2	3	4	5	6	7	8	9
Inhalt: werte[i]	0	10	20	30	40	50	60	70	80	90

 ACHTUNG:

In C# wird ein Array zwar mit zehn Elementen erstellt, aber der Index läuft von 0 bis 9. Das hat mit der internen Speicherung der Elemente zu tun.

Selbstverständlich können Arrays mit jedem Datentyp gebildet werden.

Beispiele für weitere Arrays:

```
class CPerson
{
    private string name;

        :

        :

}
struct TestStruct
{
    private int x;

        :

        :

}
char [] zeichenfolge = new char[100];
float [] messwerte = new float[1200];
bool [] wahrheitswerte = new bool[8];
CPerson [] personen = new CPerson[5];
TestStruct [] strukturobjekte = new TestStruct[3];
```

> Arrays von elementaren Datentypen

> Array von Personen-Verweisen.

> Struktur-Array

Hinweis:

Die Tiefe eines Arrays kann natürlich auch mithilfe einer Variablen festgelegt werden. Damit kann dynamisch auf die benötigte Array-Größe reagiert werden, wie das folgende Beispiel zeigt:

```
int anzahl;
Console.WriteLine("Wie viele Elemente?");
anzahl = Convert.ToInt32(Console.ReadLine());
```

> Die Tiefe des Arrays wird während der Laufzeit bestimmt. Allerdings sollte die Variable anzahl auf einen sinnvollen Wert geprüft werden.

```
if (anzahl > 0)
    int[] dynamischesArray = new int[anzahl];
else
    Console.WriteLine("Fehlerhafte Angabe");
```

Initialisieren von Arrays

Bei der Definition eines Arrays kann sofort eine Initialisierung erfolgen, indem die Werte für das Array in geschweiften Klammern angegeben werden.

> Das Array mit Zahlen initialisieren

```
int[] zahlen = new int[5] { 1, 2, 3, 4, 5 };
CPerson[] personen = new CPerson[2] {new CPerson("A"),new CPerson("B")};
```

> Das Array mit Personen initialisieren

> **Hinweis:**
>
> Bei der Deklaration von Objekt-Arrays werden im ersten Schritt nur die Verweise dynamisch angelegt. Entweder werden die Objekte dann sofort durch Initialisierung instanziert oder es muss später explizit gemacht werden.

```
CPerson[] personen = new CPerson[2] { new CPerson("A"),
                                      new CPerson("B")};
```

oder

Ein Array von Personen-Verweisen.

```
CPerson[] personen = new CPerson[2];

personen[0] = new CPerson("A");

personen[1] = new CPerson("B");
```

9.1.2   Die foreach-Schleife

In C# wurde eine Schleifenart implementiert, die es auch in einigen anderen modernen Sprachen gibt – die `foreach`-Schleife. Diese Schleife ist speziell für die Zusammenarbeit mit Arrays konzipiert worden und kann auch nur in Verbindung mit Arrays sinnvoll eingesetzt werden. Mithilfe der `foreach`-Schleife kann ein Array sehr einfach Element für Element durchlaufen werden, ohne dass bekannt sein muss, wie viele Elemente das Array hat.

Syntax der `foreach`-Schleife:

Schlüsselwort
foreach

Datentyp der
Array-Elemente

Schlüsselwort
in

```
foreach (Datentyp bezeichner in Array-Name)

    {

        //Verwenden der Variable bezeichner

    }
```

Name
des Arrays

Die folgenden Beispiele zeigen die `foreach`-Schleife in der Praxis. Ein Array von Personen und ein Array von Integer-Werten werden Element für Element durchlaufen und auf dem Bildschirm ausgegeben:

```
using System;
namespace IT_BERUFE_CSHARP
{
    class CPerson   { . . . }
    class Program
    {
        static void Main(string[] args)
        {
            CPerson[] personen = new CPerson[3] { new CPerson("Maier"),
                                                  new CPerson("Knudsen"),
                                                  new CPerson("Kaiser") };


            int[] zahlen = new int[5] {1, 2, 3, 4, 5 };
```

```
foreach (CPerson durchlauf in personen)
{
    Console.WriteLine(durchlauf);
}

Console.WriteLine();

foreach (int durchlauf in zahlen)
{
    Console.WriteLine(durchlauf);
}
}
}
}
```

> Das Array wird von Anfang bis Ende durchlaufen. Die Variable `durchlauf` erhält jedes Mal das aktuelle Array-Element.

Nach dem Starten sieht die Bildschirmausgabe so aus:

```
C:\Windows\system32\cmd.exe
Name der Person: Maier
Name der Person: Knudsen
Name der Person: Kaiser

1
2
3
4
5
Drücken Sie eine beliebige Taste . . .
```

Die Arrays wurden Schritt für Schritt durchlaufen und die Inhalte auf dem Bildschirm ausgegeben.

Hinweis:

Natürlich können Arrays ebenso mit den bereits bekannten Schleifenarten bearbeitet werden. Die `foreach`-Schleife ist nur eine angenehme Erweiterung – sehr spezielle Zugriffe (beispielsweise nur jedes zweite oder dritte Element nutzen) können besser mit einer konventionellen Schleife umgesetzt werden. Das folgende Beispiel stellt deshalb drei verschiedene Schleifen-Arten gegenüber: Alle Schleifen geben den Inhalt der Array-Elemente auf dem Bildschirm aus. Dabei wird die Eigenschaft `Length` ausgenutzt, die die Länge des Arrays (Anzahl der Elemente) zurückgibt.

```
int[] werte = new int[3] { 10, 20, 30 };

int i = 0;

do
{
    Console.WriteLine(werte[i]);

    i++;
}
while (i < werte.Length);
```

> Die `do-while`-Schleife einsetzen

> Die Eigenschaft `Length` nutzen

```
Console.WriteLine("-----------");

for (i = 0; i < werte.Length; i++)
{

    Console.WriteLine(werte[i]);

}


Console.WriteLine("-----------");


foreach (int durchlauf in werte)

{

    Console.WriteLine(durchlauf);

}


Console.WriteLine();
```

Die for-Schleife einsetzen

Die foreach-Schleife einsetzen

Nach dem Starten sieht die Bildschirmausgabe so aus:

Alle drei Schleifen geben die Inhalte korrekt aus.

9.1.3 Mehrdimensionale Arrays

Die Vorstellung von mehrdimensionalen Arrays ist gerade am Anfang relativ schwer. Deshalb ist es sinnvoll, zuerst eine Vorstellung von einem zweidimensionalen bzw. dreidimensionalen Array zu bekommen. Die Vorstellung eines zweidimensionalen Arrays entspricht einer Tabelle. Tabellen sind allgemein bekannt – sie bestehen aus Zeilen und Spalten, die den entsprechenden Index des Arrays widerspiegeln.

Beispiel:

Es wird ein zweidimensionales Array angelegt.

Die erste Dimension festlegen – sie entspricht der Anzahl der Zeilen einer Tabelle.

Die zweite Dimension festlegen – sie entspricht der Anzahl der Spalten einer Tabelle.

```
int [ , ] tabelle = new int[ 3 , 4 ] { {5 , 3 , 7 , 2 },
                                        {8 , 6 , 9 , 1 },
                                        {2 , 7 , 3 , 4 }  };
```

Mit Kommata die Anzahl der Dimensionen festlegen

Als Tabelle ist das zweidimensionale Array so vorstellbar:

	Spalte 0	Spalte 1	Spalte 2	Spalte 3
Zeile 0	5	3	7	2
Zeile 1	8	6	9	1
Zeile 2	2	7	3	4

Der Zugriff auf ein Element des Arrays erfolgt nun mit einem **Doppelindex**. Beispielsweise ist das Element aus Zeile 0 und Spalte 1 so ansprechbar: `tabelle[ 0 , 1 ] == 3`

Dreidimensionale Arrays können sich als eine Sammlung von Tabellenblättern vorgestellt werden, die hintereinander angeordnet sind.

Beispiel:

Es wird ein dreidimensionales Array angelegt.

```
float  [ , , ] tabellen = new float [ 3 , 3 , 4 ];
```

Das dreidimensionale Array ist dann so vorstellbar:

```
tabellen [ 1 , 1 , 3 ]   ==   45.55
```

Tabellenblatt — Zeile — Spalte

Nach der dritten Dimension hört die menschliche Vorstellungskraft auf. Die mehrdimensionalen Arrays mit mehr als drei Dimensionen sind dann auch nicht mehr so konkret vorstellbar wie beispielsweise die Tabellen, aber dennoch sind sinnvolle Einsätze dieser Arrays denkbar.

Beispiel eines fünf-dimensionalen Arrays:

Für ein psychologisches Experiment werden drei unterschiedliche Gruppen mit jeweils 15 Probanden festgelegt. Jeder Proband erhält 10 Fragebögen mit jeweils 12 Fragen. Jede Frage hat 3 Antworten, die angekreuzt werden können. Das Array, das diesen Versuch widerspiegelt, könnte so aussehen:

```
bool [ , , , , ] experiment = new bool [3,15,10,12,3];
```

Es soll nun die Antwort des 5. Probanden aus Gruppe 2 für den 7. Fragebogen und die 4. Frage gespeichert werden. Die drei Antworten waren: `Ja, Nein, Ja`.

Der Einfachheit halber wird ein „Ja" mit dem booleschen Wert `true`, ein „Nein" mit dem booleschen Wert `false` gespeichert.

```
experiment [1,4,6,3,0] = true;
experiment [1,4,6,3,1] = false;
experiment [1,4,6,3,2] = true;
```

Mehrdimensionale Arrays durchlaufen

Mithilfe der Methode `GetLength(Index_Dimension)` kann die Tiefe einer einzelnen Dimension eines Arrays abgefragt werden. Damit können mehrdimensionale Arrays leicht durchlaufen werden, wie das folgende Beispiel zeigt:

Beispiel:

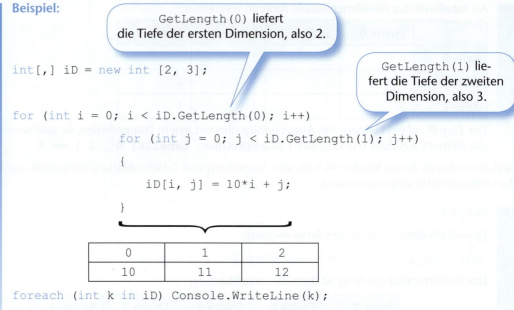

```
int[,] iD = new int [2, 3];

for (int i = 0; i < iD.GetLength(0); i++)
        for (int j = 0; j < iD.GetLength(1); j++)
        {
                iD[i, j] = 10*i + j;
        }
```

0	1	2
10	11	12

```
foreach (int k in iD) Console.WriteLine(k);
```

Die `foreach`-Schleife liefert bei mehrdimensionalen Arrays alle Elemente in linearer Reihenfolge, wie die Bildschirmausgabe zeigt:

9.1.4   Arrays kopieren

Arrays in C# sind Verweistypen. Deshalb wäre eine Zuweisung eines Arrays an ein anderes Array nur die Zuweisung eines Verweises. Wenn hingegen eine echte Kopie stattfinden soll, dann müssen entweder die Werte des Arrays in einer Schleife Schritt für Schritt kopiert oder eine statische Methode aus der Klasse `System.Array` verwendet werden. Das folgende Beispiel zeigt beide Arten des Kopierens:

Beispiel:

Es gelten jeweils die folgenden Arrays:

```
int[] erstesArray = new int[3]{1,2,3};

int[] zweitesArray = new int[3];
```

Variante 1: Nur den Verweis kopieren

Zuweisung des Verweises

```
zweitesArray = erstesArray;
```

Änderung eines Elementes aus dem ersten Array

```
erstesArray[0] = 0;


Console.WriteLine(erstesArray[0] + "    " + zweitesArray[0]);
```

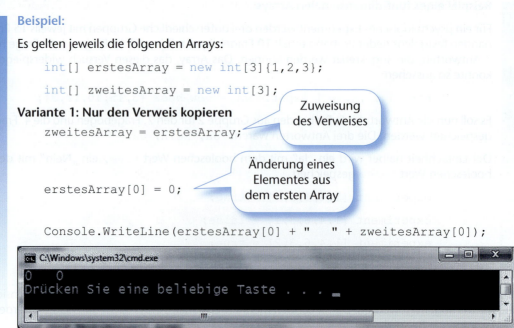

Es ist erkennbar, dass sowohl erstes als auch zweites Array von der Änderung betroffen sind, da es nur ein Array im Speicher gibt, auf das zwei Verweise zeigen.

Variante 2: Das Array schrittweise kopieren

```
for (int i = 0; i < erstesArray.Length; i++)
{
    zweitesArray[i] = erstesArray[i];
}
erstesArray[0] = 0;
Console.WriteLine(erstesArray[0] + "   " + zweitesArray[0]);
```

Element für Element kopieren

```
C:\Windows\system32\cmd.exe
0   1
Drücken Sie eine beliebige Taste . . .
```

Nun ist erkennbar, dass eine echte Kopie stattgefunden hat. Das zweite Array ist von der Änderung nicht betroffen.

Variante 3: Eine statische Methode der Klasse Array nutzen

Statische Methode der Klasse Array · Das zu kopierende Array angeben · Das Ziel-Array angeben

```
Array.Copy(erstesArray  , zweitesArray , erstesArray.Length);
```

Die Anzahl der zu kopierenden Elemente angeben

```
erstesArray[0] = 0;

Console.WriteLine(erstesArray[0] + "   " + zweitesArray[0]);
```

```
C:\Windows\system32\cmd.exe
0   1
Drücken Sie eine beliebige Taste . . .
```

Nun ist ebenfalls erkennbar, dass eine echte Kopie stattgefunden hat.

9.1.5   Arrays von Objekten

Die bereits bekannte Klasse `object` kann als Basisklasse aller Klassen in C# angesehen werden. Alle Klassen, die man selbst erstellt, sind automatisch von dieser Klasse abgeleitet. Aus diesem Grund kann man ein Array erstellen, welches vom Typ `object` ist. In einem solchen Array können alle Variablen von Werttypen (mithilfe des Boxings) und Instanzen von Klassen (Verweise) gespeichert werden. Damit ist ein solches Array eine Art Container für beliebige Werte und Verweise. In den selbst geschriebenen Klassen sollte deshalb auch die Methode `ToString()` überschrieben werden, damit über die `object`-Elemente immer die korrekte Methode angesprochen wird.

Beispiel:

```
using System;

namespace IT_BERUFE_CSHARP
{
    class CTest
    {
```

Eine Testklasse

```csharp
        private int x;

        public int X
        {
            set
            {
                x = value;
            }
        }

        public override string ToString()
        {
            return x.ToString();
        }
    }

    class Program
    {
        static void Main(string[] args)
        {
            object[] objektArray = new object[3];

            int x = 10;
            string s = "Hallo";
            CTest test = new CTest();
            test.X = 10;

            objektArray[0] = x;
            objektArray[1] = test;
            objektArray[2] = s;

            foreach (object o in objektArray)
                Console.WriteLine(o.ToString());

            x = 20;
            s = "Aha";
            test.X = 30;

            Console.WriteLine();

            foreach (object o in objektArray)
                Console.WriteLine(o.ToString());
        }
    }
}
```

Ein Array von Objekten

Zuweisung an das erste Array-Element durch Boxing

Zuweisung eines Verweises

Zuweisung einer Zeichenkette

Änderung der Zuweisungswerte

Nach dem Starten sieht die Ausgabe so aus:

Die Ausgabe der Array-Elemente funktioniert dank Polymorphismus einwandfrei. Die Zuweisung des Integer-Wertes erfolgte durch Boxing und deshalb hat eine Änderung der Integer-Variable auch keinen Einfluss auf das Array-Element. Bei dem Verweis verhält es sich erwartungsgemäß anders – das entsprechende Array-Element verweist nur auf das Objekt der Klasse `CTest`. Nur der String verhält sich nicht wie ein Verweis, obwohl die Klasse `string` ein Verweistyp ist. Das liegt daran, dass bei einer Zuweisung eines Strings immer ein neuer Platz im Speicher reserviert und die Zeichenkette dort gespeichert wird – die alte Zeichenkette wird dann vom garbage-collector gelöscht, es sein denn, es existiert noch ein anderer Verweis darauf.

9.2   Sortieren von Arrays

In der Praxis werden Arrays oft zur Speicherung von Messwerten benutzt. Bei der Auswertung der Messwerte ist es oftmals sinnvoll, die Messwerte in sortierter Reihenfolge zu haben. Die Ermittlung des Medians (eines speziellen Mittelwertes) kann beispielsweise nur in einem sortierten Array durchgeführt werden. Es gibt sehr viele Sortieralgorithmen, die unterschiedlich arbeiten und je nach Voraussetzung langsamer oder schneller sind. Beispielsweise sind die Art und die Vorsortierung der Messwerte wichtig, um den besten Algorithmus aussuchen zu können. Solange es nicht auf Geschwindigkeit ankommt (was allerdings eher selten ist), könnte man mit einem Algorithmus auskommen. In den folgenden Abschnitten werden ein elementarer Algorithmus sowie eine statische Methode der Klasse `Array` vorgestellt. Mit der Implementierung des Interfaces `IComparable` bzw. `IComparer` können dann beliebige Werte (Objekte) sortiert werden.

9.2.1   Das Sortieren durch Auswahl

Das Prinzip dieses Algorithmus kann durch die folgenden Anweisungen beschrieben werden:

1. Suche in dem Array nach dem kleinsten bzw. größten Element.

2. Vertausche das Element mit dem ersten Element des Arrays.

3. Verschiebe den Startindex des Arrays um 1.

4. Wiederhole die Schritte 1-3, bis der Startindex am Ende des Arrays ist.

Beispiel: Ein Array mit fünf Werten

Index	0	1	2	3	4
Wert	10	55	23	18	5

Nach jedem Schritt wird der Index erhöht, ab dem das Array betrachtet wird. Die Anfangselemente des Arrays, die dann nicht mehr betrachtet werden, sind in Grau dargestellt.

1. Schritt: Suchen des Minimums → Tauschen mit dem ersten Element

Index	0	1	2	3	4
Wert	5	55	23	18	10

2. Schritt: Suchen des Minimums ab Index 1 → Tauschen mit dem zweiten Element

Index	0	1	2	3	4
Wert	5	10	23	18	55

3. Schritt: Suchen des Minimums ab Index 2 → Tauschen mit dem zweiten Element

Index	0	1	2	3	4
Wert	5	10	18	23	55

4. Schritt: Suchen des Minimums ab Index 3 → kein Tausch nötig

Index	0	1	2	3	4
Wert	5	10	18	23	55

Damit ist das Array aufsteigend sortiert.

Für die Umsetzung des Algorithmus in C# werden zwei statische Methoden in einer Klasse CSortAuswahl geschrieben. Die Methode Minimum liefert dabei den Index des minimalen Wertes eines Arrays innerhalb von festgelegten Array-Grenzen. Die Methode Sortiere führt dann die eigentliche Sortierung durch.

```csharp
using System;

namespace IT_BERUFE_CSHARP
{
    class CSortAuswahl
    {
        private static int MinimumIndex(int[]sortArray,int anfang,int ende)
        {
            int min = sortArray[anfang];
            int minIndex=anfang;

            for (int i=anfang+1; i < ende;i++)
            {
                if (min >sortArray[i])
                {
                    min = sortArray[i];        // Minimum merken
                    minIndex=i;                // Index dazu merken
                }
            }
            return minIndex;
        }

        public static void Sortiere(int [] sortArray, int anzahl)
        {
            int i;
            int minIndex;
            int dummy;

            for (i=0;i<anzahl;i++)
            {
                minIndex = MinimumIndex(sortArray,i,anzahl);   // Schritt für Schritt den kleinsten Index ermitteln lassen

                if ( i!=minIndex)          // Nur tauschen, wenn verschieden.
                {
                    dummy = sortArray[i];
```

```
                    sortArray[i]=sortArray[minIndex];
                    sortArray[minIndex]=dummy;
                }
            }
        }
    }


class Program
{
    static void Main(string[] args)
    {
        int[] einArray = new int[5]{10,55,23,18,5};


        CSortAuswahl.Sortiere(einArray,einArray.Length);


        foreach (int i in einArray)
            Console.WriteLine(i);
    }
}
}
```

Nach dem Starten sieht die Bildschirmausgabe so aus:

Hinweis:

Die statische Methode `Sortiere` hat den Modifizierer `public`, damit sie aufgerufen werden kann. Die Methode `MinimumIndex` ist ebenfalls statisch, hat aber den Modifizierer `private`, weil sie nur von der Methode `Sortiere` aufgerufen wird und nicht von außen.

9.2.2 Statische Sortiermethode Sort

Die Klasse Array bietet eine statische Methode `Sort` an, die beliebige Arrays sortieren kann. Für Arrays von elementaren Datentypen ist das besonders einfach, da die Methode `Sort` bereits dafür eingerichtet ist, wie das folgende Beispiel zeigt.

Beispiel:

```
using System;

namespace IT_BERUFE_CSHARP

{

    class Program

    {

        static void Main(string[] args)

        {
```

```csharp
int[] intArray = new int[5]{ 10, 55, 23, 18, 5 };
double[] doubleArray = new double[4]{ 1.5, 5.5, 2.3, 1.8 };
string[] stringArray = new string[3]{ "Maier","Kaiser",
                                       "Hansen"};


Array.Sort(intArray);
Array.Sort(doubleArray);
Array.Sort(stringArray);


Console.WriteLine("Sortierte Integerwerte:");
foreach (int i in intArray)
    Console.WriteLine(i);


Console.WriteLine();
Console.WriteLine("Sortierte Doublewerte:");
foreach (double d in doubleArray)
    Console.WriteLine(d);


Console.WriteLine();
Console.WriteLine("Sortierte Zeichenketten:");
foreach (string s in stringArray)
    Console.WriteLine(s);


Console.WriteLine();
        }
    }
}
```

> Das Array einfach der Methode Sort übergeben

Nach dem Starten sieht die Bildschirmausgabe so aus: Die Arrays sind alle aufsteigend sortiert.

```
C:\Windows\system32\cmd.exe
Sortierte Integerwerte:
5
10
18
23
55

Sortierte Doublewerte:
1,5
1,8
2,3
5,5

Sortierte Zeichenketten:
Hansen
Kaiser
Maier

Drücken Sie eine beliebige Taste . . . _
```

9.2.3   Die Interfaces IComparable und IComparer

Die oben besprochene Methode Sort kann zwar beliebige Arrays von elementaren Datentypen sortieren, aber keine Arrays von beliebigen Objekten, da ihr eine Vergleichsmöglichkeit für diese Objekte fehlt – für die elementaren Datentypen ist diese Vergleichsmöglichkeit implizit vorhanden. Mithilfe einer bestimmten Methode kann eine solche Vergleichsmöglichkeit für Objekte allerdings realisiert werden. Dazu muss das Interface IComparable implementiert werden, in dem diese Methode deklariert ist. Das folgende Beispiel zeigt die Implementierung der Methode in einer Personen-Klasse.

Beispiel:

```csharp
using System;

namespace IT_BERUFE_CSHARP

{

    class CPerson: IComparable

    {

        private string name;

        public CPerson()

        {

            name = "LEER";

        }

        public CPerson(string nameParam)

        {

            name = nameParam;

        }

        public int CompareTo(object einObjekt)

        {

            CPerson vergleichsPerson = (CPerson)einObjekt;

            return (name.CompareTo(vergleichsPerson.name));

        }

        public override string ToString()

        {

            return "Name der Person: " + name;

        }

    }

    class Program

    {

        static void Main(string[] args)

        {

            CPerson[] personenArray = new CPerson[3] {
                    new CPerson("Maier"), new CPerson("Kaiser"),
                    new CPerson("Hansen") };
```

Das Interface IComparable

Die Methode Compare-To implementieren

Das Übergabeobjekt in eine Person umwandeln

Die Methode CompareTo des String-Objektes benutzen und den Vergleichswert zurückgeben

```
        Array.Sort(personenArray);
```

> Das Array von Personen kann nun mithilfe der implementierten Methode `CompareTo` sortiert werden.

```
        Console.WriteLine("Sortierte Personen:");
        foreach (CPerson p in personenArray)
            Console.WriteLine(p);
        Console.WriteLine();
    }
  }
}
```

Nach dem Starten zeigt die Bildschirmausgabe ein sortiertes Personen-Array.

```
C:\Windows\system32\cmd.exe
Sortierte Personen:
Name der Person: Hansen
Name der Person: Kaiser
Name der Person: Maier

Drücken Sie eine beliebige Taste . . .
```

Hinweis:

Die Methode `CompareTo` muss einen Integer-Wert zurückgeben. Dieser Wert zeigt das Ergebnis des Vergleiches der Objekte:

- Aktuelles Objekt „==" Übergabeobjekt → Rückgabewert: 0
- Aktuelles Objekt „<" Übergabeobjekt → Rückgabewert: -1
- Aktuelles Objekt „>" Übergabeobjekt → Rückgabewert: 1

In dem obigen Beispiel wurde einfach die vorhandene `CompareTo`-Methode der String-Klasse benutzt, die genau diese Rückgabewerte hat.

Das Interface IComparer

Noch flexibler als die Implementierung des `IComparable`-Interfaces ist die Definition einer eigenen Sortierklasse, die das Interface `IComparer` implementiert. In dieser Sortierklasse muss dann eine Methode `Compare` definiert werden, die den Vergleich zweier beliebiger Objekte (auch elementarer Datentypen) erlaubt. Damit können auch neue Sortiervorgaben für die Arrays von elementaren Datentypen geschaffen werden. Das folgende Programm zeigt zwei Sortierklassen, die ein Integer-Array und ein Personen-Array absteigend sortieren.

```
using System;

namespace IT_BERUFE_CSHARP
{
    class CPerson
    {
        private string name;
        public CPerson()
        {
            name = "LEER";
        }
        public CPerson(string nameParam)
        {
```

```
            name = nameParam;
        }

    public string NAME
    {

        get
        {

            return name;
        }

    }


    public override string ToString()
    {

        return "Name der Person: " + name;

    }

}


class CIntegerSort : System.Collections.IComparer
{

    public int Compare(object eins, object zwei)
    {

        int wert1 = (int)eins;

        int wert2 = (int)zwei;
```

> Die Methode Compare wandelt die übergebenen Objekte explizit in Integer-Werte um und führt dann den Vergleich durch.

```
        if (wert1 < wert2) return 1;

        if (wert1 > wert2) return -1;

        return 0;

    }

}


class CPersonenSort : System.Collections.IComparer
{

    public int Compare(object eins, object zwei)
    {

        CPerson person1 = (CPerson)eins;

        CPerson person2 = (CPerson)zwei;
```

> Die Methode Compare wandelt die übergebenen Objekte explizit in „Personen" um und führt dann den Vergleich durch.

```
        return ((person1.NAME.CompareTo(person2.NAME)) * -1);

    }

}


class Program
{

    static void Main(string[] args)
    {
```

> TRICK: für die absteigende Sortierung einfach den Rückgabewert von CompareTo mit –1 multiplizieren.

```
int[] intArray = new int[4] { 20, 10, 3, 12 };
CPerson[] personenArray = new CPerson[3] {
            new CPerson("Maier"),
            new CPerson("Kaiser"),
            new CPerson("Hansen") };
```

> Die Methode Sort erhält nun neben dem Array auch eine Instanz der Sortierklasse mit der angepassten Vergleichsmethode.

```
Array.Sort(personenArray, new CPersonenSort());
Array.Sort(intArray, new CIntegerSort());


Console.WriteLine("Sortierte Personen:");
foreach (CPerson p in personenArray)
    Console.WriteLine(p);
Console.WriteLine();
Console.WriteLine("Sortierte Integerwerte:");
foreach (int i in intArray)
    Console.WriteLine(i);
Console.WriteLine();
        }
    }
}
```

Nach dem Starten zeigt die Bildschirmausgabe die Sortierung der Arrays in absteigender Reihenfolge.

```
C:\Windows\system32\cmd.exe
Sortierte Personen:
Name der Person: Maier
Name der Person: Kaiser
Name der Person: Hansen

Sortierte Integerwerte:
20
12
10
3

Drücken Sie eine beliebige Taste . . . _
```

9.3 Besondere Array-Klassen

9.3.1   Die Klasse ArrayList

Die bisherigen Arrays konnten zwar während der Laufzeit erstellt werden, also mit dynamischer Speicherreservierung, aber eine Redimensionierung während der Laufzeit war nicht möglich – also eine Erhöhung des Speicherplatzes, um mehr Elemente zu speichern. Solche flexiblen Arrays, die während der Laufzeit beliebig viele Elemente aufnehmen und auch wieder abgeben können, sind in den Klassen des Namensraumes System.Collections zu finden. Eine dieser Klassen ist die ArrayList. Diese Klasse ist eine einfache dynamische Listenklasse. Sie verfügt über Methoden zum Hinzufügen (Add und Insert) sowie zum Entfernen (Remove) von beliebigen Elementen. Die Klasse ArrayList basiert auf der Basisklasse object. Damit können beliebige Werte und Objekte (bzw. Verweise) gespeichert werden.

Beispiel:

```csharp
using System;

namespace IT_BERUFE_CSHARP
{
    class CPerson { ... }

    class Program
    {


        static void Main(string[] args)
        {

            System.Collections.ArrayList eineListe =
                        new System.Collections.ArrayList();


            eineListe.Add(10);

            eineListe.Add(20.5);

            eineListe.Add("Hallo");


            Console.WriteLine("Die Liste ausgeben:");

            foreach (object elemente in eineListe)

                Console.WriteLine(elemente);

            Console.WriteLine();

            Console.WriteLine(" Ein neues Element \"Person Maier\"
                        wurde an Indexposition 2 eingefuegt.");

            eineListe.Insert(2, new CPerson("Maier"));


            foreach (object elemente in eineListe)

                Console.WriteLine(elemente);


            Console.WriteLine();

            Console.WriteLine("Ein Element \"20.5\" wurde entfernt.");

            eineListe.Remove(20.5);


            foreach (object elemente in eineListe)

                Console.WriteLine(elemente);


            Console.WriteLine();
        }
    }
}
```

> Die Personen-Klasse aus den vorherigen Beispielen mit der ToString-Methode

> Die Methode Add fügt ein Element am Ende der Liste ein.

> Die Methode Insert fügt ein Element an der Indexposition ein.

> Die Methode Remove entfernt das angegebene Element.

Nach dem Starten sieht die Bildschirmausgabe so aus:

```
C:\Windows\system32\cmd.exe
Die Liste ausgeben:
10
20,5
Hallo

Ein neues Element "Person Maier" wurde an Indexposition 2 eingefuegt.
10
20,5
Name der Person: Maier
Hallo

Ein Element "20.5" wurde entfernt.
10
Name der Person: Maier
Hallo

Drücken Sie eine beliebige Taste . . .
```

9.3.2   Die Klasse Hashtable

Die Klasse Hashtable realisiert ein so genanntes assoziatives Array, welches in vielen modernen Programmiersprachen inzwischen Standard ist. Dabei wird ein Schlüssel (Key) benutzt, um Array-Werte zu speichern und zu lesen. **ACHTUNG: Dieser Schlüssel muss eindeutig sein.**

Beispiel eines assoziativen Arrays:

In einem Array sollen Hauptstädte gespeichert werden. Dabei soll das entsprechende Land der Schlüssel sein.

Schlüssel	Wert
Deutschland	Berlin
Frankreich	Paris
Schweden	Stockholm

Mit der Klasse Hashtable kann diese Assoziation umgesetzt werden:

```csharp
static void Main(string[] args)

{

    System.Collections.Hashtable assoziativeListe =
                new System.Collections.Hashtable();


    assoziativeListe["Schweden"] = "Stockholm";
    assoziativeListe["Frankreich"] = "Paris";      } Einfach Schlüssel
    assoziativeListe["Deutschland"] = "Berlin";       und Werte zuweisen
```

> Die Klasse DictionaryEntry verkörpert das Paar Schlüssel (Key) und Wert (Value).

```csharp
    foreach (System.Collections.DictionaryEntry d in assoziativeListe)
        Console.WriteLine("Land:" + d.Key + "\tHauptstadt:" + d.Value);


    Console.WriteLine();       (Aktueller Schlüssel)          (Aktueller Wert)

}
```

Nach dem Starten sieht die Bildschirmausgabe so aus:

```
C:\Windows\system32\cmd.exe

Ausgabe der ersten Liste:
Land:    Deutschland      Hauptstadt:     Berlin
Land:    Frankreich       Hauptstadt:     Paris
Land:    Schweden         Hauptstadt:     Stockholm


Drücken Sie eine beliebige Taste . . .
```

Hinweise:

- Die Elemente der `Hashtable` werden automatisch nach dem Schlüssel sortiert, wie an der obigen Bildschirmausgabe zu sehen ist.

- Die `Hashtable` speichert sowohl Schlüssel als auch Werte durch `object`-Verweise. Damit sind als Schlüssel oder Werte alle elementaren Datentypen und auch beliebige Objekte denkbar.

10 Dateioperationen in C#

In den Anfängen der Computergeschichte erfolgte die Datensicherung auf Lochkarten. Später wurden dann Magnetbänder eingesetzt, um die Daten zu sichern. Auch bei den ersten Homecomputern in den 80er-Jahren war das Standard-Datensicherungsgerät eine Art Kassettenrekorder, auf den die Computerdaten in akustischer Form übertragen wurden. Diese Art der Datensicherung war nicht nur unkomfortabel, sondern auch relativ fehleranfällig. Die problemlose Datensicherung heutzutage auf CD, DVD oder externe Festplatten und Memory-Sticks hat nicht mehr viel gemeinsam mit diesen überholten Techniken. Trotzdem ist das Grundprinzip der Datensicherung gleich geblieben. Mit einer Programmiersprache wie C# können Daten so wie früher auf einem Magnetband sequenziell in eine Datei geschrieben werden. Das kann man sich so vorstellen, dass mithilfe der so genannten Stream-Objekte in C# die Daten hintereinander in die Datei geschrieben und auch so ausgelesen werden können.

> **Hinweis:**
>
> Eine Datei (engl. *file*) ist eine Sammlung von Daten bzw. Datensätzen. Jeder Datensatz kann aus mehreren Komponenten zusammengesetzt sein. Das Sichern von Daten auf externen Speichern (Festplatte usw.) erfolgt in Form von solchen Dateien. Die Verwaltung der Dateien übernimmt dabei das Betriebssystem.

Grundsätzlich können zwei Organisationen von Dateien unterschieden werden: die **sequenzielle** und die **direkte Organisation.** Bei der sequenziellen Organisation ist die Vorstellung eines Magnetbandes treffend. Die Daten werden hintereinander in die Datei geschrieben und können auch nur in dieser Reihenfolge gelesen werden. Diese Form des Dateizugriffs ist sehr einfach zu programmieren. Der entscheidende Nachteil ist die Schnelligkeit. Bei einer großen Datei müssen beispielsweise erst enorm viele Datensätze eingelesen werden, um den gesuchten Datensatz zu erhalten.

Die folgende Grafik zeigt den sequenziellen Zugriff auf eine Datei. Dabei bewegt sich ein so genanntes Dateifenster (Dateizeiger) nach jedem Lesezugriff auf den nächsten Datensatz.

Bei der direkten Organisation wird hingegen das Dateifenster genau positioniert und es können Datensätze an einer bestimmten Stelle aus der Datei gelesen werden. Sowohl der sequenzielle als auch der direkte Zugriff sind mit den Stream-Klassen in C# möglich.

Im Namensraum `System.IO` stellt das .NET-Framwork eine Vielzahl von Klassen zu Verfügung, mit denen die Dateioperationen umgesetzt werden können. Dabei gehen die Funktionalitäten aber weit über das Lesen und Schreiben von Dateien hinaus. Es gibt Klassen, die das Kopieren oder Verschieben von Dateien ermöglichen, aber auch Klassen, die Verzeichnisse auslesen oder erstellen. Auch die Behandlung von komprimierten Dateien und der Datenaustausch über das Netzwerk sind möglich – diese komplexeren Themen können aber nicht Gegenstand dieses Buches sein.

10.1 Lesen und Schreiben von Dateien

10.1.1   Sequenzielles Lesen und Schreiben

Wie in den einführenden Bemerkungen erwähnt, kann das sequenzielle Lesen und Schreiben mit der Speicherung auf einem Magnetband verglichen werden. Mithilfe der Methoden `WriteByte` und `Write` aus der Klasse `FileStream` können entweder einzelne Bytes oder ganze Arrays in eine Datei geschrieben werden. Nach jedem Schreiben rückt der Dateizeiger um genau so viele Stellen weiter, wie geschrieben wurden. Ebenso rückt der Dateizeiger beim Lesen aus der Datei um die entsprechenden Stellen weiter. Das folgende Beispiel zeigt, wie in eine Datei geschrieben bzw. aus einer Datei gelesen werden kann. Dazu muss ein Objekt der Klasse `FileStream` angelegt und im Konstruktor der Dateiname (incl. Dateipfad) und die Art des Öffnens angegeben werden. Eine Datei kann zum Lesen, Schreiben oder auch zum Anhängen geöffnet werden.

In eine Datei schreiben:

```csharp
using System;

namespace IT_BERUFE_CSHARP
{

    class Program
    {

        static void Main(string[] args)
        {

            byte[] zeichen = new byte[26];
            for (int i = 0; i < 26; i++)
                zeichen[i] = (byte)(i+65);
```

> Hier wird ein `byte`-Array mit 26 Werten gefüllt. Die Werte entsprechen den ASCII-Werten der Großbuchstaben von A bis Z.

```csharp
            System.IO.FileStream schreiben = new
                System.IO.FileStream( "Schreiben.txt",
                                System.IO.FileMode.Create);
```

> Der Konstruktor erhält den Dateinamen und den Modus. Der Modus wird durch den Aufzählungstyp `System.IO.FileMode` angegeben. Es stehen folgende Modi zur Verfügung:
>
> - `Open`   öffnet eine Datei zum Lesen (die Datei muss vorhanden sein)
> - `Create`   erstellt eine Datei und öffnet sie zum Schreiben
> - `Append`   öffnet eine Datei, um anzuhängen (Wenn die Datei nicht vorhanden ist, dann wird sie erstellt.)
> - `OpenOrCreate`   öffnet eine Datei, um zu lesen (Wenn die Datei nicht vorhanden ist, dann wird sie erstellt.)

```csharp
            for (int i = 65; i < 91; i++)
                schreiben.WriteByte(Convert.ToByte(i));
```

> Die Methode `WriteByte` schreibt ein Byte und setzt den Dateizeiger automatisch weiter.

```csharp
            schreiben.Write(zeichen,0,26);
```

> Die Methode `Write` schreibt ein Array in die Datei. Zusätzlich werden Startindex (hier 0) und Anzahl (hier 26) angegeben.

```csharp
            schreiben.Close();
        }
    }
}
```

> **WICHTIG:** Die Datei schließen, um nicht unnötig Ressourcen zu beanspruchen

Nach dem Starten sieht die Datei so aus:

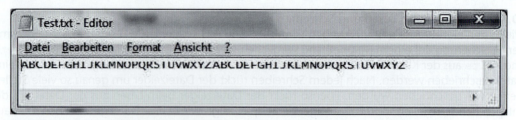

Es ist erkennbar, dass die Großbuchstaben von A bis Z zweimal geschrieben wurden. Die ersten 26 Buchstaben wurden mit der Methode WriteByte in einer Schleife geschrieben und die zweiten Buchstaben mit dem vorher gefüllten Array.

Daten anhängen:

```
schreiben = new System.IO.FileStream("Test.txt",
                              System.IO.FileMode.Append);
```

> Die Datei zum Anhängen öffnen

```
for (int i = 48; i < 58; i++)
        schreiben.WriteByte(Convert.ToByte(i));

schreiben.Close();
```

> Mit WriteByte die Ziffern von 0 bis 9 (ASCII-Werte 48 bis 57) anhängen

Danach sieht die Datei so aus:

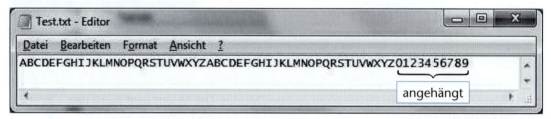

Aus der Datei lesen:

```
int ein;

System.IO.FileStream lesen =
        new System.IO.FileStream("Test.txt",
                        System.IO.FileMode.Open);
```

> Die Datei zum Lesen öffnen

```
do
{
    ein = lesen.ReadByte();

    if (ein != -1) Console.Write((char)ein);
}
while (ein != -1);

Console.WriteLine();

lesen.Close();
```

> So lange ein Byte einlesen, bis Read-Byte den Wert –1 zurückgibt. Dann ist der Dateizeiger am Ende der Datei angelangt.

> Die Datei erneut öffnen, damit der Dateizeiger wieder am Anfang steht.

```
lesen = new System.IO.FileStream("Test.txt", System.IO.FileMode.Open);
```

```
byte[] zeichen_2 = new byte[26];
```

> Mit der Methode Read in ein Array einlesen. Dazu werden das Array, der Startindex und die Anzahl der zu lesenden Bytes übergeben.

```
lesen.Read(zeichen_2, 0, 26);
```

```
for (int i = 0; i < zeichen_2.Length; i++)
            Console.Write((char)zeichen_2[i]);
```

```
lesen.Close();
```

```
Console.WriteLine();
```

Nach dem Starten wird die Datei „Test.txt" zuerst komplett mit der Methode ReadByte eingelesen. Anschließend werden die ersten 26 Buchstaben in das Array zeichen_2 mit der Methode Read eingelesen und auf den Bildschirm geschrieben:

```
C:\Windows\system32\cmd.exe
ABCDEFGHIJKLMNOPQRSTUVWXYZABCDEFGHIJKLMNOPQRSTUVWXYZ0123456789
ABCDEFGHIJKLMNOPQRSTUVWXYZ
Drücken Sie eine beliebige Taste . . .
```

10.1.2 Den Dateizeiger positionieren

Mit der Methode Seek kann der Dateizeiger beliebig positioniert werden. Damit kann an einer beliebigen Stelle aus der Datei gelesen werden, wie der folgende Programmausschnitt zeigt:

```
int ein;
```

```
System.IO.FileStream lesen =
                new System.IO.FileStream("Test.txt",
                                    System.IO.FileMode.Open);
```

> Die in den obigen Beispielen geschriebene Datei wird zum Lesen geöffnet.

```
lesen.Seek(10, System.IO.SeekOrigin.Begin);
```

> Die Methode Seek positioniert den Dateizeiger. Dabei wird neben der Position auch die Startart angegeben. Die Startart wird durch den Aufzählungstyp System.IO.SeekOrigin festgelegt. Es stehen folgende Arten zur Verfügung:
> * Begin   Die Position wird relativ vom Anfang der Datei gesetzt.
> * Current Die Position wird relativ von der aktuellen Position gesetzt.
> * End   Die Position wird relativ vom Ende der Datei gesetzt.

```
do
{
```

> Der Dateizeiger wurde oben auf die Position 10 gesetzt. Damit werden alle Buchstaben ab dem großen „K" eingelesen.

```
    ein = lesen.ReadByte();

    if (ein != -1) Console.Write((char)ein);
}
while (ein != -1);
```

```
Console.WriteLine();
```

> Den Dateizeiger wieder auf Anfang setzen

```
lesen.Seek(0, System.IO.SeekOrigin.Begin);
```

```
do
{
    lesen.Seek(1, System.IO.SeekOrigin.Current);
    ein = lesen.ReadByte();


    if (ein != -1) Console.Write((char)ein);
}
while (ein != -1);
Console.WriteLine();
```

> Den Dateizeiger immer eine Position weiter zur aktuellen Position setzen. Damit werden nur alle zweiten Buchstaben ausgegeben.

> Den Dateizeiger auf das Ende der Datei setzen

```
lesen.Seek(0, System.IO.SeekOrigin.End);
```

> Die Eigenschaft Position liefert die aktuelle Position.

```
for (long zaehler = lesen.Position - 1; zaehler >= 0 ; zaehler--)
{
    lesen.Seek(zaehler, System.IO.SeekOrigin.Begin);
    ein = lesen.ReadByte();
    Console.Write((char)ein);
}
```

> Der Dateizeiger läuft rückwärts, weil der Schleifenzähler von der Dateiende-Position bis 0 zählt.

```
lesen.Close();
Console.WriteLine();
```

Nach dem Starten sieht die Bildschirmausgabe so aus:

Zuerst wurden alle Buchstaben ab der 10. Position ausgegeben, dann nur jeder zweite Buchstabe und anschließend die Datei rückwärts ausgegeben.

10.2 Textdateien lesen und schreiben

Für reine Textdateien bietet es sich an, die Klassen StreamReader und StreamWriter zu nutzen. Damit ist das Schreiben und Lesen einer Datei so einfach wie die Ausgabe auf dem Bildschirm oder das Einlesen über die Tastatur. In Kombination mit der bekannten Klasse FileStream können diese beiden Klassen eingesetzt werden.

10.2.1 Textdateien mit dem StreamWriter schreiben

Das folgende Beispiel zeigt die Verwendung von FileStream und StreamWriter, um in eine Textdatei zu schreiben. Das Einbinden des Namensraumes System.IO erleichtert hierbei die Verwendung der Streamklassen.

```
using System;
using System.IO;
namespace IT_BERUFE_CSHARP
```

> Zur Vereinfachung den Namensraum System.IO einbinden

```
{
    class Program
    {
        static void Main(string[] args)
        {
            FileStream  strom;
            StreamWriter schreiben;

            strom = new FileStream("Test.txt",
                        FileMode.Create ,
                        FileAccess.Write );

            schreiben = new StreamWriter(strom);

            schreiben.WriteLine("Das ist ein Test");
            schreiben.WriteLine("und noch eine Zeile");
            schreiben.Close();
        }
    }
}
```

Ein Objekt der Klasse FileStream instanzieren

Dateinamen angeben

FileMode.Create erstellt die Datei.

FileAccess::Write für schreibenden Zugriff

Ein StreamWriter-Objekt mit Übergabe des FileStream-Objektes instanzieren

Mit der Methode WriteLine ganz einfach eine Textzeile in die Datei schreiben (incl. Zeilenumbruch)

Nach dem Starten erstellt das Programm diese Textdatei:

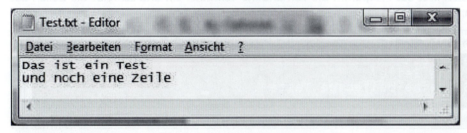

10.2.2 Textdateien mit dem StreamReader lesen

Das folgende Beispiel zeigt die Verwendung von FileStream und StreamReader, um aus einer Textdatei zu lesen. Der Einfachheit halber wird die Datei „Test.txt" eingelesen, die in dem Beispiel vorher geschrieben wurde.

```
using System;
using System.IO;
namespace IT_BERUFE_CSHARP
{
    class Program
    {
        static void Main(string[] args)
        {
            FileStream strom;
            StreamReader lesen;
            string zeile;
```

> Ein Objekt der Klasse `FileStream` instanzieren

> Dateinamen angeben

```
strom = new FileStream("Test.txt",
                FileMode.Open,
                FileAccess.Read);
```

> `FileMode.Open` öffnet die Datei.

> Ein `StreamReader`-Objekt instanzieren.

> `FileAccess.Read` für lesenden Zugriff

```
lesen = new StreamReader(strom);
```

> Die Methode `Peek()` liefert das nächste Zeichen aus der Datei, ohne es zu verarbeiten. Wenn eine –1 zurückgegeben wird, dann ist das Ende der Datei erreicht!

```
    while(lesen.Peek() != -1)
    {
        zeile = lesen.ReadLine();
        Console.WriteLine(zeile);
    }

    lesen.Close();
    }
  }
}
```

> Textzeile mit `Read-Line` einlesen und dem String zuweisen

Nach dem Starten liest das Programm die vorhandene Textdatei ein und schreibt die Zeilen auf den Bildschirm:

10.3 Methoden der Klassen File und Directory

Neben dem Lesen und Schreiben von Dateien mit den Streamklassen bieten die Klassen `File` und `Directory` eine Vielzahl von statischen Methoden, um mit Dateien und Verzeichnissen zu arbeiten.

10.3.1 Methoden der Klasse File

Die Klasse `File` bietet viele benutzerfreundliche Methoden für die Dateiverarbeitung: Dateien können kopiert, gelöscht oder verschoben werden. Mit den `ReadAll`- oder `WriteAll`-Methoden ist es sogar möglich, eine Datei mit einem Befehl komplett einzulesen bzw. komplett zu schreiben – das ist ein komfortabler Service. Die folgende Übersicht zeigt die wichtigsten Methoden:

Methode	Beschreibung
`Copy(string quelle, string ziel)`	Die Datei `quelle` wird in `ziel` kopiert.
`Exists(string datei)`	Prüft, ob die Datei existiert, und gibt `true` oder `false` zurück.
`Delete(string datei)`	Löscht die angegebene Datei.
`ReadAllLines(string textDatei)`	Liest aus der `textDatei` alle Zeilen und gibt sie als `string`-Array zurück.
`WriteAllLines(string textDatei, string [] zeilen)`	Schreibt ein `string`-Array in die angegebene `textDatei`.

Das folgende Beispiel zeigt die Verwendung einige dieser Methoden. Es wird zuerst eine Datei mit einigen Zeilen Text erstellt. Anschließend wird diese Datei kopiert. Nach der Prüfung, ob das Kopieren erfolgreich war, wird die Datei eingelesen und auf dem Bildschirm angezeigt:

```csharp
using System;
using System.IO;
namespace IT_BERUFE_CSHARP
{
    class Program
    {
        static void Main(string[] args)
        {
            string[] zeilen = new string[5];
            string[] kopien;
```

> Ein string-Array mit fünf Textzeilen erstellen

```csharp
            for (int i = 0; i < 5; i++)
                zeilen[i] = "Das ist die Zeile " + i;
```

> Mit der Methode WriteAllLines alle Textzeilen in die angegebene Datei schreiben

```csharp
            File.WriteAllLines("Zeilen.txt", zeilen);
```

> Eine Kopie erstellen

```csharp
            File.Copy("Zeilen.txt", "Kopie.txt");
```

> Existenz prüfen

```csharp
            if (File.Exists("Kopie.txt"))
            {
                kopien = File.ReadAllLines("Kopie.txt");
```

> Datei einlesen und in string-Array speichern

```csharp
                foreach (string s in kopien)
                    Console.WriteLine(s);
            }
            else
                Console.WriteLine("Fehler bei Kopie");
        }
    }
}
```

Nach dem Starten wurde die Kopie der erstellten Textdatei einwandfrei eingelesen und auf dem Bildschirm angezeigt:

```
C:\Windows\system32\cmd.exe
Das ist die Zeile 0
Das ist die Zeile 1
Das ist die Zeile 2
Das ist die Zeile 3
Das ist die Zeile 4
Drücken Sie eine beliebige Taste . . .
```

10.3.2 Methoden der Klasse Directory

Die Klasse `Directory` bietet ähnlich komfortable Methoden wie die Klasse `File`, jedoch nur auf Verzeichnisebene. Verzeichnisse können erstellt, gelöscht oder auch verschoben werden. Zusätzlich können alle Unterverzeichnisse oder Dateien eines Verzeichnisses eingelesen werden. Die folgende Übersicht zeigt wieder die wichtigsten Methoden:

Methode	Beschreibung
CreateDirectory(string pfad)	Erstellt ein neues Verzeichnis mit Namen pfad.
Exists(string pfad)	Prüft, ob das Verzeichnis existiert, und gibt true oder false zurück.
Delete(string pfad)	Löscht das angegebene Verzeichnis.
GetCurrentDirectory()	Gibt das aktuelle Verzeichnis zurück.
GetDirectories(string pfad)	Liest alle Unterverzeichnisse ein und gibt sie als string-Array zurück.

Das folgende Beispiel zeigt die Verwendung einiger dieser Methoden. In dem aktuellen Verzeichnis des Programms wird ein neues Verzeichnis erstellt. Anschließend werden alle Verzeichnisse ausgelesen und auf dem Bildschirm angezeigt:

```csharp
using System;

using System.IO;

namespace IT_BERUFE_CSHARP

{

    class Program

    {

        static void Main(string[] args)

        {

            string [] verzeichnisse;
            string aktuell;

            aktuell = Directory.GetCurrentDirectory();          // Aktuelles Verzeichnis holen

            Directory.CreateDirectory(aktuell + "\\Neues Verzeichnis");     // Neues Verzeichnis hinzufügen

            verzeichnisse = Directory.GetDirectories(aktuell);     // Alle Unterverzeichnisse holen

            foreach (string v in verzeichnisse)
                Console.WriteLine(v);

        }

    }

}
```

In dem Beispiel wurde das Programm in einem Verzeichnis „C:\CSharp\CSharp für IT-Berufe" gestartet. Nach dem Starten werden die Verzeichnisse korrekt angezeigt:

```
C:\CSharp\CSharp für IT-Berufe\CSharp für IT-Berufe\CSharp für IT-Berufe.exe
C:\CSharp\CSharp für IT-Berufe\CSharp für IT-Berufe\bin
C:\CSharp\CSharp für IT-Berufe\CSharp für IT-Berufe\Neues Verzeichnis
C:\CSharp\CSharp für IT-Berufe\CSharp für IT-Berufe\obj
C:\CSharp\CSharp für IT-Berufe\CSharp für IT-Berufe\Properties
```

Hinweis:

Alle Datei- und Verzeichnisoperationen können fehlschlagen, weil beispielsweise die angegebene Datei nicht vorhanden ist oder ein Verzeichnis wegen mangelnder Rechte nicht angelegt werden darf. Deshalb sollten Dateioperationen immer mithilfe des Exception-Handlings abgesichert werden, denn dadurch können Fehler kontrolliert abgefangen werden. Das Exception-Handling wird im nächsten Kapitel ausführlich behandelt.

11 Fortgeschrittene Themen in C#

11.1 Ausnahmen – Exceptions

Das Abfangen von Fehlern ist eine wichtige Aufgabe in der Programmierung. Oftmals können Fehler durch Rückgabewerte von Methoden oder beispielsweise durch spezielle überladene Operatoren identifiziert werden. Der Nachteil dieser Vorgehensweise ist, dass es dem Programmierer selbst überlassen bleibt, ob er die Rückgabewerte bzw. Fehler auswertet und darauf reagiert oder nicht.

Mögliche Fehlerquellen sind:

▶ Über den reservierten Bereich eines Arrays schreiten
▶ Division durch null
▶ Eingabe von nicht erwarteten Zeichen über die Tastatur
▶ Fehler bei Dateioperationen
▶ Fehler bei Datenbankzugriffen

Die Ausnahmebehandlung in C# hilft dabei, diese Probleme zu bewältigen. Dabei wird die Fehlerbehandlung vom eigentlichen Programmcode separiert. Die folgende Abbildung zeigt den schematischen Ablauf einer Ausnahmebehandlung:

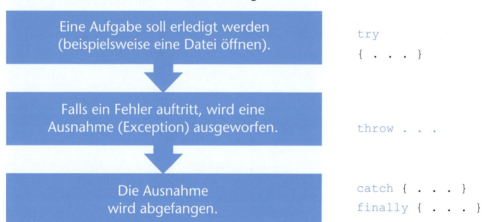

11.1.1 Versuchen und Auffangen (try and catch)

Die Ausnahmebehandlung startet mit dem so genannten try-Block. Innerhalb dieses Blockes steht der Programmcode, der möglicherweise einen Fehler verursachen kann. Deshalb das Schlüsselwort try- für einen Versuch. In dem folgenden Beispiel soll eine Zahl über die Tastatur eingelesen werden. Wenn der Benutzer allerdings Buchstaben statt Zahlen eingibt, dann wird eine Ausnahme „geworfen".

Beispiel:

```
using System;

namespace IT_BERUFE_CSHARP

{

    class Program

    {

        static void Main(string[] args)

        {

            int zahl;
```

```
            zahl = Convert.ToInt32(Console.ReadLine());


        Console.WriteLine("Hier geht es weiter im Programm");
        }
    }
}
```

Nach der Eingabe eines Buchstabens bricht das Programm mit einer Fehlermeldung ab:

```
Unbehandelte Ausnahme: System.FormatException: Die Eingabezeichen-
folge hat das falsche Format.
bei System.Number.StringToNumber(String str, NumberStyles options,
NumberBuffer& number, NumberFormatInfo info, Boolean parseDecimal)
bei System.Number.ParseInt32(String s, NumberStyles style,
NumberFormatInfo info)
bei System.Convert.ToInt32(String value)
```

Dieser Zustand ist für den Benutzer des Programms sehr unerfreulich. Entweder achtet der Programmierer darauf, dass Fehleingaben nicht möglich sind (beispielsweise nur in `string`-Variablen einlesen), oder er nutzt die Ausnahmebehandlung in C#, wie das nächste Beispiel zeigt:

Beispiel:
```
static void Main(string[] args)
{
    int zahl = 0;

    try
    {
        zahl = Convert.ToInt32(Console.ReadLine());
    }
    catch
    {
        Console.WriteLine("Keine gültige Zahl!");
        Console.WriteLine("Variable erhält den Wert 0!");
        Console.WriteLine();
        zahl = 0;
    }
    Console.WriteLine("Hier geht es weiter im Programm...");
    Console.WriteLine();
}
```

> Innerhalb des `try`-Blocks werden die kritischen Anweisungen durchgeführt.

> Tritt ein Fehler (Ausnahme) auf, so wird er kontrolliert in dem `catch`-Block bearbeitet.

Nach dem Starten und der Eingabe eines Buchstabens anstelle einer Zahl wird die Ausnahme im catch-Block abgefangen und das Programm stürzt nicht ab:

```
C:\Windows\system32\cmd.exe
A
Keine gültige Zahl!
Variable erhält den Wert 0!

Hier geht es weiter im Programm...

Drücken Sie eine beliebige Taste . . . _
```

11.1.2 System-Exceptions

Das Abfangen des Fehlers in dem ersten Beispiel ist noch sehr unspezifisch. Deshalb kann der catch-Block weiter spezifiziert werden, und zwar durch die Angabe eines Exception-Parameters. Die Basisklasse aller Exceptions ist die Klasse System.Exception. Wenn der catch-Block einen solchen Parameter hat, dann werden ebenfalls alle Ausnahmen abgefangen, aber der Parameter kann zusätzliche Informationen liefern:

Beispiel:

```csharp
static void Main(string[] args)
{
    int zahl = 0;


    try
    {
        zahl = Convert.ToInt32(Console.ReadLine());
    }
```

> Der catch-Block erhält einen Parameter vom Typ System.Exception.

```csharp
    catch(System.Exception eineAusnahme)
    {
        Console.WriteLine("Fehlerbeschreibung:");
        Console.WriteLine(eineAusnahme.Message);

        Console.WriteLine();
        zahl = 0;
    }
```

> Die Eigenschaft Message der Klasse System.Exception liefert den Grund des Fehlers.

```csharp
    Console.WriteLine("Hier geht es weiter im Programm...");
    Console.WriteLine();

}
```

Nach dem Starten und der Eingabe eines Buchstabens anstelle einer Zahl wird die Ausnahme im catch-Block abgefangen die entsprechende Fehlermeldung ausgegeben:

Weitere System-Exceptions

Der bislang verwendeten catch-Blöcke sind die elementaren Blöcke, die immer aufgerufen werden, wenn ein Fehler auftritt. Möchte man hingegen die Fehlerbehandlung differenzierter gestalten, so können weitere catch-Blöcke vorgeschaltet werden, die spezielle Exception-Klassen als Parameter haben. Einige dieser Klassen sind in der folgenden Tabelle dargestellt:

Exception-Klassen im Namensraum System:

Exception-Klasse	Beschreibung
ArgumentException	Die Ausnahme wird ausgelöst, wenn eines der Argumente für eine Methode ungültig ist.
ArgumentNullException	Die Ausnahme wird ausgelöst, wenn ein leerer Verweis (NULL) an eine Methode übergeben wird.
ArgumentOutOfRangeException	Die Ausnahme wird ausgelöst, wenn der Wert eines Arguments nicht in dem Wertebereich liegt, der durch die aufgerufene Methode definiert ist.
ArrayTypeMismatchException	Die Ausnahme wird bei dem Versuch ausgelöst, ein Element vom falschen Typ in einem Array zu speichern.
DivideByZeroException	Die Ausnahme wird bei einem Versuch ausgelöst, einen ganzzahligen Wert oder einen Dezimalwert durch null zu teilen.
Exception	Die allgemeine Fehlerklasse (Basis)
IndexOutOfRangeException	Die Ausnahme wird bei einem Versuch ausgelöst, auf ein Element eines Arrays mit einem Index zuzugreifen, der sich außerhalb der Begrenzungen des Arrays befindet.
NotFiniteNumberException	Die Ausnahme wird ausgelöst, wenn ein Gleitkommawert positiv unendlich, negativ unendlich oder NaN (Not-a-Number) ist.
OverflowException	Die Ausnahme wird ausgelöst, wenn eine arithmetische Umwandlungs- oder Konvertierungsoperation einen Überlauf verursacht.
RankException	Die Ausnahme wird ausgelöst wird, wenn ein an eine Methode übergebenes Array eine falsche Anzahl an Dimensionen hat.
StackOverflowException	Die Ausnahme wird ausgelöst, wenn durch zu viele ausstehende Methodenaufrufe der STACK überläuft.

Exception-Klassen im Namensraum `System.IO`:

Exception-Klasse	Beschreibung
`DirectoryNotFoundException`	Die Ausnahme wird ausgelöst, wenn ein Verzeichnis nicht gefunden wurde.
`DriveNotFoundException`	Die Ausnahme wird ausgelöst, wenn ein Laufwerk nicht gefunden wurde.
`FileNotFoundException`	Die Ausnahme wird ausgelöst, wenn eine Datei nicht gefunden wurde.
`IOException`	Eine allgemeine Ausnahme, wenn ein Input-Output-Fehler auftritt.
`PathTooLongException`	Die Ausnahme wird ausgelöst, wenn ein Datei- oder Pfadname zu lang ist.

Das folgende Beispiel zeigt die Verwendung einiger dieser Klassen, um differenziert auf einen Fehler zu reagieren:

Beispiel:

```csharp
static void Main(string[] args)
{
    int index;
    int [] werte = new int [5];
    try
    {
        Console.WriteLine("Bitte den Index angeben:");
        index = Convert.ToInt32(Console.ReadLine());
        werte[index]= 100;                              // Zuweisung auf ein Array-Element
        string [] zeilen;
        zeilen = File.ReadAllLines("Datei.txt");        // Eine Datei lesen
    }
    catch(IndexOutOfRangeException indexAusnahme)        // Auf einen fehlerhaften Index reagieren
    {
        Console.WriteLine("Fehlerhafter Index");
        Console.WriteLine();
    }
    catch (FileNotFoundException dateiAusnahme)          // Auf eine fehlende Datei reagieren
    {
        Console.WriteLine("Datei nicht gefunden!");
        Console.WriteLine();
    }
    catch(Exception weitereAusnahme)                     // Auf andere Fehler reagieren
    {
        Console.WriteLine("Fehlerbeschreibung:");
        Console.WriteLine(weitereAusnahme.Message);
        Console.WriteLine();
    }
```

```
Console.WriteLine("Hier geht es weiter im Programm...");

Console.WriteLine();

}
```

Nach dem Starten wird zuerst ein fehlerhafter Index angegeben:

```
C:\Windows\system32\cmd.exe
Bitte den Index angeben:
8
Fehlerhafter Index

Hier geht es weiter im Programm...

Drücken Sie eine beliebige Taste . . . _
```

Der enstprechende catch-Block mit der Exception für dem fehlerhaften Index wird ausgeführt. Als nächste Eingabe wird ein korrekter Index angegeben, aber die Datei ist nicht vorhanden:

```
C:\Windows\system32\cmd.exe
Bitte den Index angeben:
2
Die Datei konnte nicht gelesen werden.

Hier geht es weiter im Programm...

Drücken Sie eine beliebige Taste . . .
```

Weitere Fehler werden im allgemeinen catch-Block abgefangen, beispielsweise die Eingabe eines Buchstabens:

```
C:\Windows\system32\cmd.exe
Bitte den Index angeben:
A
Fehlerbeschreibung:
Die Eingabezeichenfolge hat das falsche Format.

Hier geht es weiter im Programm...

Drücken Sie eine beliebige Taste . . .
```

Hinweis:

An den Bildschirmausgaben ist erkennbar, dass bei einem Fehler in dem try-Block eine Ausnahme geworfen und von einem passenden catch-Block aufgefangen wird. Nach dem Werfen der Ausnahme werden die Anweisungen im try-Block nicht mehr ausgeführt.

11.1.3   Der finally-Block:

Wenn nach einem try-Block gewisse Anweisungen unbedingt ausgeführt werden müssen, so kann ein so genannter finally-Block nach den catch-Blöcken implementiert werden. Dieser Block wird immer ausgeführt, egal ob eine Execption ausgelöst wurde oder nicht.

Beispiel:

```csharp
static void Main(string[] args)
{
    int zahl = 0;
    try
    {
        zahl = Convert.ToInt32(Console.ReadLine());
    }
    catch(System.Exception eineAusnahme)
    {
        Console.WriteLine("Fehlerbeschreibung:");
        Console.WriteLine(eineAusnahme.Message);
        Console.WriteLine();
        zahl = 0;
    }
    finally
    {
        Console.WriteLine("Dieser Block wird immer ausgeführt!");
        Console.WriteLine();
    }
}
```

> Der finally-Block
> wird immer ausgeführt.

Nach der Eingabe einer Zahl wird keine Ausnahme geworfen, aber der finally-Block ausgeführt.

Nach der Eingabe eines Buchstabens wird eine Ausnahme geworfen, der catch-Block und auch der finally-Block ausgeführt.

```
C:\Windows\system32\cmd.exe
A
Keine gültige Zahl!
Variable erhält den Wert 0!

Dieser Block wird immer ausgeführt!

Drücken Sie eine beliebige Taste . . .
```

11.1.4 Ausnahmen werfen

Alle bisherigen Ausnahmen wurden von der Umgebung automatisch geworfen. Es ist allerdings auch möglich, eine Ausnahme explizit zu werfen, um beispielsweise die Behandlung von Fehlern strukturiert aufzubauen. Dazu kann eine Ausnahme mit dem Befehl throw geworfen werden. Es muss nur eine Instanz einer Exception-Klasse angegeben werden.

Das folgende Beispiel zeigt, dass eine Ausnahme explizit mit `throw` geworfen und auch aufgefangen wird, wenn der Benutzer die Zahl Null eingibt, denn durch null darf nicht geteilt werden.

Beispiel:

```csharp
static void Main(string[] args)

{

    int zahl = 0;

    int x = 10;

    int y;


    try

    {

        zahl = Convert.ToInt32(Console.ReadLine());


        if (zahl == 0) throw (new DivideByZeroException());


        y = x / zahl;

    }

    catch(DivideByZeroException nichtTeilbarAusnahme)

    {

        Console.WriteLine("Durch Null teilen ist verboten!");

    }

    catch

    {

        Console.WriteLine("Keine gültige Zahl!");

        zahl = 1;

    }

}
```

Eine Ausnahme explizit werfen

Nach dem Starten wird durch die Eingabe von 0 die Ausnahme geworfen:

11.1.5   Eigene Exception-Klassen erstellen
Das differenzierte Reagieren auf Fehler kann noch besser umgesetzt werden, wenn eigene Ausnahme-Klassen definiert werden. Damit können ganz bestimmte Ausnahmen geworfen und aufgefangen werden. Die Fehlerbehandlung in einem Programm wird dadurch noch strukturierter und die Sicherheit des Programms steigt deutlich. Eigene Ausnahme-Klassen müssen immer von der Basisklasse `System.ApplicationException` abgeleitet werden und sollten wenigstens einen Standardkonstruktor und einen Parameterkonstruktor haben. Im folgenden Beispiel wird eine eigene Ausnahme-Klasse erstellt, die bei einer fehlerhaften Eingabe geworfen wird.

Beispiel:

```csharp
class CFehlerEingabe : ApplicationException

{
```

> Die Klasse erbt von `Application-Exception`.

```csharp
    public CFehlerEingabe(): base()

    { . . . }
```

> Der Basisklassen-konstruktor wird aufgerufen.

```csharp
    public CFehlerEingabe(string meldung) : base(meldung)

    { . . . }
```

> Der Basisklassen-Parameter-konstruktor wird aufgerufen und die Meldung weitergereicht.

```csharp
}
```

Diese neue Ausnahmeklasse wird nun eingesetzt, um fehlerhafte Eingaben aufzufangen:

```csharp
static void Main(string[] args)

{

    int zahl = 0;


    try

    {

        zahl = Convert.ToInt32(Console.ReadLine());


        if (zahl < 10)

            throw (new CFehlerEingabe("Falsche Eingabe"));
```

> Ausnahme werfen mit Übergabe einer Fehlermeldung an den Parameterkonstruktor der Klasse

```csharp
    }

    catch (CFehlerEingabe ausnahme)

    {

        Console.WriteLine(ausnahme.Message);

    }
}
```

> Die neue Ausnahmeklasse hat die Eigenschaft `Message` geerbt.

Nach dem Starten sieht das Werfen der Ausnahme so aus:

```
C:\Windows\system32\cmd.exe

5
Falsche Eingabe
Drücken Sie eine beliebige Taste . . .
```

Die Meldung „Falsche Eingabe" wurde an den Parameterkonstruktor der Exception-Basisklasse weitergeleitet und kann deshalb mit der Eigenschaft `Message` angezeigt werden.

11.1.6   Ausnahmen weiterleiten

Bei einer Ausnahme wird ein passender catch-Block gesucht und ausgeführt. Wenn allerdings kein passender Block gefunden wird, dann wird die Ausnahme an die aufrufende Umgebung weitergeleitet. Das geschieht so lange, bis ein Block gefunden wird oder die Ausnahme auf der höchsten Ebene angelangt ist und das Programm möglicherweise geschlossen werden muss. Das folgende Beispiel zeigt das Prinzip einer solchen Weiterleitung.

Beispiel:

```csharp
using System;
namespace IT_BERUFE_CSHARP
{
    class CTest
    {
        public static void AusnahmeTest()
        {
            int zahl;
            int quotient;
            try
            {
                zahl = Convert.ToInt32(Console.ReadLine());
                quotient = 20 / zahl;
            }
```

> In der Methode wird auf die Division durch null reagiert.

```csharp
            catch(System.DivideByZeroException eineAusnahme)
            {
                Console.WriteLine("Nicht durch Null teilen!");
                Console.WriteLine();
                zahl = 1;
            }
        }
    }
    class Program
    {
        static void Main(string[] args)
        {
            try
            {
                CTest.AusnahmeTest();
            }
```

> Hier werden alle anderen Ausnahmen aufgefangen.

```csharp
            catch (System.Exception ausnahme)
            {
                Console.WriteLine(ausnahme.Message);
            }
        }
    }
}
```

Nach dem Starten sieht die Bilschirmausgabe so aus:

```
C:\Windows\system32\cmd.exe                                    _  □  X
0
Nicht durch Null teilen!

Drücken Sie eine beliebige Taste . . .
```

Oder so:

```
C:\Windows\system32\cmd.exe                                    _  □  X
A
Die Eingabezeichenfolge hat das falsche Format.
Drücken Sie eine beliebige Taste . . . _
```

An den Ausgaben ist erkennbar, dass in Ausnahme `DivideByZeroException` in der Methode behandelt wird, aber die Ausnahme mit einer Falscheingabe an den aufrufenden Block (in diesem Fall die `Main`-Methode) weitergeleitet wird.

11.2 Delegate in C#

Delegate sind Verweise auf Methoden. Einem Delegaten können dabei eine oder mehrere Methoden zugewiesen werden. Der Delegat wird dazu mit einem Rückgabedatentyp und einer Parameterliste deklariert. Die Methoden, die dem Delegaten zugewiesen werden können, müssen dann über denselben Aufbau verfügen. Delegate sind eine wichtige Technik bei der Umsetzung von Ereignisbehandlungsmechanismen, die beispielsweise bei der Windows-Programmierung mit Windows-Forms zum Einsatz kommen.

Ein Delegat wird so deklariert:

> Schlüsselwort `delegate`

```
[public] delegate Rückgabedatentyp DelegatName(Parameter);
```

> Der Zugriffmodifizierer `public` sorgt dafür, dass der Delegat auch in anderen Projekten verwendet werden kann. Wenn man nichts angibt, dann wird automatisch der Modifizierer `internal` gesetzt.

> Rückgabedatentyp der Methode, auf die der Delegat zeigt

> Parameter der Methoden, auf die der Delegat zeigt

Nach dem Anlegen eines Delegaten können Methoden auf verschiedene Weise hinzugefügt werden, wie das folgende Programm zeigt:

```
using System;
namespace IT_BERUFE_CSHARP
{

    public delegate void TestDelegate(int x);



    public class CDelTest
    {
```

> Deklaration eines Delegaten, der Methoden aufnehmen kann, die nichts zurückgeben und einen Integer-Wert übernehmen

```csharp
private TestDelegate tD;
```

> Einen Verweis auf den Delegaten anlegen

```csharp
public void Ausgabe1(int x)
{
    Console.WriteLine(x);
}


public void Ausgabe2(int x)
{
    Console.WriteLine(2 * x);
}


public void Ausgabe3(int x)
{
    Console.WriteLine(3 * x);
}
```

> Drei Methoden mit gleicher Signatur

```csharp
public void Delegaten_Variante1()
{

    tD = new TestDelegate(Ausgabe1);


    // TD = Ausgabe1;


    Console.WriteLine("Delegatenaufruf Variante 1:");
    tD(10);
}
```

> Dem Delegatenverweis wird ein Objekt mit der Methode Ausgabe1 zugewiesen.

> Alternativ einfach die Methode zuweisen

> Aufruf der Methode über den Delegaten mit dem Parameter 10

```csharp
public void Delegaten_Variante2()
{
    Console.WriteLine("Wie viele Methoden anbinden?");
    int anzahl = Convert.ToInt32(Console.ReadLine());
    switch(anzahl)
    {
        case 1: tD = Ausgabe1; break;




        case 2: tD = Ausgabe1; tD += Ausgabe2; break;
        case 3: tD = Ausgabe1; tD += Ausgabe2; tD += Ausgabe3;
            break;
        default: Console.WriteLine("Falsche Eingabe!"); break;
    }
    Console.WriteLine("Delegatenaufruf Variante 2:");
    tD(10);
```

> Mit dem +=-Operator werden weitere Methoden angebunden.

```
        }
    }
    class Program
    {
        static void Main(string[] args)
        {
            CDelTest Test = new CDelTest();
            Test.Delegaten_Variante1();
            Console.WriteLine();
            Test.Delegaten_Variante2();
            Console.WriteLine();
        }
    }
}
```

Nach dem Starten sieht die Bildschirmausgabe so aus. Der Benutzer hat eine Methode einbinden lassen:

Das Einbinden von drei Methoden geschieht ebenfalls problemlos:

> **Hinweis:**
>
> Ebenso einfach wie das Hinzufügen von Methoden mit dem +=-Operator ist das Entfernen von Methoden mit dem −=-Operator. Beispielsweise würde die Methode Ausgabe3 so wieder entfernt:
>
> ```
> tD -= Ausgabe3;
> ```

11.3 Der Indexer

In einem konventionellen Array ist der Zugriff mithilfe des Indexoperators eine angenehme Angelegenheit. In C# gibt es nun die Möglichkeit, für eine beliebige Klasse einen Index-Zugriff zu programmieren. Die Syntax ist dann identisch mit dem Array-Zugriff, aber die Logik, die dahinter steht, kann natürlich sehr davon abweichen, denn es wird ja für jede Klasse neu implementiert.

Beispiel:

Eine Klasse `CPerson` soll eine Person mit den Attributen Vorname, Name und Telefonnummer verkörpern. Der Zugriff auf die Attribute soll ganz einfach über einen Index mit der gewünschten Angabe des Attributes geschehen:

```csharp
using System;

namespace IT_BERUFE_CSHARP

{

    class CPerson

    {

        private string vorname, name, telefon;

        public CPerson()

        {

            vorname = "Markus";

            name = "Maier";

            telefon = "123456";

        }


        public string this[string index]

        {

            get

            {

                switch (index)

                {

                    case "Name": return name;

                    case "Vorname": return vorname;

                    case "Telefon": return telefon;

                }

                return "";

            }

            set

            {

                switch (index)

                {

                    case "Name": name = value; break;

                    case "Vorname": vorname = value; break;

                    case "Telefon": telefon = value; break;

                }

            }

        }

    }

}
```

Indexparameter (beliebiger Datentyp im Unterschied zum herkömmlichen Index)

Rückgabedatentyp

Schlüsselwort `this` ist zwingend!

Wie bei Eigenschaften wird hier der get-Accessor definiert. Rückgabe mit `return`.

Wie bei Eigenschaften wird hier der set-Accessor definiert. Wertübernahme mit `value`.

```
class Program
{
    static void Main(string[] args)
    {
        CPerson person = new CPerson();

        Console.WriteLine(person["Name"]);
```

> Impliziter Aufruf des get-Accessors

> Impliziter Aufruf des set-Accessors

```
        person ["Name"] = "Kaiser";
        Console.WriteLine(person ["Name"]);
    }
}
```

> Impliziter Aufruf des get-Accessors

Nach dem Starten sieht die Bildschirmausgabe so aus:

```
C:\Windows\system32\cmd.exe
Maier
Kaiser
Drücken Sie eine beliebige Taste . . .
```

11.4 Generische Programmierung

Unter generischer Programmierung versteht man die Entwicklung von Methoden oder Klassen (auch Interfaces und Delegate), die einen oder mehrere Datentypen (*Parametertypen*) enthalten, die erst bei der Instanzierung eines Objektes oder bei der Nutzung einer Methode genauer bestimmt werden müssen. Der Vorteil der generischen Entwicklung ist natürlich die Flexibilität, da eine generische Klasse oder Methode im Idealfall jeden Datentyp als Parameter akzeptiert. Auch die Wiederverwendbarkeit von generischen Klassen und Methoden ist natürlich viel höher und damit steigt auch die Effizienz der Softwareentwicklung.

11.4.1 Generische Methoden

Eine generische Methode verwendet einen oder mehrere Typparameter, die erst beim Aufruf mit den entsprechenden Datentypen ersetzt werden. Die folgende Methode soll zwei übergebene Werte tauschen (call by reference).

Beispiel:

```
using System;
namespace IT_BERUFE_CSHARP
{
    class CGenerikTest
    {
        public static void Tausche<T>(ref T a, ref T b)
        {
            T dummy = a;
            a = b;
            b = dummy;
        }
    }
}
```

> Eine Testklasse für eine generische Methode

> Der Typparameter (hier T) wird in spitzen Klammern angegeben.

> Zwei Werte vom Typ T werden hier per Referenz übernommen.

```csharp
class CPerson
{
    private string name;

    public CPerson()
    {
        name = "LEER";
    }

    public string NAME
    {
        set
        {
            name = value;
        }
        get
        {
            return name;
        }
    }
}
class Program
{
    static void Main(string[] args)
    {
        int a = 10;
        int b = 20;

        Console.WriteLine("Wert a vorher: " + a);
        Console.WriteLine("Wert b vorher: " + b);

        CGenerikTest.Tausche<int>(ref a, ref b);

        Console.WriteLine("Wert a nachher: " + a);
        Console.WriteLine("Wert b nachher: " + b);

        CPerson personEins = new CPerson();
        CPerson personZwei = new CPerson();
```

Die bereits bekannte Personen-Klasse mit einer Eigenschaft, um den Namen zu lesen und zu setzen

Zwei Integer-Variablen anlegen, deren Werte vertauscht werden sollen

Aufruf der statischen Methode, um die Werte zu tauschen

Hier wird nun der gewünschte Datentyp (hier int) angegeben.

Zwei Personen-verweise anlegen, deren Instanzen ver-tauscht werden sollen

```
            personEins.NAME = "Maier";

            personZwei.NAME = "Kaiser";


            Console.WriteLine("Name erste Person vorher: " +
                                personEins.NAME);

            Console.WriteLine("Name zweite Person vorher: " +
                                personZwei.NAME);


            CGenerikTest.Tausche<CPerson>( ref personEins,
                                           ref personZwei);
```

> Zwei Personen vertauschen

```
            Console.WriteLine("Name erste Person nachher: " +
                                personEins.NAME);

            Console.WriteLine("Name zweite Person nachher: " +
                                personZwei.NAME);


        }

    }

}
```

Nach dem Starten sieht die Bildschirmausgabe so aus:

```
C:\Windows\system32\cmd.exe
Wert a vorher: 10
Wert b vorher: 20
Wert a nachher: 20
Wert b nachher: 10
Name erste Person vorher: Maier
Name zweite Person vorher: Kaiser
Name erste Person nachher: Kaiser
Name zweite Person nachher: Maier
Drücken Sie eine beliebige Taste . . .
```

An der Ausgabe ist ersichtlich, dass die generische Methode sowohl die Werte von Integer-Variablen als auch die Objekte der Personenverweise einwandfrei vertauscht hat.

11.4.2 Generische Klassen

Bei einer generischen Klasse wird direkt nach dem Klassennamen der Typparameter angegeben und steht dann in der Klasse zur Verfügung. In dem folgenden Beispiel hat die Klasse einen Parameter T, der als privates Attribut der Klasse angelegt ist. Der Konstruktor der Klasse übernimmt einen Wert (oder Verweis) und gibt dann den Inhalt mithilfe der Methode ToString() aus. Zusätzlich wird der Typ des übernommenen Wertes ausgegeben.

Beispiel:

```
using System;

namespace IT_BERUFE_CSHARP

{



    class CPerson

    {
```

```csharp
    private string name;

    public CPerson()
    {
        name = "LEER";
    }

    public CPerson(string nameParam)
    {
        name = nameParam;
    }

    public override string ToString()
    {
        return name;
    }
}

class GenBeispiel<T>
{
    private T attribut;

    public GenBeispiel(T param)
    {
        attribut = param;
        Console.WriteLine("Wert des Attributes: " +
                        attribut.ToString());
        Console.WriteLine("Typ des Attributes: " +
                        attribut.GetType().ToString());
    }
}

class Program
{
    static void Main(string[] args)
    {
        GenBeispiel<int> integerObj;

        GenBeispiel<CPerson> personObj;

        integerObj = new GenBeispiel<int>(10);
```

> Die Methode To-String implementieren

> Den Typparameter direkt hinter dem Klassennamen angeben

> Ein privates Attribut vom Typ T

> Wert (mit ToString) und Typ ausgeben

> Einen Verweis mit einem Integer-Typ anlegen

> Einen Verweis mit einem Personen-typ anlegen

> Eine Instanz der Klasse mit dem Integer-Typ

```
            Console.WriteLine();


            personObj = new GenBeispiel<CPerson>
                             (new CPerson("Kaiser"));


            Console.WriteLine();


        }

    }

}
```

> Eine Instanz der Klasse
> mit dem Personentyp

Nach dem Starten sieht die Bildschirmausgabe so aus:

```
C:\Windows\system32\cmd.exe
Wert des Attributes: 10
Typ des Attributes: System.Int32

Wert des Attributes: Kaiser
Typ des Attributes: IT_BERUFE_CSHARP.CPerson

Drücken Sie eine beliebige Taste . . .
```

Die generische Klasse verwaltet je nach Wunsch einen Integer-Wert oder einen Personenverweis.

Generische Interfaces

Genauso wie Klassen können Interfaces generisch sein. Bei der Implementierung eines solchen Interfaces muss darauf geachtet werden, dass der Typparameter korrekt angegeben wird, wie das folgende Beispiel zeigt:

Beispiel:

```
interface IGenInterface<T>

{

    void Methode(T param);

}

class CGenInterfaceTest<T> : IGenInterface<T>

{

    public void Methode(T param)

    {

        Console.WriteLine(param);

    }

}
```

> Gleicher Typparameter
> ist zwingend!

> Ebenso bei Methoden
> und Interfaces

Hinweis:

Zusätzlich zum Typparameter kann bei einer generischen Klasse angegeben werden, für welche Datentypen die Klasse zulässig ist. Das geschieht direkt nach dem Klassennamen und vor dem Rumpf der Klasse durch das Schlüsselwort where, wie das folgende Beispiel zeigt:

```
class GenBeispiel<T>

where T: class

{ . . . }
```

> Damit dürfen nur Instanzen angelegt werden, die für den Typparameter eine Klasse angeben. Weitere Möglichkeiten sind:
> where T: struct   Nur Werttypen
> where T: new()   Standardkonstruktor ist zwingend.

Die folgende Instanzierung wäre nach der Einschränkung mit "`where T: class`" nicht mehr möglich:

```
integerObj = new GenBeispiel<int>(10);
```

Fehlermeldung des Compilers:

Der Typ "int" muss ein Referenztyp sein, damit er als T-Parameter im generischen Typ oder in der generischen Methode "IT_BERUFE_CSHARP.GenBeispiel<T>" verwendet werden kann.

12 Windows-Forms-Programmierung – Grundlagen

12.1 Windows-Programmierung

12.1.1 Historische Entwicklung der Windows-Programmierung

Die Windows-Programmierung gibt es seit der Version Windows 1.0, die im Jahr 1985 vorgestellt wurde. Die Windows-Programme basieren seitdem auf Fenstern. Die Programmierung von Fenstern wird auch **GUI-Programmierung** genannt (für Graphical-User-Interface-Programmierung). Damit ist eine Interaktion zwischen Mensch und Maschine gemeint, die auf einer grafisch gestalteten Oberfläche basiert (im Gegensatz zur Konsolenanwendung). Besonders wichtig ist dabei auch der Einsatz eines Zeigegerätes wie der Maus. Die Windows-Programmierung geschieht über eine Schnittstelle, die so genannte **API** (Application Programming Interface). Diese Schnittstelle bietet alle Funktionalitäten, um ein Windows-Programm zu entwickeln. Die Funktionen der API sind in den Programmiersprachen C und Assembler geschrieben und damit sehr systemnah und schnell. Die direkte Windows-Programmierung nur mit der API ist durchaus möglich, aber relativ komplex. Eine Verbesserung bei der Windows-Programmierung bot eine objektorientierte Klassenbibliothek, die **MFC** (Microsoft Foundation Classes). Diese Bibliothek wurde 1992 mit den ersten Microsoft C/C++-Compilern ausgeliefert. Im Laufe der Jahre wurde die Bibliothek erweitert und ist auch heute noch ein Standard bei der Windows-Programmierung. Seit der Markteinführung des .NET-Framework gibt es eine weitere Alternative für die Windows-Programmierung – und zwar die Programmierung mit der Klassenbibliothek **Windows-Forms**. Das .NET-Framework kapselt die API und bietet eine objektorientierte Variante der Windows-Programmierung an. Die grundlegende Neuentwicklung der .NET-Technologie bringt auch für die Windows-Programmierung einige Vorteile im Vergleich zur konventionellen Windows-Programmierung. Neben der Windows-Programmierung mit Forms gibt es seit dem Betriebssystem Vista und dem .NET-Framework 3.0 eine weitere Bibliothek, die **Windows Presentation Foundation (WPF)**. Im Gegensatz zu Windows-Forms-Anwendungen, die beispielsweise auch unter Windows 98 lauffähig sind (vorausgesetzt, das .NET-Framework ist installiert) sind WPF-Anwendungen nur ab Windows XP mit Service Pack 2 lauffähig.

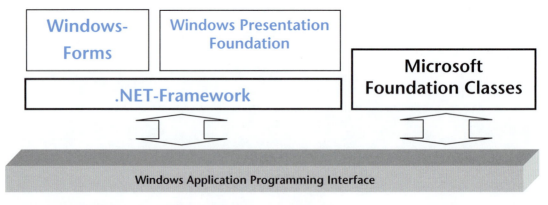

12.1.2 Ereignisgesteuerte Programmierung

Die bisherigen Konsolenprogramme haben mit dem Benutzer über Tastatureingaben kommuniziert. Dabei wartet ein Konsolenprogramm so lange, bis der Benutzer die Eingabe getätigt hat. Erst dann werden die nächsten Anweisungen ausgeführt. Bei der Windows-Programmierung wird ein anderes Konzept verwendet, um mit dem Benutzer zu interagieren – und zwar mithilfe der ereignisgesteuerten Programmierung. Der Benutzer kann dabei verschiedene Aktionen ausführen (beispielsweise auf einen Button klicken) und mit einem solchen Ereignis ist dann eine Methode verbunden, die ausgeführt wird (eine so genannte Ereignisbehandlungsmethode). Im Prinzip wartet ein Windows-Forms-Programm in einer Art Schleife darauf, dass ein Ereignis eintritt, welches behandelt werden muss. Dabei gibt es nicht nur Ereignisse, die ein Benutzer auslöst, sondern auch Ereignisse, die vom Betriebssystem ausgelöst werden können. Ein besonders wichtiges Ereignis ist dabei das `Paint`-Ereignis, welches immer dann ausgelöst wird, wenn der Inhalt des Fensters neu angezeigt werden muss. Auf dieses Ereignis und die damit verbundene Methode wird später noch detailliert eingegangen. Die folgende schematische Darstellung soll den Zusammenhang noch einmal verdeutlichen:

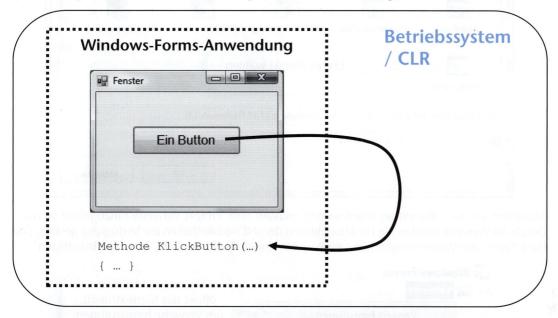

Die Windows-Forms-Anwendung läuft innerhalb der Common Language Runtime (CLR), die natürlich innerhalb des Betriebssystems läuft und über die API mit dem Betriebssystem kommuniziert. Das Klicken auf einen Button wird vom Betriebssystem registriert und die Anwendung erhält eine entsprechende Nachricht. Diese Nachricht führt dazu, dass eine bestimmte Methode aufgerufen wird, die natürlich genau für diesen Fall implementiert wurde.

12.1.3   Grundbegriffe der Forms-Programmierung

Die Basis einer Windows-Forms-Anwendung ist ein Fenster, auch **Formular** oder **Form** genannt. Neben einer Titelleiste kann ein Formular auch über eine Statuszeile und eine Menüleiste verfügen. Das Formular wird von einem Rahmen umgeben. Innerhalb des Formulars befindet sich der Bereich, in dem der Inhalt angezeigt wird. Dieser Bereich heißt **Clientbereich**.

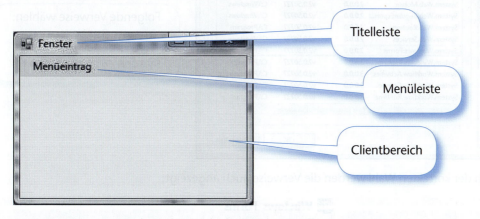

12.2   Das erste Windows-Forms-Programm

12.2.1   Ein Windows-Forms-Projekt anlegen

Ein Windows-Forms-Projekt kann auf zwei Arten angelegt werden:

▶ Als leeres Projekt
▶ Als Windows-Forms-Anwendung

In einem ersten Schritt wird ein leeres Projekt angelegt. Das hat den Vorteil, dass die Entwicklungsumgebung keine Quellcode-Dateien generiert, sondern der Aufbau Schritt für Schritt vollzogen werden kann. Bei den fortgeschrittenen Themen im nächsten Kapitel wird dann die Windows-Forms-Projektform gewählt.

Nachdem das leere Projekt angelegt wurde, müssen dem Projekt Verweise hinzugefügt werden. Durch die Verweise werden die Funktionalitäten der .NET-Bibliotheken zur Verfügung gestellt. Das Hinzufügen von Verweisen geschieht im Projektmappen-Explorer über „**Verweis hinzufügen**".

In dem folgenden Dialog können dann beliebige Verweise ausgewählt werden:

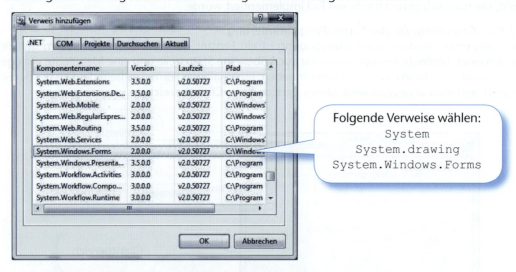

Nach der korrekten Wahl werden die Verweise auch angezeigt:

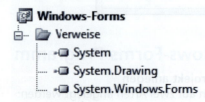

Nun muss dem Projekt nur noch eine C#-Quellcode-Datei hinzugefügt werden.

12.2.2 Das erste Windows-Forms-Programm
Das erste Windows-Forms-Programm ist eigentlich sehr kurz. Es besteht nur aus der Instanzierung eines Form-Objektes und der Übergabe dieses Objektes an die statische Methode `Run()` der `Application`-Klasse. Die Form-Klasse repräsentiert das Fenster auf dem Bildschirm. Sie ist die wichtigste

Klasse für die Windows-Anwendung. Die Application-Klasse sorgt dafür, dass das Fenster auf den Bildschirm gebracht wird und dass die Ereignisse für das Fenster korrekt an das Fenster bzw. an die entsprechenden Methoden weitergeleitet werden. Der Quellcode des ersten Forms-Programms sieht dann so aus:

```csharp
using System;

using System.Drawing;

using System.Windows.Forms;


class CErsteForm

{

    static void Main()

    {

        Console.WriteLine("Nun kommt ein Formular:");


        Form ersteForm = new Form();          Ein Form-Objekt
                                              instanzieren

        Application.Run(ersteForm);           Die Anwendung
                                              „laufen" lassen!
    }

}
```

Nach dem Starten erscheinen zwei Fenster: ein zugrunde liegendes Konsolenfenster mit einer Bildschirmausgabe und das Form-Fenster:

Das bekannte Konsolenfenster

Das neue Form-Fenster

Das Konsolenfenster steht natürlich nicht im Mittelpunkt der Betrachtung. Trotzdem ist es gerade am Anfang hilfreich, dass es zur Verfügung steht, denn es kann parallel zum Form-Fenster für Ein- und Ausgaben genutzt werden. Wenn im nächsten Kapitel die Windows-Forms-Projektform gewählt wird, dann wird das Konsolenfenster auch nicht mehr angezeigt.

12.2.3   Eine eigene Form-Klasse schreiben

In dem ersten Forms-Programm wurde ein Objekt der Klasse Form instanziert. Damit kann ein Formular erzeugt und angezeigt werden. Allerdings sind die Möglichkeiten zur individuellen Anpassung des Formulars sehr beschränkt. Aus diesem Grund ist es sinnvoll, eine eigene Form-Klasse zu erstellen, die von der vorhandenen Form-Klasse erbt. Damit sind alle Grundfunktionalitäten vorhanden und eigene Erweiterungen möglich. Das folgende Beispiel zeigt eine eigene Form-Klasse, die einen Konstruktor definiert, der bereits für kleine Anpassungen sorgt:

```csharp
using System;

using System.Drawing;

using System.Windows.Forms;


class CForm: Form          Eine eigene Form-Klasse
                           anlegen, die von Form erbt

{
```

```
    public CForm()
    {
        this.Text = "Windows-Forms";
        this.BackColor = Color.Blue;
    }
}

class CErsteForm
{
    static void Main()
    {
        CForm zweiteForm = new CForm();
        Application.Run(zweiteForm);
    }
}
```

> Über den `this`-Verweis auf die vorhandenen Eigenschaften der Form zugreifen und beispielsweise den Titeltext und die Hintergrundfarbe festlegen

Nach dem Starten sieht das Formular dann so aus:

Ein Formular mit einem Titeltext und blauem Hintergrund

Hinweis:

Ein Formular hat viele Eigenschaften, die hier nicht alle aufgeführt werden können. Am einfachsten ist es, die *IntelliSense* zu benutzen und „`this.`" einzutippen. Dann werden alle verfügbaren Eigenschaften und Methoden angezeigt.

12.2.4   Das Paint-Ereignis und die erste Textausgabe

Eine Besonderheit der Windows-Programmierung liegt darin, dass ein Fenster nicht fest an einem Platz auf dem Bildschirm bleibt, sondern seine Größe ändern kann. Es kann auch durch andere Fenster verdeckt oder teilweise verdeckt werden. Wenn ein Fenster nun seine Größe verändert oder durch den Benutzer wieder in den Vordergrund geholt wird, dann muss das Fenster in der Lage sein, seinen Inhalt neu auszugeben. Das Betriebssystem übernimmt zwar die Steuerung des Fensters, ist aber **nicht für den Inhalt verantwortlich**. Sobald das Betriebssystem erkannt hat, dass ein Fenster seine Größe verändert hat oder wieder in den Vordergrund geholt wurde, sendet es eine bestimmte Nachricht an die Anwendung. Oder mit den Worten der ereignisgesteuerten Programmierung: Es wird ein bestimmtes Ereignis ausgelöst. Dieses Ereignis ist das **Paint-Ereignis**. Das Auslösen des Paint-Ereignisses sorgt bei einer Anwendung dafür, dass der Inhalt neu ausgegeben werden muss. Für diesen Fall gibt es eine virtuelle Methode, die in der eigenen Form-Klasse nur mit `override` überschrieben werden muss – und zwar die `OnPaint()`-Methode.

```
class CForm : Form
{
    public CForm()
    {
        this.Text = "Das Paint-Ereignis";
    }
```

```
protected override void OnPaint(PaintEventArgs e)
{
    Graphics gra = e.Graphics;

    gra.DrawString( "Hallo Forms",
                    this.Font,
                    Brushes.Black,
                    100,
                    100);
}
}
```

> Die OnPaint ()-Methode überschreiben

> Einen Device-Kontext holen: Er dient zur Ausgabe im Clientbereich.

> Mit dem Device-Kontext die Methode DrawString() aufrufen und einen Text in den Clientbereich schreiben

Die Methode OnPaint() wird also dann aufgerufen, wenn das Paint-Ereignis ausgelöst wurde. Die Methode hat einen Übergabeparameter vom Typ PaintEventArgs. Dieser Parameter hat unter anderem einen Verweis auf einen Geräte-Kontext, der in der Eigenschaft Graphics gespeichert ist. Einen Geräte-Kontext kann man sich wie einen Stift vorstellen, den das Betriebssystem zur Verfügung stellt, um in den Clientbereich zu zeichnen. Mit der Methode DrawString() wird dann eine Zeichenkette ausgegeben:

> Die Schriftfarbe wird mit den statischen Eigenschaften der Klasse Brushes angegeben.

> Die Koordinaten für die Ausgabe

```
gra.DrawString("Hallo Forms", this.Font, Brushes.Black, 100, 100);
```

> Die auszugebende Zeichenkette

> Die Schriftart, in der ausgegeben werden soll. Der Einfachheit halber kann die Standard-Schriftart (Font) des Formulars angegeben werden.

Nach dem Starten wird dann der Text auf dem Formular ausgegeben:

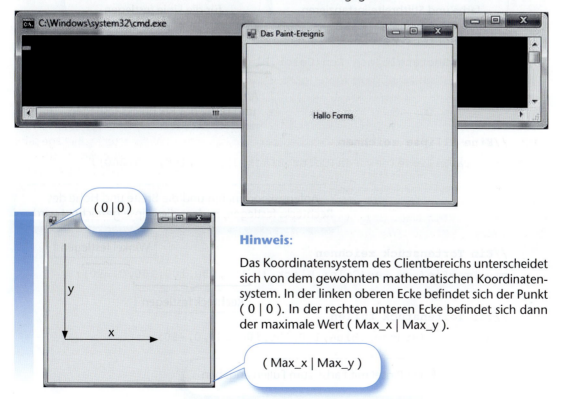

Hinweis:

Das Koordinatensystem des Clientbereichs unterscheidet sich von dem gewohnten mathematischen Koordinatensystem. In der linken oberen Ecke befindet sich der Punkt (0 | 0). In der rechten unteren Ecke befindet sich dann der maximale Wert (Max_x | Max_y).

12.2.5 Grafikausgabe mit GDI+

Mit den Klassen des **Graphics Device Interface Plus (GDI+)** können im Clientbereich beliebige grafische Elemente gezeichnet werden. Neben dem Zeichnen von einfachen grafischen Elementen wie Linien und Rechtecken, können auch komplexe Formen wie Polygone oder Tortendiagramme gezeichnet werden. Für jedes Element steht eine bestimmte Methode der Klasse `Graphics` zur Verfügung. Das folgende Beispiel zeigt die Verwendung einiger einfacher Methoden in der Form-Klasse.

```csharp
using System.Windows.Forms;

using System.Drawing;

using System;


class CForm: Form

{



  public CForm()

  {

    this.Text = "Grafik mit GDI+";

  }


  protected override void OnPaint(PaintEventArgs e)

  {


    Graphics gra = e.Graphics;


    //Eine Linie zeichnen

    gra.DrawLine(new Pen(Color.Blue,5),10,10,100,100);
```

> Einen neuen Zeichenstift mit Schrift-
> farbe und Stiftbreite instanzieren

> Anfangs- und Endkoordinaten
> für die Linie festlegen

```csharp
    //Ein Rechteck zeichnen

    gra.DrawRectangle(new Pen(Color.Black,3),100,100,200,200);
```

> Anfangskoordinaten und die Breite
> und Höhe des Rechtecks festlegen

```csharp
    //Eine Ellipse zeichnen

    gra.DrawEllipse(new Pen(Color.Black,3),100,100,200,200);
```

> Anfangskoordinaten und die Breite und Höhe des
> Rechtecks festlegen, in dem die Ellipse gezeichnet wird

```csharp
    //Ein Tortenstück zeichnen

    gra.DrawPie(new Pen(Color.Black,3),150,150,100,100,0,-90);
```

> Winkel festlegen

> Rechteck festlegen

```csharp
    //Ein Tortenstück füllen

    gra.FillPie(Brushes.Blue,150,150,100,100,0,-90);
```

> Einen Pinsel mit Farbe zum Füllen angeben

Ein Objekt vom Typ `Image` mit der direkten Angabe der Bilddatei instanzieren

```
//Ein Bild anzeigen
Image bild = Image.FromFile("c:\\temp\\Beispiel.gif");
gra.DrawImage(bild,350,150,100,100);
    }
}
```

Das Bild mit Angabe der Startposition und der Breite und Höhe zeichnen

```
class CAnwendung
{
    static void Main()
    {
        CForm eineForm = new CForm();
        Application.Run(eineForm);
    }
}
```

Nach dem Starten sieht das Programm so aus:

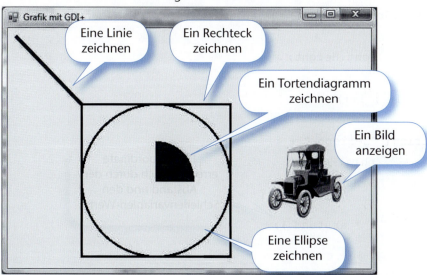

Hinweis:

Bei der Methode für das Tortendiagramm wird ein Winkel angegeben, der das „Tortenstück" definiert. Der Winkel startet dabei in der Mitte der rechten Seite des umgebenen Rechtecks mit null. Nach oben sind die Winkel dann mit negativen Werten anzugeben:

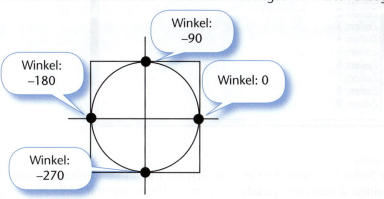

Das folgende Beispiel zeichnet ein „Tortenstück" als linken Halbkreis. Der Startwinkel ist -90 und der Endwinkel ist dann -90 -180 = -270:

```
gra.DrawPie(new Pen(Color.Black,3),10,10,100,100,-90,-180);
```

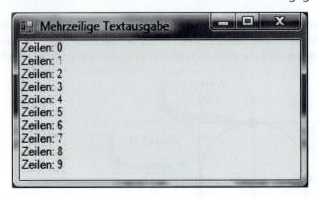

12.2.6   Mehrzeilige Textausgabe und Bildlaufleisten

Mithilfe der Methode `DrawString()` kann eine Textzeile genau auf dem Formular bzw. Fenster positioniert werden. Möchte man nun mehrere Textzeilen untereinander ausgeben, so ist die Höhe der Schriftart wichtig, um den entsprechenden Zeilenabstand zu bestimmen. Diese Höhe kann leicht durch die Eigenschaft `Height` der Klasse `Font` ausgelesen werden.

```
int abstand = this.Font.Height;
```

Mithilfe der Höhe können nun leicht Textzeilen mit korrektem Abstand ausgegeben werden, wie das folgende Beispiel verdeutlicht:

```
protected override void OnPaint(PaintEventArgs e)
{

    Graphics gra = e.Graphics;
    int i;
    int abstand = this.Font.Height;

    for (i = 0; i < 10 ; i++)
    {
        gra.DrawString( "Zeilen: " + i,
                        this.Font,
                        Brushes.Black,
                        0,
                        i * abstand );
    }
}
```

> Die y-Koordinate errechnet sich durch den Abstand und den Schleifenvariablen-Wert i.

Nach dem Starten werden die zehn Textzeilen korrekt untereinander ausgegeben:

Mehrzeilige Textausgabe

```
Zeilen: 0
Zeilen: 1
Zeilen: 2
Zeilen: 3
Zeilen: 4
Zeilen: 5
Zeilen: 6
Zeilen: 7
Zeilen: 8
Zeilen: 9
```

Bildlaufleisten einsetzen

Wenn die Ausgabe der Textzeilen mehr Platz in Anspruch nimmt, als im Clientbereich zur Verfügung steht, dann sind einige Zeilen nicht zu sehen. Dieses Problem kann mit Bildlaufleisten gelöst werden. Dazu steht der Form eine Eigenschaft namens **AutoScroll** zur Verfügung. Wenn diese Eigenschaft auf **true** gesetzt wird, dann werden automatisch Bildlaufleisten angezeigt. Das bedeutet aber nicht, dass nun automatisch der korrekte Bildlauf implementiert ist. Die Bildlaufleisten-Logik muss der Entwickler immer zusätzlich schreiben. Dazu muss in einem ersten Schritt festgelegt werden, wie groß der Bereich ist, der eigentlich angezeigt werden soll. In dem Fall der Textzeilen kann genau berechnet werden (durch die Anzahl der Textzeilen und die Schrifthöhe), wie groß der Platz sein sollte. Anschließend wird die Eigenschaft **AutoScrollMinSize** auf diesen Wert gesetzt. Die folgende Grafik soll den Zusammenhang zwischen Clientbereich, benötigtem Platz und der Eigenschaft AutoScrollMinSize verdeutlichen:

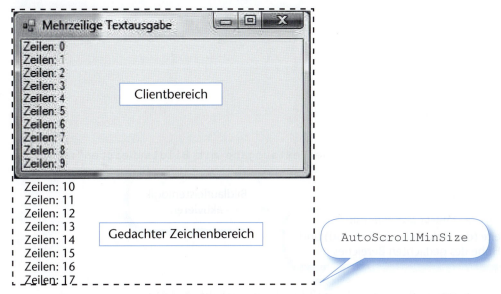

Der Clientbereich hat Platz für die Anzeige von zehn Zeilen, es sollen aber 18 Zeilen geschrieben werden. Man kann sich nun den AutoScrollMinSize so vorstellen, dass man einen gedachten Zeichenbereich in der benötigten Größe (also für alle 18 Zeilen) festlegt. Wenn dieser Bereich größer als der Clientbereich ist, dann werden automatisch Bildlaufleisten hinzugefügt. Ist der Bereich kleiner als der Clientbereich, so werden die Bildlaufleisten ausgeblendet, denn es ist genügend Platz für die Anzeige vorhanden.

Klickt man beispielsweise nun auf den unteren Bildlaufleisten-Button, dann verschiebt sich der Bereich nach oben. In der Eigenschaft **AutoScrollPosition** wird dann diese Verschiebung gespeichert.

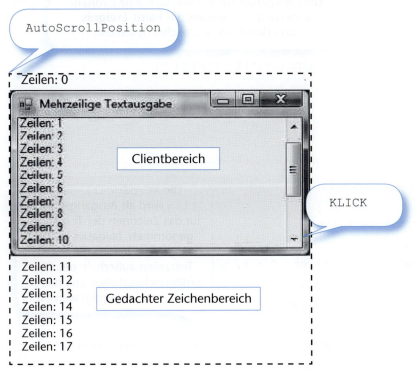

Nimmt man nun den `AutoScrollPosition`-Punkt als Ursprung für die Ausgabe in der `OnPaint()`-Methode, dann passt die Ausgabe einwandfrei zu dem Klicken auf die Bildlaufleisten-Buttons. Textausgaben, die über den Clientbereich hinausgehen, werden einfach ignoriert.

 Hinweis:

Die `AutoScrollPosition` startet mit null und verschiebt sich nach oben ins Negative.

Das folgende Programm zeigt die Umsetzung der oben beschriebenen Bildlaufleistenlogik:

```csharp
using System.Windows.Forms;

using System.Drawing;

using System;


class CForm: Form
{

    public CForm()

    {

        this.Text = "Mehrzeilige Textausgabe mit Bildlaufleisten";


        this.AutoScroll = true;


        Size bereich = new Size(200, Font.Height * 18);


        this.AutoScrollMinSize = bereich;


        this.ResizeRedraw = true;

    }

    protected override void OnPaint(PaintEventArgs e)

    {


        Graphics gra = e.Graphics;
        int i;


        int abstand = Font.Height;


        for (i = 0; i < 18 ; i++)

        {
            gra.DrawString( "Zeilen: " + i,

                            this.Font,

                            Brushes.Black,

                            0,

                            AutoScrollPosition.Y +  i * abstand);
```

> Bildlaufleistenlogik aktivieren

> Ein `Size`-Objekt erstellen mit der Weite (der Einfachheit halber 200) und Höhe des gedachten Bereiches

> Die Höhe des gedachten Zeichenbereiches setzen (abhängig von der Anzahl der Zeilen)

> Den `AutoScrollMinSize` setzen

> Die Eigenschaft sorgt dafür, dass eine Größenänderung des Fensters das **Paint-Ereignis** (und damit ein Neuzeichnen) auslöst.

> Die `AutoScrollPosition` wird als Ausgangspunkt für das Zeichnen der Textzeilen genommen. Negative Werte sorgen dafür, dass die ersten Textzeilen außerhalb des Clientbereiches stehen und damit auch nicht angezeigt werden.

```
        }
    }
}


class CAnwendung
{
    static void Main()
    {
        CForm eineForm = new CForm();
        Application.Run(eineForm);
    }
}
```

Nach dem Starten erscheint das Fenster mit der automatischen Bildlaufleistenlogik:

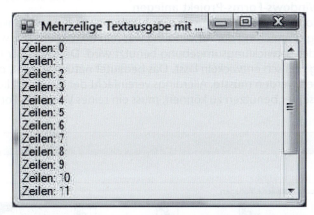

Mehrmaliges Klicken sorgt für einen Bildlauf bis ans Ende der 18 Zeilen:

Die Performance steigern

Wenn beispielsweise sehr viele Textzeilen angezeigt werden müssen, dann wäre es natürlich sehr langsam, wenn immer alle Zeilen ausgegeben würden (auch über den Clientbereich hinaus). Hier wäre es angebracht, die Ausgabe auf die Textzeilen zu beschränken, die tatsächlich im Clientbereich zu sehen sein sollen. Mithilfe der aktuellen `AutoScrollPosition` und der Höhe des Clientbereiches kann genau festgelegt werden, welche Zeilen ausgegeben werden sollen. Die Daten des Clientbereiches können dazu mit der Eigenschaft `ClientRectangle` abgefragt werden:

```
int Hoehe = this.ClientRectangle.Height;
int Breite = this.ClientRectangle.Width;
```

13 Der Windows-Forms-Designer und einfache Steuerelemente

13.1 Windows-Forms-Designer

13.1.1 Ein reines Windows-Forms-Projekt anlegen

Die bisherige Projektform „Leeres Projekt" war eine Mischung aus Konsolenanwendung und Forms-Anwendung. Die Programmierung der Anwendung war rein textbasiert. Das wird sich nun ändern, wenn der **Designer** der Entwicklungsumgebung benutzt wird. Der Designer ist ein Tool, mit dem sich eine Anwendung grafisch entwickeln lässt. Das bedeutet natürlich nicht, dass kein Programmcode mehr geschrieben werden müsste. Allerdings vereinfacht der Designer die Entwicklungsarbeit deutlich. Um den Designer benutzen zu können, muss ein reines Windows-Forms-Projekt angelegt werden:

Nach dem Bestätigen mit dem OK-Button legt die Entwicklungsumgebung ein neues Projekt an. Im Gegensatz zum leeren Projekt sind nun einige Dateien bereits vorhanden und mit Quellcode gefüllt. Zusätzlich zeigt die Entwicklungsumgebung ein leeres Formular an. Dieses Formular ist die grafische Ansicht der Form-Klasse. Die Gestaltung des Formulars kann nun mithilfe des Designers erfolgen. Man nennt eine solche Gestaltung auch **Rapid Application Development (RAD)**, weil die Programmierung bzw. visuelle Gestaltung sehr schnell und intuitiv erfolgen kann.

Die folgende Abbildung zeigt die Entwicklungsumgebung nach dem Anlegen eines Windows-Forms-Projekts:

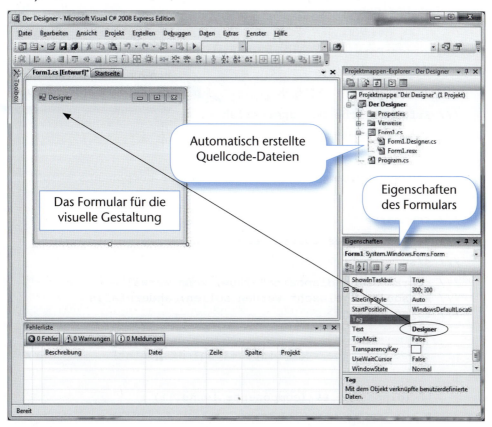

Anstelle von Quellcode zeigt die Entwicklungsumgebung das Formular an, das mit dem Designer gestaltet werden kann. In den Eigenschaften können alle Einstellungen, die das Formular betreffen, vorgenommen werden. Beispielsweise wurde oben bereits die Eigenschaft Text des Formulars geändert. Das Formular trägt nun den Titel: „Designer". Von den Quellcode-Dateien sind eigentlich nur zwei Dateien für die weitere Programmierung interessant – und zwar die Datei „Form1.cs" und die Datei „Form1.Designer.cs". In der Datei „Program.cs" steht im Prinzip nur das Hauptprogramm.

▶ **„Form1.cs":** In dieser Datei steht der Quellcode für das Formular. Der folgende Quellcode-Ausschnitt zeigt jene Anweisungen, die automatisch generiert wurden:

```csharp
using System;
using System.Collections.Generic;
using System.ComponentModel;
using System.Data;
using System.Drawing;
using System.Linq;
using System.Text;
using System.Windows.Forms;

namespace Der_Designer
{
    public partial class Form1 : Form
    {
        public Form1()
        {
            InitializeComponent();
        }
    }
}
```

> Mit dem Schlüsselwort partial kann eine Klasse auf mehrere Dateien verteilt werden.

> Hier wird eine neue Form-Klasse erstellt, abgeleitet von der Basisklasse Form.

> Im Konstruktor wird die Methode InitializeComponent() aufgerufen – sie dient der Initialisierung aller Elemente, die auf dem Formular sein werden.

▶ „**Form1.Designer.cs**": In dieser Datei steht der Quellcode für das Formular. Der folgende Quellcode-Ausschnitt zeigt die Anweisungen, die automatisch generiert wurden:

```csharp
namespace Der_Designer
{

    partial class Form1
    {
        /// <summary>
        /// Erforderliche Designervariable.
        /// </summary>
```

> Kommentare, die mit drei Slashes eingeleitet werden, dienen zur automatischen Generierung einer XML-Hilfedatei.

```csharp
        private System.ComponentModel.IContainer components = null;


        /// <summary>
        /// Verwendete Ressourcen bereinigen.
        /// </summary>
        /// <param name="disposing">True, wenn verwaltete
        /// Ressourcen gelöscht werden sollen; andernfalls
        /// False.</param>


        protected override void Dispose(bool disposing)
        {
            if (disposing && (components != null))
            {
                components.Dispose();
            }
            base.Dispose(disposing);
        }
```

> Die `Dispose`-Methode wird implementiert.

```csharp
        #region Vom Windows Form-Designer generierter Code


        /// <summary>
        /// Erforderliche Methode für die Designerunterstützung.
        /// Der Inhalt der Methode darf nicht mit dem Code-Editor
        /// geändert werden.
        /// </summary>
```

> Die Methode `InitializeComponent()` dient zur Initialisierung der Elemente des Formulars (Buttons, Textfelder etc.). Sie ist deshalb auch sehr wichtig für die visuelle Gestaltung des Formulars.

```csharp
        private void InitializeComponent()
        {
```

> Ein Container-Verweis zur Speicherung der Elemente (Komponenten) der Form

```csharp
            this.components = new System.ComponentModel.Container();
            this.AutoScaleMode =
                        System.Windows.Forms.AutoScaleMode.Font;
            this.Text = "Form1";
        }
```

```
        #endregion

    }

}
```

▶ **„Program.cs":** In dieser Datei befindet sich das Hauptprogramm.

```
using System;

using System.Collections.Generic;

using System.Linq;

using System.Windows.Forms;


namespace Der_Designer

{

    static class Program

    {

        /// <summary>

        /// Der Haupteinstiegspunkt für die Anwendung.

        /// </summary>

        [STAThread]

        static void Main()

        {

            Application.EnableVisualStyles();

            Application.SetCompatibleTextRenderingDefault(false);

            Application.Run(new Form1());

        }

    }

}
```

> Visuelle Effekte aktivieren

> Starten der Forms-Anwendung

Die Datei mit dem Hauptprogramm braucht in der Regel nicht geändert zu werden. Alle programmiertechnischen Änderungen werden in der „Form1.cs"-Datei vorgenommen – vieles davon wird aber auch automatisch durch den Designer erstellt.

Hinweis:

Das Anzeigen des Quellcodes der Form-Datei geschieht über das Kontextmenü mit der rechten Maustaste. Dort ist der Befehl „Code anzeigen" zu finden. Standardmäßig wird das Formular und nicht der Quellcode angezeigt.

13.1.2 Eigenschaften des Formulars

Das Formular verfügt über viele Eigenschaften, die der Programmierer ändern kann. Einige der Eigenschaften wurden bereits in den Beispielen zu den Grundlagen der Windows-Programmierung verwendet. Alle Eigenschaften sind sowohl im Quellcode als auch über das Eigenschaftsfenster einstellbar. Wenn Eigenschaften während der Laufzeit angepasst werden müssen, dann kann das natürlich nur im Quellcode geschehen. Die folgende Tabelle gibt eine Übersicht der wichtigsten Eigenschaften:

Eigenschaft	Beschreibung
BackColor	Einstellung der Hintergrundfarbe
BackgroundImage	Ein Hintergrundbild angeben
Cursor	Einstellung des Mauszeigers
Font	Schriftart für das Formular einstellen
ForeColor	Schriftfarbe einstellen
Text	Fenstertext

Eigenschaft	Beschreibung
Icon	Das Symbol des Formulars
Size	Die Größe des Fensters
AutoScroll	Einstellung der automatischen Bildlaufleisten

13.2 Einfache Steuerelemente verwenden

13.2.1   Die Toolbox verwenden

Die Toolbox ist ein Hilfefenster, das auf einen Klick auf das Symbol am linken (manchmal auch am rechten) Rand der Entwicklungsumgebung erscheint. Mithilfe der Toolbox können alle Steuerelemente (Buttons, Labels, Textboxen usw.) ausgewählt und auf dem Formular platziert werden. Das geschieht alles mit der Maus und ohne das Schreiben von Quellcode. Die Eigenschaften von jedem Steuerelement können dann über das Eigenschaftsfenster angepasst werden. In der folgenden Abbildung wurden drei Steuerelemente über die Toolbox auf dem Formular platziert:

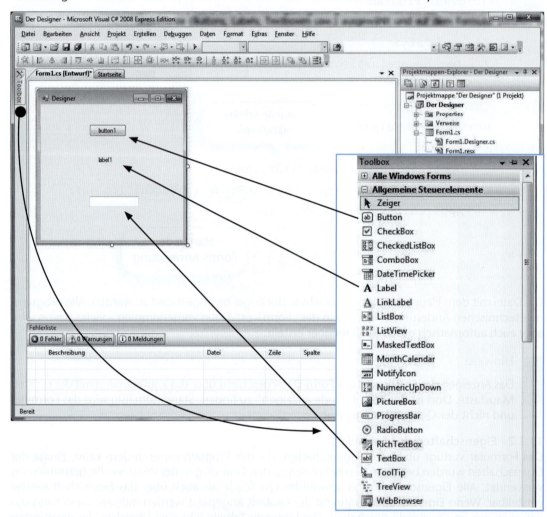

Diese einfache visuelle Gestaltung hat einige Auswirkungen auf den Quelltext, der vom Designer automatisch angepasst wurde. In der Methode InitializeComponent() werden Objekte für die Steuerelemente instanziert:

```
private void InitializeComponent()
{
    this.button1 = new System.Windows.Forms.Button();
    this.label1 = new System.Windows.Forms.Label();
    this.textBox1 = new System.Windows.Forms.TextBox();
    this.SuspendLayout();
    //
```

```
// button1
//
```

> Der Button wird positioniert, so wie es visuell gestaltet wurde. Ebenso werden die weiteren Eigenschaften gesetzt.

```
this.button1.Location = new System.Drawing.Point(106, 38);
this.button1.Name = "button1";
this.button1.Size = new System.Drawing.Size(75, 23);
this.button1.TabIndex = 0;
this.button1.Text = "button1";
this.button1.UseVisualStyleBackColor = true;
//
// label1
//
```

> Das Label wurde angelegt.

```
this.label1.AutoSize = true;
this.label1.Location = new System.Drawing.Point(125, 103);
this.label1.Name = "label1";
this.label1.Size = new System.Drawing.Size(35, 13);
this.label1.TabIndex = 1;
this.label1.Text = "label1";
//
// textBox1
//
```

> Die Textbox wurde angelegt.

```
this.textBox1.Location = new System.Drawing.Point(106, 161);
this.textBox1.Name = "textBox1";
this.textBox1.Size = new System.Drawing.Size(100, 20);
this.textBox1.TabIndex = 2;
//
// Form1
//
this.AutoScaleDimensions = new System.Drawing.SizeF(6F, 13F);
this.AutoScaleMode = System.Windows.Forms.AutoScaleMode.Font;
this.ClientSize = new System.Drawing.Size(284, 262);


this.Controls.Add(this.textBox1);
this.Controls.Add(this.label1);
this.Controls.Add(this.button1);
```

> Die Steuerelemente werden dem Control-Container des Formulars hinzugefügt.

```
this.Name = "Form1";
this.Text = "Form1";
this.ResumeLayout(false);
this.PerformLayout();
}
```

> **Hinweis:**
>
> Der automatisch generierte Code des Designers kann selbstverständlich auch komplett vom Programmierer erstellt werden. Alle Steuerelemente auf dem Formular können ohne Designer erstellt und angepasst werden. Es ist allerdings offensichtlich, dass der Einsatz des Designers viel Tipparbeit und Zeit sparen kann.

13.2.2 Label und Textbox

Diese einfachen Steuerelemente dienen zur Anzeige von Texten (`Label`) und zur Eingabe sowie Ausgabe von Texten (`TextBox`). Damit ist die einfachste Kommunikation zwischen Benutzer und Anwendung möglich. Das Schreiben und Lesen der Texte geschieht über die Eigenschaft `Text`. Damit kann bei der `Textbox` sowohl der Inhalt gesetzt als auch ausgelesen werden. Das folgende Beispiel setzt die Eigenschaften von einem Label und einer Textbox in dem Konstruktor des Formulars:

```
public partial class CLabel_und_Text : Form
{
    public CLabel_und_Text()                  Eigenschaften setzen
    {
        InitializeComponent();
        this.einLabel.Text = "Name";
        this.eineBox.Text = "Kaiser";
    }
}
```

> Label und Textbox wurden mit dem Designer erstellt und haben den Namen `einLabel` und `eineBox` erhalten.

Nach dem Starten erscheint das Fenster mit den entsprechenden Texten in den Steuerlementen:

13.2.3 Auf Ereignisse reagieren

Das Setzen und Lesen von Eigenschaften der Steuerelemente im Konstruktor des Formulars zeigt zwar prinzipiell die Funktionsweise, hilft aber nicht bei der Kommunikation mit dem Benutzer, denn der Konstruktor wird ja nur beim Erstellen des Formulars aufgerufen. Aus diesem Grund müssen Ereignisbehandlungsmethoden geschrieben werden, die auf Ereignisse reagieren können. Ein einfaches Ereignis ist beispielsweise die Änderung des Textes in der `TextBox`. An dieses Ereignis kann eine Methode angebunden werden, die auf die Änderung reagiert. Durch einen Doppelklick auf die Textbox im Designer wird automatisch eine Ereignisbehandlungsmethode in der Form-Datei erstellt. In dieser Methode kann dann beispielsweise eine `MessageBox` aufgerufen werden, wenn ein bestimmter Text eingegeben wurde:

```
private void eineBox_TextChanged(object sender, EventArgs e)
{
        if (this.eineBox.Text == "Maier")
        {
            MessageBox.Show("Sie haben Maier eingegeben");
        }
}
```

> Eine einfache `MessageBox` mit einem Meldungstext aufrufen

Wenn der Benutzer nun den Namen „Maier" in die `TextBox` einträgt, dann wird das in der Ereignismethode erkannt und die entsprechende Meldung in einer `MessageBox` ausgegeben:

Das Ereignis **TextChanged** ist nur eines von vielen Ereignissen, die bei der Verwendung der `Text-Box` genutzt werden können. In dem Eigenschaftsfenster für jedes Steuerelement können beliebige Ereignisse ausgewählt und eine zugehörige Ereignisbehandlungsmethode erstellt werden. Ein Doppelklick auf das gewünschte Ereignis reicht aus, um die Methode erstellen zu lassen.

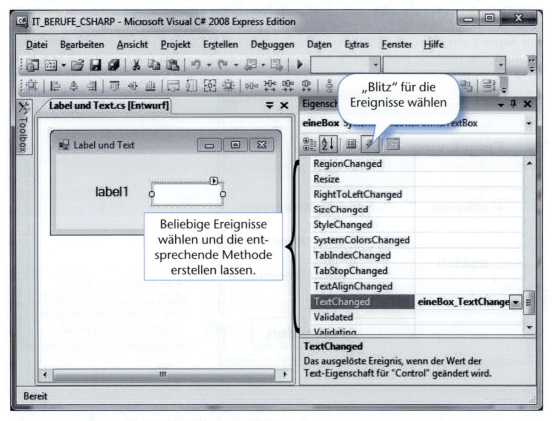

In jeder Ereignisbehandlungsmethode werden Übergabeparameter verwendet. Der erste Parameter ist ein Verweis (Typ `object`), der auf den Sender des Ereignisses verweist. Der zweite Parameter ist ein Event-Parameter, mit dem weitere Zusatzinformationen geliefert werden. Das folgende Beispiel zeigt die Verwendung dieser Informationen bei dem Ereignis `Text_Changed`:

```csharp
private void eineBox_TextChanged(object sender, EventArgs e)
{
    MessageBox.Show("Der Sender ist vom Typ: " + sender.GetType());
}
```

Der Typ des Senders wird ausgegeben.

Nach dem Starten erscheint die `MessageBox` mit der Angabe des Senders:

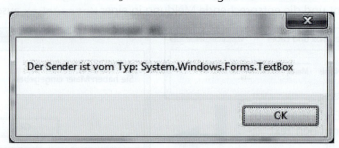

13.2.4 Buttons, Radiobuttons und Checkboxen

Fast jede Windows-Anwendung verfügt über Buttons, Radiobuttons oder Checkboxen. Mit Buttons kann der Benutzer eine bestimmte Aktion wählen, die natürlich mithilfe einer Ereignisbehandlungsmethode hinterlegt wird. Mit den Radiobuttons ist hingegen eine differenzierte Auswahl zwischen mehreren Optionen möglich. Dabei ist besonders wichtig, dass immer nur eine Auswahl zugelassen wird. Deshalb werden diese Steuerelemente auch Radiobuttons genannt – so wie bei einem Radio (jedenfalls früher) kann immer nur ein Knopf (beispielsweise für den Sender) gedrückt sein. Soll eine Auswahl von mehreren Optionen gleichzeitig möglich sein, so muss die Checkbox zum Einsatz kommen. Das folgende Beispiel zeigt ein Formular mit einigen dieser Steuerelemente und einer Ereignisbehandlungsmethode:

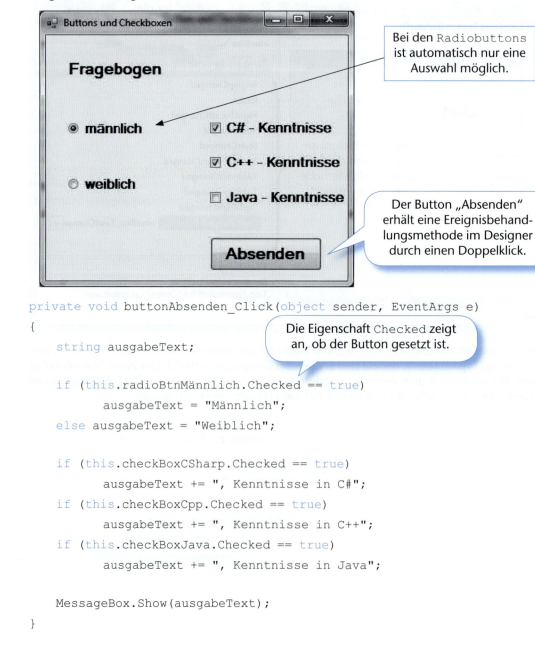

```
private void buttonAbsenden_Click(object sender, EventArgs e)
{

    string ausgabeText;


    if (this.radioBtnMännlich.Checked == true)
        ausgabeText = "Männlich";
    else ausgabeText = "Weiblich";


    if (this.checkBoxCSharp.Checked == true)
        ausgabeText += ", Kenntnisse in C#";
    if (this.checkBoxCpp.Checked == true)
        ausgabeText += ", Kenntnisse in C++";
    if (this.checkBoxJava.Checked == true)
        ausgabeText += ", Kenntnisse in Java";


    MessageBox.Show(ausgabeText);
}
```

Nach dem Starten und Klicken auf den Absenden-Button erscheint diese `MessageBox` mit der Auswertung:

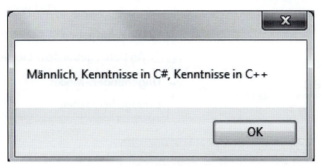

Hinweis:

Die Steuerelemente erhalten alle einen sprechenden Namen. Vorangestellt wird zusätzlich eine Typangabe. Das ist zwar bei der Eintragung in den Eigenschaften etwas aufwändiger, hilft aber bei der späteren Zuordnung von Namen und Elementen sehr. In einem großen Projekt mit 50 bis 100 Steuerelementen kann der Programmierer sonst leicht den Überblick verlieren. Die verwendeten Steuerelemente in dem obigen Beispiel wurden so genannt:

- `checkBoxJava`
- `checkBoxCSharp`
- `checkBoxCpp`
- `labelÜberschrift`
- `radioBtnWeiblich`
- `radioBtnMännlich`
- `buttonAbsenden`

13.2.5   Listboxen und Kombinationsboxen

Mit Listboxen und Kombinationsboxen erhält der Benutzer die Möglichkeit, aus einer Liste von Einträgen auszuwählen. Bei der Kombinationsbox ist es zusätzlich möglich, dass der Benutzer einen Eintrag selbst vornimmt oder bei Bedarf aus einer vorgegebenen Liste wählt. Das folgende Beispiel zeigt beide Steuerelemente auf einem Formular:

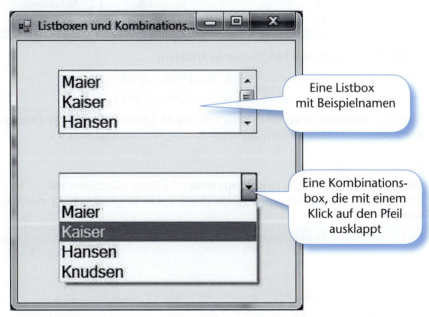

Das Eintragen der Werte in die Listbox oder die Kombinationsbox kann einerseits über den Designer oder wie im unten stehenden Quelltext auch im Programmcode erfolgen.

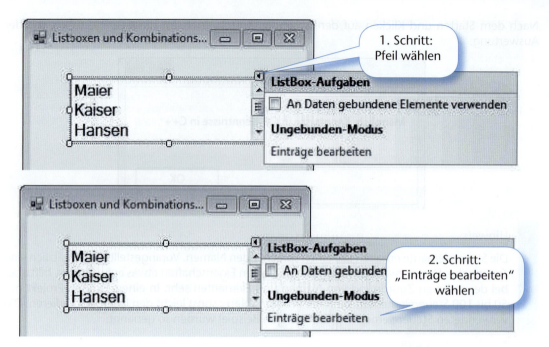

Danach öffnet sich ein Editor, in dem die Einträge bearbeitet werden können:

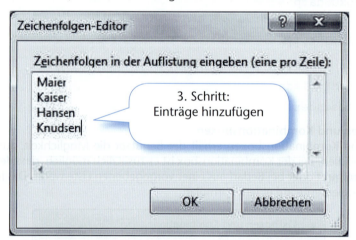

Im Quelltext könnte das Hinzufügen so erfolgen:

```
this.listBoxNamen.Items.Add("König");

this.comboBoxNamen.Items.Add("König");
```

Beide Steuerelemente verfügen über ein Objekt `Items`, welches die Einträge verwaltet. Über die Methode `Add()` kann einfach ein neuer Eintrag hinzugefügt werden.

Einträge selektieren

Wenn der Benutzer einen Eintrag aus einer `Listbox` selektieren soll, so kann dafür eine entsprechende Ereignisbehandlungsmethode durch einen Doppelklick auf das Steuerelement generiert werden:

```
private void listBoxNamen_SelectedIndexChanged( object sender,
                                     EventArgs e)

{

    string auswahlText = "Selektierter Index: ";

    auswahlText += this.listBoxNamen.SelectedIndex;



    auswahlText += "\nSelektierter Text: ";
```

Gibt den Index (nullbasiert) des selektierten Eintrags zurück

```
auswahlText += this.listBoxNamen.SelectedItem;


MessageBox.Show(auswahlText);

}
```

> Gibt den Text (als `Object`-Verweis) des selektierten Eintrags zurück

Nach dem Starten erfolgt die Ausgabe über die `MessageBox`, wenn ein Eintrag selektiert wird:

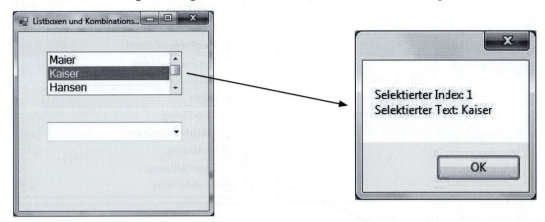

Für die Kombinationsbox ist das Auslesen des selektierten Eintrags identisch, aber es gibt auch noch die Möglichkeit, dass der Benutzer einen eigenen Text einträgt. In diesem Fall kann einfach die `Text`-Eigenschaft des Steuerelements abgefragt werden, um den Eintrag zu erhalten. In dem folgenden Beispiel wurde dazu eine Methode zu dem Ereignis `Leave` implementiert, das aufgerufen wird, wenn das Steuerelement den Fokus verliert:

```
private void comboBoxNamen_Leave(object sender, EventArgs e)
{
    MessageBox.Show("Benutzereintrag: " + this.comboBoxNamen.Text);
}
```

Nach dem Starten reagiert die Anwendung dann so:

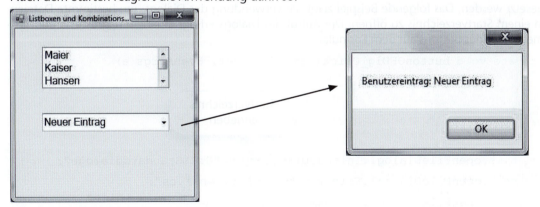

13.3 Standard-Dialogfelder

13.3.1 Datei-öffnen und Datei-speichern-Dialoge

Die meisten Windows-Anwendungen verfügen über Dialoge, um Dateien zu speichern oder zu laden. Diese Dialoge sehen in der Regel immer gleich aus. Das ist sinnvoll, denn die Benutzer wollen nicht bei jedem Programm neu erlernen, wie ein solcher Dialog zu bedienen ist. Aus diesem Grund bietet .NET (bzw. die Windows-API) vorgefertigte Standarddialoge an. Diese Dialoge können in jede Anwendung eingebunden und bei Bedarf geöffnet werden. Unter .NET reicht dazu die Benutzung von bestimmten Klassen, in denen die Funktionalitäten der Dialoge implementiert sind. Der einfachste Weg ist wieder die Verwendung des Designers und der Toolbox. Unter der Rubrik *Dialogfelder* sind die Standarddialoge zu finden und können mit der Maus auf dem Formular platziert werden. Im Gegensatz zu den Steuerelementen wird kein Symbol auf dem Formular angezeigt, sondern im Bereich unterhalb des Formulars ein Symbol für ein solches Dialog-Objekt.

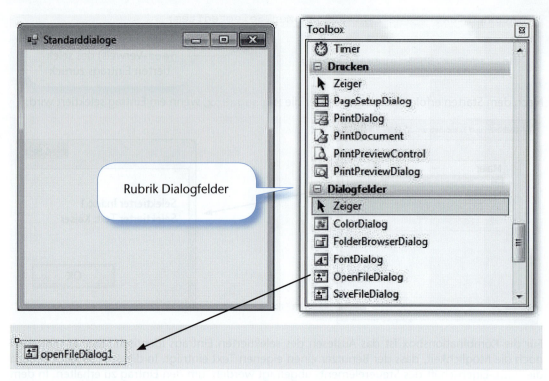

Nach der Auswahl eines `OpenFileDialog`-Elementes wird ein Objekt in der Form-Klasse instanziert und steht dann zur Verfügung. Der Designer fügt dazu der `InitializeComponent`–Methode folgenden Quelltext hinzu:

```csharp
this.openFileDialog1 = new System.Windows.Forms.OpenFileDialog();
```

Die Benutzung des Dialogs kann dann durch den Aufruf der Methode `ShowDialog()` erfolgen. Damit erscheint der Datei-öffnen-Dialog und der Benutzer kann in dem vertrauten Dialog nach einer Datei suchen. Die ausgewählte Datei kann dann mit der Eigenschaft `FileName` ausgelesen werden. Vor dem Öffnen des Dialogs können beispielsweise noch das Startverzeichnis oder die Datei-Filter gesetzt werden. Das folgende Beispiel zeigt die Verwendung des Dialogs, um bestimmte Dateien in einem Startverzeichnis zu öffnen. Der Aufruf des Dialogs erfolgt in einer Ereignisbehandlungs-methode eines Buttons auf dem Formular:

```csharp
private void buttonOFDlg_Click(object sender, EventArgs e)
{




    this.openFileDialog1.InitialDirectory = "C:\\Standarddialoge";
    this.openFileDialog1.Filter = "C# - Dateien|*.cs";
    this.openFileDialog1.FileName = "";




    if (this.openFileDialog1.ShowDialog() ==
            System.Windows.Forms.DialogResult.OK)
    {
        MessageBox.Show( "Der gewählte Dateiname: " +
                    this.openFileDialog1.FileName);


    }
}
```

Nach dem Starten erscheint dann der Dialog mit einem Klick auf den Button:

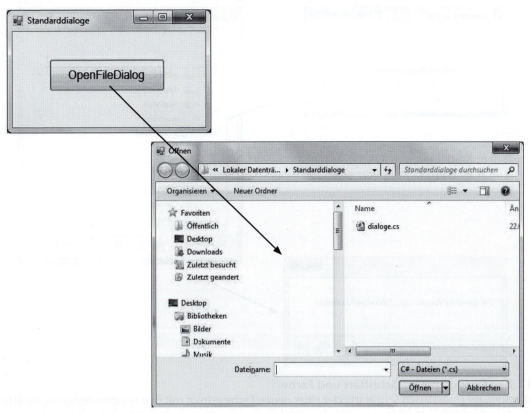

> **Hinweis:**
>
> Der Datei-speichern-Dialog ist genau so zu verwenden wie der oben beschriebene Öffnen-Dialog.

13.3.2   Der Verzeichnis-suchen-Dialog

Ein weiterer interessanter Standarddialog ist der Verzeichnis-suchen-Dialog (`FolderBrowserDi-alog`), mit dem ein Verzeichnis (Ordner) gesucht und gewählt werden kann. Ebenso wie bei den Datei-Dialogen wird mithilfe der Toolbox ein `FolderBrowserDialog`–Objekt auf dem Formular platziert. Das folgende Beispiel zeigt die Verwendung dieses Dialogs:

```csharp
private void btnVerzSuchen_Click(object sender, EventArgs e)
{

    if ( this.folderBrowserDialog1.ShowDialog() ==
                    System.Windows.Forms.DialogResult.OK)
    {
        MessageBox.Show("Das gewählte Verzeichnis: " +
                this.folderBrowserDialog1.SelectedPath);
    }

}
```

Dialog aufrufen

Das ausgewählte Verzeichnis anzeigen lassen

Nach dem Starten erscheint dann der Dialog mit einem Klick auf den Button:

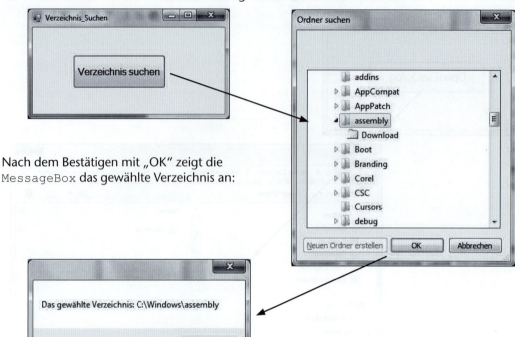

Nach dem Bestätigen mit „OK" zeigt die
`MessageBox` das gewählte Verzeichnis an:

13.3.3 Dialoge für die Schriftart und Farbe

Die Auswahl einer neuen Schriftart oder einer neuen Farbe erfolgt mit den entsprechenden Objekten
der Standarddialog-Klassen `FontDialog` und `ColorDialog`. In dem folgenden Beispiel werden
die Dialoge dazu genutzt, um die Schriftart und die Farbe eines Buttons anzupassen:

```csharp
private void btnSchriftFarbe_Click(object sender, EventArgs e)
{
                                                  Schriftart-Dialog
                                                  aufrufen

    if ( this.fontDialog1.ShowDialog() ==
            System.Windows.Forms.DialogResult.OK)
    {
        this.btnSchriftFarbe.Font = this.fontDialog1.Font;
    }
                                 Farben-Dialog               Button erhält die
                                 aufrufen                    gewählte Schrift.

    if ( this.colorDialog1.ShowDialog() ==
            System.Windows.Forms.DialogResult.OK)
    {
        this.btnSchriftFarbe.ForeColor = this.colorDialog1.Color;
    }
                                                  Button erhält die
                                                  gewählte Farbe.

}
```

Nach dem Starten kann über einen Klick auf den Button zuerst die Schriftart und dann die Farbe gewählt werden.

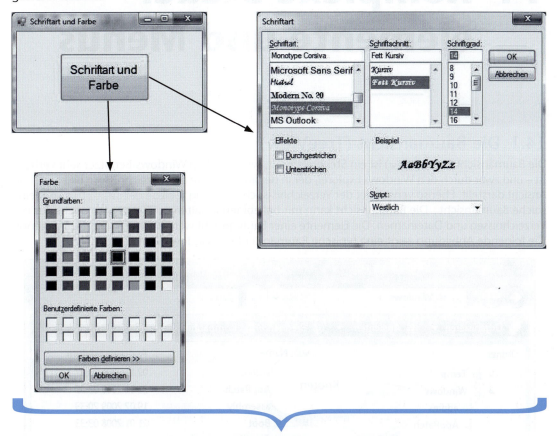

14 Komplexe Steuer-elemente und Menüs

14.1 Die Baumansicht (TreeView)

Die Baumansicht (`TreeView`) ist ein Steuerelement, welches dem Windows-Benutzer sehr vertraut ist – und zwar durch den Windows Explorer, der in der linken Hälfte die Verzeichnisse in einer solchen Ansicht darstellt. Ebenso verwendet der Verzeichnis-suchen-Dialog (`FolderBrowserDialog`) eine solche Baumansicht. Die Baumansicht kann mit beliebigen Inhalten gefüllt werden, nicht nur mit Verzeichnissen und Dateinamen. Die Elemente einer Baumansicht werden Knoten (`Nodes`) genannt. Die folgende Abbildung zeigt eine typische Baumansicht im Windows Explorer:

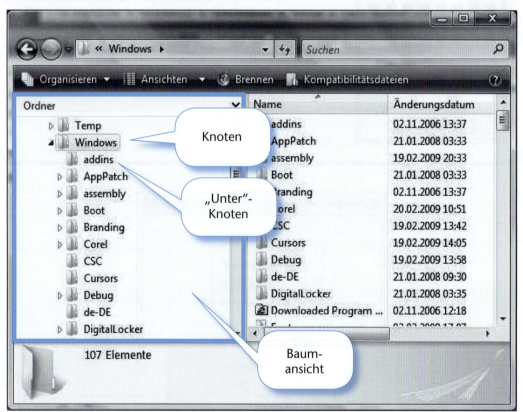

Eine Baumansicht wird wie jedes andere Steuerelement aus der Toolbox auf dem Formular platziert. Der Designer legt dann automatisch ein Objekt vom Typ `TreeView` an:

```
private System.Windows.Forms.TreeView treeView1;

private void InitializeComponent()
{
    this.treeView1 = new System.Windows.Forms.TreeView();
    :
}
```

14.1.1 Anlegen von Knoten (Nodes) in einer TreeView

Um einen Knoten für eine `TreeView` zu implementieren, muss einfach eine Instanz der Klasse `Tree-Node` gebildet werden. Dem Konstruktor kann dann sofort der Text des Knotens übergeben werden:

```
TreeNode knoten_1 = new TreeNode("Knoten 1");
TreeNode knoten_2 = new TreeNode("Knoten 2");


this.treeView1.Nodes.Add(knoten_1);
this.treeView1.Nodes.Add(knoten_2);
```

> Neue Knoten instanzieren

> Hinzufügen über die Methode `Add()` des `Nodes`-Objektes.

Die Baumansicht verfügt über ein Objekt `Nodes`, welches die Knoten verwaltet. Über die `Add()`-Methode können beliebige Knoten eingefügt werden. Nach dem Starten der Anwendung mit den o.a. Quellcode-Zeilen im Konstruktor des Formulars sieht die Baumansicht so aus:

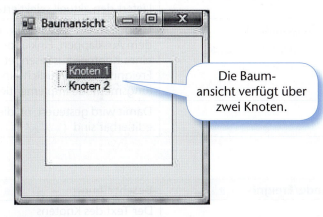

> Die Baumansicht verfügt über zwei Knoten.

14.1.2 Anlegen von Unterknoten

Jedem Knoten können beliebig viele Unterknoten hinzugefügt werden, denn jeder einzelne Knoten verfügt selbst wieder über ein `Nodes`-Objekt. Einem Unterknoten können dann wieder beliebig viele Knoten (Unterunterknoten) hinzugefügt werden, wie das folgende Beispiel zeigt:

```
TreeNode knoten_1_1 = new TreeNode("Unterknoten 1_1");
TreeNode knoten_1_1_1 = new TreeNode("Unterunterknoten 1_1_1");
```

> Mit dem Index wird der erste Knoten gewählt.

> Das `Nodes`-Objekt des ersten Knotens verwaltet die weiteren Unterknoten.

```
treeView1.Nodes[0].Nodes.Add(knoten_1_1);
treeView1.Nodes[0].Nodes[0].Nodes.Add(knoten_1_1_1);
```

> Mit dem Index wird der erste Unterknoten gewählt.

> Ein Unterunterknoten wird hinzugefügt.

Nach dem Starten sind neben zwei Knoten ein Unterknoten und ein Unterunterknoten hinzugefügt worden:

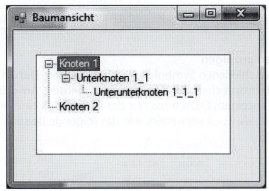

14.1.3 Wichtige Eigenschaften, Methoden und Ereignisse im Überblick

Die folgenden Tabellen zeigen wichtige Eigenschaften und Methoden der Klassen `TreeView` und `TreeNode`, die für die Programmierung der Baumansicht hilfreich sein können:

TreeView:

Eigenschaft/Methode/Ereignis	Beschreibung
Nodes	Oberster Knoten – eine Objekt der Klasse `TreeNodeCollections`
GetNodeCount(`bool`)	Liefert die Anzahl aller Knoten (mit Unterknoten, wenn der Parameter auf `true` gesetzt wird)
ImageList	Ein Array von Bildern, die bei den Knoten angezeigt werden können
SelectedNode	Liefert den aktuell selektierten Knoten
BeforeExpand – AfterExpand BeforeCollapse – AfterCollapse BeforeSelect – AfterSelect	Ereignisse der `TreeView`, die vor und nach dem Ausklappen, Einklappen oder Selektieren eines Knotens ausgesendet werden. Für jedes Ereignis kann natürlich eine Ereignisbehandlungsmethode implementiert werden.
LabelEdit	Damit wird gesteuert, ob die Texte der Knoten editierbar sind (`true`/`false`).

TreeNode:

Eigenschaft/Methode/Ereignis	Beschreibung
Text	Der Text des Knotens
Nodes	Objekt der Klasse `TreeNodeCollections` für die weiteren Knoten
Nodes.Add(TreeNode) oder Nodes.Add(`string`)	Die `Add`-Methode des `Nodes`-Objektes fügt weitere Unterknoten ein.
FullPath	Liefert einen kompletten String mit allen Texten der Elternknoten (getrennt mit einem Backslash)
FirstNode, LastNode, NextNode, PrevNode	Liefern die umgebenden Knoten
IsExpanded	Boolescher Wert, ob der Knoten ausgeklappt ist
IsSelected	Boolescher Wert, ob der Knoten selektiert ist
GetNodeCount(`bool`)	Liefert die Anzahl aller Unterknoten (mit weiteren Unterknoten, wenn der Parameter auf `true` gesetzt wird)
BeginEdit()	Startet das Editieren des Textes des Knotens – ACHTUNG: In der `TreeView` muss dazu die Eigenschaft `LabelEdit` auf `true` gesetzt werden.
Remove()	Löscht den Knoten

14.1.4 Bilder für Knoten anzeigen

Die Knoten können mit verschiedenen Symbolen versehen werden. Dazu muss das Attribut `ImageList` der `TreeView` mit entsprechenden Bildern gefüllt werden. Anschließend kann sogar jeder Knoten sein eigenes Bild anzeigen. Dazu muss nur der Bilderindex eines Knotens auf den entsprechenden Bilderindex der `TreeView` verweisen, wie das folgende Beispiel zeigt:

```
treeView1.ImageList = new ImageList();
```

Ein `ImageList`-Objekt für die `TreeView` instanzieren

Mit der Methode
Add() Bilder hinzufügen

```
treeView1.ImageList.Images.Add(Bitmap.FromFile("c:\\Ordner.bmp"));
treeView1.ImageList.Images.Add(Bitmap.FromFile("c:\\Diskette.bmp"));
treeView1.Nodes[0].Nodes[0].Nodes[0].ImageIndex = 1;
```

Den Bilderindex des Unterunterkno-
tens auf 1 setzen und damit das zweite
Bild aus der ImageList auswählen

Die Knoten der TreeView erhalten automatisch den Bildindex 0, wenn ein Bild oder mehrere Bilder hinzugefügt werden. Zusätzlich hat jeder Knoten eine eigene Eigenschaft ImageIndex, mit der ein Bildindex für diesen Knoten ausgewählt werden kann. Nach dem Starten erscheinen die Knoten mit einem entsprechenden Bild:

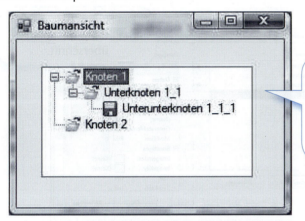

Der Standardindex ist 0 und
damit wird bei allen Knoten
das Ordner-Icon angezeigt. Der
Unterunterkonten hat ein eigenes
Symbol, da sein Bildindex auf 1
gesetzt wurde.

14.2   Die Listenansicht (ListView)

Die Listenansicht dient zur flexiblen Darstellung von Einträgen. Neben einer Tabellenansicht können die Einträge auch durch Symbole dargestellt werden. Die Listenansicht ist den meisten Windows-Benutzern bereits durch den Windows Explorer sehr vertraut:

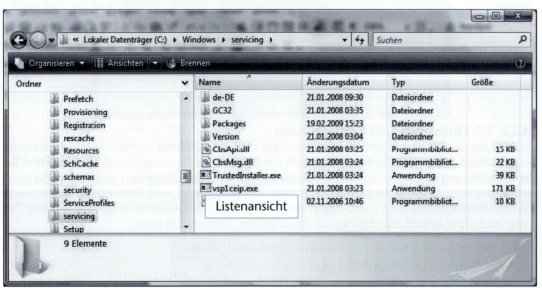

14.2.1   Eine Listenansicht vorbereiten

Nach dem Platzieren einer ListView auf dem Formular können durch einen Klick auf das kleine Dreieck die Optionen für die Listenansicht eingestellt werden:

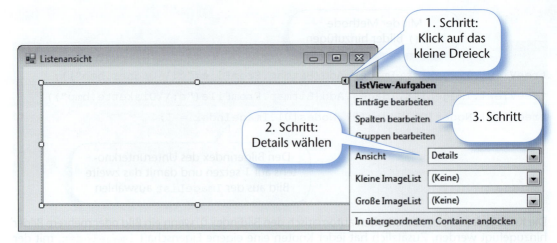

Nachdem für die Ansicht die Option *Details* gewählt wurde, können die Spalten der Listenansicht bearbeitet werden:

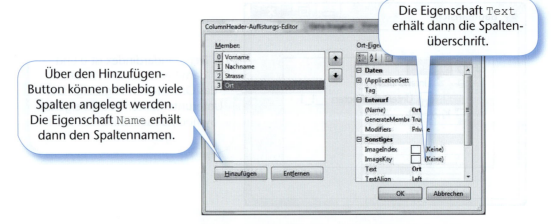

Nach dem Anlegen der Spalten sieht die Listenansicht im Designer so aus:

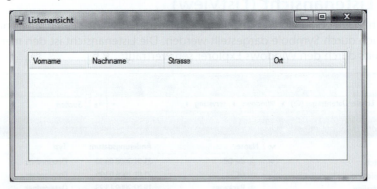

14.2.2 Die Listenansicht mit Einträgen füllen

Bei der Baumansicht wurde jeder Knoten durch ein `TreeNode`-Objekt vertreten. Ähnlich ist es nun bei der Listenansicht. Jeder Eintrag wird durch ein Objekt vom Typ `ListViewItem` vertreten. Bei der Instanzierung eines `ListViewItem`-Objektes wird ein Wert übergeben, der automatisch der erste Spaltenwert ist, wenn das Objekt der Listenansicht hinzugefügt wird. Die weiteren Spaltenwerte müssen dann über das `SubItems`-Objekt des `ListViewItem`-Objekts hinzugefügt werden. Das folgende Beispiel erstellt zwei Einträge und fügt sie der Listenansicht hinzu:

```
ListViewItem eintrag_1 = new ListViewItem("Franz");

eintrag_1.SubItems.Add("Kaiser");

eintrag_1.SubItems.Add("Baumallee 123");

eintrag_1.SubItems.Add("Würzburg");
```

Ein `ListViewItem` instanzieren

Weitere Spaltenwerte einfügen

```
ListViewItem eintrag_2 = new ListViewItem("Markus");
eintrag_2.SubItems.Add("Müller");
eintrag_2.SubItems.Add("Waldstr. 432");
eintrag_2.SubItems.Add("Hamburg");
```

Ein zweites `ListViewItem` instanzieren

```
this.listView1.Items.Add(eintrag_1);
this.listView1.Items.Add(eintrag_2);
```

Die Einträge der Listenansicht hinzufügen

Werden die oben angegebenen Anweisungen beispielsweise in den Konstruktor des Formulars eingefügt, dann sorgen sie für die korrekten Einträge nach dem Starten der Anwendung:

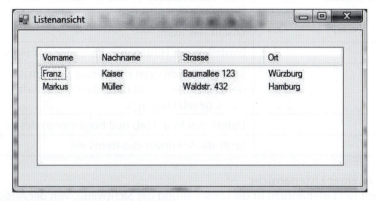

14.2.3 Einträge der Listenansicht abfragen

Die Einträge der Listenansicht können über die Objekte `Items` sowie `SubItems` sowie den Indexoperator bequem abgefragt werden, wie das folgende Beispiel zeigt:

Eintrag 1 (Index 0)   Spalte 2 (Index 1)

```
string ausgabe = this.listView1.Items[0].SubItems[1].Text;
MessageBox.Show("2. Spalte von Eintrag 1: " + ausgabe);
```

14.2.4 Wichtige Eigenschaften, Methoden und Ereignisse im Überblick

Die folgenden Tabellen zeigen wichtige Eigenschaften, Methoden und Ereignisse der Klassen `ListView` und `ListViewItem`, die für die Programmierung der Listenansicht hilfreich sein können:

`ListView`:

Eigenschaft/Methode/Ereignis	Beschreibung
`Items`	Eine Auflistung aller Items (Typ `ListViewItemCollection`)
`Items.Clear()`	Löscht alle Items der `ListView`
`Items.Add(ListViewItem)`	Fügt ein Item vom Typ `ListViewItem` hinzu
`SelectedItems`	Eine Auflistung aller selektierten Items (Typ `SelectedListViewItemCollection`)
`Click`	Ereignis, wenn auf ein Item geklickt wurde
`BackColor`	Einstellen der Hintergrundfarbe

Eigenschaft/Methode/Ereignis	Beschreibung
GridLines	Festlegen, ob ein Grid (Hilfslinien) angezeigt wird. Entweder true oder false setzen.
Font	Stellt die Schriftart der ListView ein.

ListViewItem:

Eigenschaft/Methode/Ereignis	Beschreibung
SubItems	Die weiteren Einträge des Items (weitere Spalten bei Detailansicht)
SubItems.Add(string)	Einen weiteren Spalteneintrag hinzufügen
Text	Der Inhalt eines Items
Remove()	Löscht das Item
BackColor	Einstellen der Hintergrundfarbe für das einzelne Item
BeginEdit()	Startet das Editieren des Textes des Items – ACHTUNG: In der ListView muss dazu die Eigenschaft LabelEdit auf true gesetzt werden.
Index	Liefert den Index (ab null beginnend) des Items in der Liste
Font	Stellt die Schriftart des Items ein

14.2.5   Bilder in einer Listenansicht

Eine Besonderheit der Listenansicht ist die Umschaltung der Sichtweise. Von der Ansicht in Tabellenform kann in eine Bilderansicht der Einträge umgeschaltet werden. Im Prinzip sind die Ansichten möglich, die auch vom Windows Explorer bekannt sind (große Symbole, kleine Symbole, Details usw.). Das folgende Beispiel zeigt die Änderung der Ansicht von Details auf kleine Symbole. Die Anweisungen dazu werden beispielsweise in einer Ereignisbehandlungsmethode eines Buttons hinterlegt:

```
ImageList bilderliste = new ImageList();
bilderliste.Images.Add(Bitmap.FromFile("c:\\temp\\Ordner.bmp"));
bilderliste.Images.Add(Bitmap.FromFile("c:\\temp\\Diskette.bmp"));
```

> Ein Objekt vom Typ ImageList instanzieren

> Beliebige Bilder in die Liste einfügen

> Der SmallImageList-Verweis der Listenansicht erhält die Bilderliste.

```
this.listView1.SmallImageList = bilderliste;
this.listView1.Items[0].ImageIndex = 0;
this.listView1.Items[1].ImageIndex = 1;

this.listView1.View = View.SmallIcon;
```

> Die Einträge erhalten einen Bildindex.

> Die Ansicht wird auf kleine Symbole (SmallIcon) umgestellt.

Nach dem Starten erscheint die Listenansicht mit den bekannten Einträgen. Ein Klick auf den Button sorgt dann für das Umschalten auf die Symbolansicht:

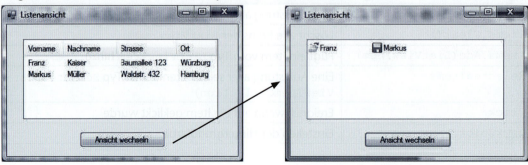

Hinweis:

Nach dem Zuweisen eines Bildindex werden auch in der Detailansicht kleine Symbole angezeigt. Wenn das nicht gewünscht ist, so muss der Bildindex einfach auf den Wert **–1** gesetzt werden.

14.3 Menüs erstellen

Die Einbindung von Menüs ist durch den Designer denkbar einfach. Dazu muss nur das Steuerelement MenuStrip unter der Rubrik *Menüs & Symbolleisten* auf dem Formular platziert werden. Die Eingabe eines Menübefehls kann dann direkt auf dem Formular erfolgen. Jeder Menübefehl kann durch weitere Untermenübefehle fortgeführt werden.

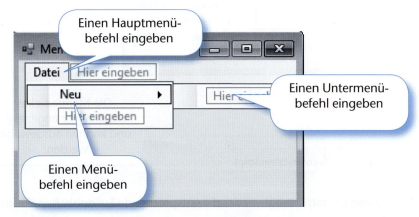

Der Designer legt dann automatisch ein Objekt vom Typ MenuStrip an und für die Menüpunkte und Untermenüpunkte werden Objekte vom Typ ToolStripMenuItem angelegt:

```
private Windows.Forms.MenuStrip menuStrip1;
```

Das Menüobjekt

Das Objekt für den Hauptmenübefehl

```
private Windows.Forms.ToolStripMenuItem dateiToolStripMenuItem;
```

Das Objekt für den Menübefehl

```
private Windows.Forms.ToolStripMenuItem neuToolStripMenuItem;
```

Zu jedem Menübefehl kann durch Doppelklicken auf den Befehl automatisch eine Ereignisbehandlungsmethode angelegt werden. Für den Befehl „Neu" kann diese Methode so aussehen:

```
private void neuToolStripMenuItem_Click(object sender, EventArgs e)
{
        MessageBox.Show("Menübefehl 'Neu'");
}
```

Bei einem Klick auf den Menüpunkt „Neu" wird eine Meldung ausgegeben.

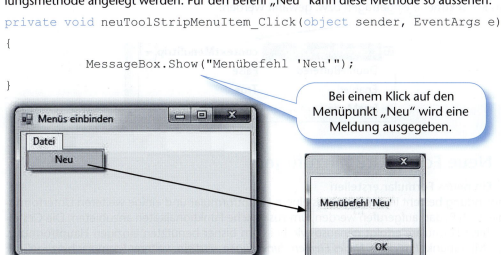

14.3.1   Kontextmenüs erstellen

Ebenso einfach wie das Erstellen eines Menüs auf dem Formular ist die Erstellung eines Kontext-
menüs, das durch den Klick auf die rechte Maustaste aktiviert wird. Für ein Kontextmenü muss nur
das Steuerelement `ContextMenuStrip` auf dem Formular platziert werden. Sowohl das Menü als
auch das Kontextmenü werden unterhalb des Formulars angezeigt. Ein Klick auf das entsprechende
Symbol öffnet das Menü zur Bearbeitung:

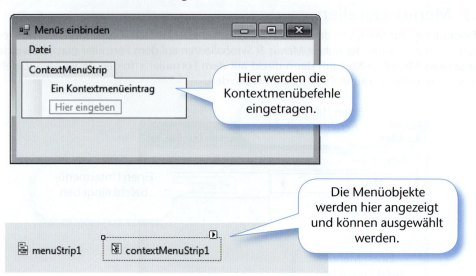

Ein Doppelklick auf den Eintrag erzeugt wieder die entsprechende Ereignisbehandlungsmethode:

```
private void einKontextmenüeintragToolStripMenuItem_Click(object sender,
                                                          EventArgs e)
{ . . .}
```

Nach dem Starten öffnet sich das Kontextmenü automatisch mit dem Klicken der rechten Maustaste:

> **Hinweis:**
>
> Bevor ein Kontextmenü verwendet werden kann, muss in den Eigenschaften des Formulars
> das Kontextmenü eingetragen bzw. gewählt werden:

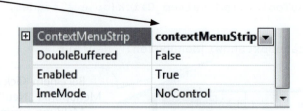

14.4   Neue Formulare hinzufügen

14.4.1   Ein neues Formular erstellen

Eine Anwendung besteht in der Regel aus einem Hauptformular und einige weiteren Unterformularen, die nach Bedarf aufgerufen werden, um zusätzliche Funktionalitäten anzubieten. Die Gestaltung weiterer Formulare erfolgt genauso wie bei dem bisher benutzten einzigen Hauptformular.
Über den Menüpunkt *Projekt → Neues Element hinzufügen* wird ein weiteres Formular hinzugefügt:

Es werden automatisch die entsprechenden Quellcode-Dateien generiert, in denen die neue Formular-Klasse definiert ist.

14.4.2 Unterformulare aufrufen

Der Aufruf von Unterformularen oder weiteren Formularen ist relativ einfach. Es muss nur eine Instanz des neuen Formulars erstellt und dann mit einer der folgenden Methoden aufgerufen werden:

▶ `ShowDialog()`: Diese Methode öffnet das Formular modal. Das bedeutet, dass das Formular so lange den Fokus hat, bis es geschlossen wird.

▶ `Show()`: Diese Methode öffnet das Formular nicht modal. Das bedeutet, dass das Formular den Fokus verlieren und im Hintergrund offen bleiben kann.

Das folgende Beispiel ruft in einer Ereignisbehandlungsmethode ein weiteres Formular auf und übergibt vorher einen Text, den das neue Formular in einer Textbox anzeigt. Damit soll auch gleichzeitig das Prinzip des Datenaustausches zwischen Formularen verdeutlicht werden:

Ereignisbehandlungsmethode des Hauptformulars:

```csharp
private void buttonUFom_Click(object sender, EventArgs e)
{
    CUnterformular  uForm = new CUnterformular();

    uForm.SetText("Übergabetext");

    uForm.ShowDialog();
}
```

Unterformular instanzieren

Mit dem Aufruf der Unterformular-Methode werden Werte gesetzt.

Unterformular modal öffnen

Set-Methode in dem Unterformular:

```csharp
public void SetText(string text)
{
    this.textBox.Text = text;
}
```

Übergebenen Text der Textbox zuweisen

Nach dem Starten sieht der Aufruf eines Unterformulars dann so aus:

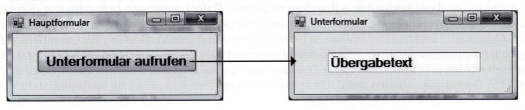

15 Datenbankanbindung

15.1 Datenbankzugriff

Das Speichern von Daten kann eine Anwendung natürlich mithilfe von Dateioperationen selbst durchführen. Für wenige Daten ist das wahrscheinlich auch die erste Wahl bei der Entwicklung einer Anwendung, weil sie damit relativ unabhängig ist. Wenn allerdings viele Daten (oder Datensätze) zu speichern sind und die Daten zusätzlich einen komplizierten Aufbau haben, dann ist die Speicherung in einer Datenbank in Betracht zu ziehen. Der große Vorteil bei einer Datenbankanbindung ist die Unabhängigkeit der Anwendung von der technischen Umsetzung der Datenspeicherung. Das erledigt die Datenbank im Hintergrund. Auch das Ändern oder Löschen von Daten ist bequem durch einige Datenbankbefehle (SQL-Befehle) zu realisieren. Die Abfragesprache **SQL** (Structured Query Language) spielt hierbei eine wichtige Rolle. Bei den folgenden Ausführungen werden deshalb auch grundlegende Kenntnisse in SQL vorausgesetzt.

15.1.1 Datenbankanbindung unter dem .NET-Framework

Das .NET-Framework bietet eine Vielzahl von Klassen, um die Anbindung an eine Datenbank zu realisieren. Diese Klassen sind unter dem Oberbegriff **ADO.NET** gesammelt. Dabei steht ADO für *ActiveX Data Objects* und ist eine Erweiterung der bereits vorhandenen Technik von Microsoft. Mit ADO.NET kann ein Zugriff auf Datenquellen wie **SQL-Server** oder auch auf **OLE DB**- und **ODBC**-Datenquellen erfolgen. Die folgende Abbildung zeigt das Grundprinzip von ADO.NET:

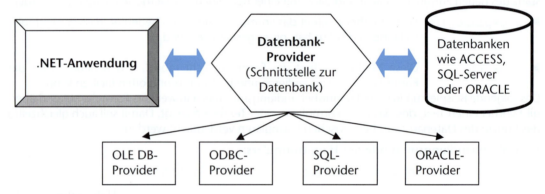

Die einzelnen Provider (Datenanbieter) stehen dabei für bestimmte Datenbankanbindungen:

▶ **OLE DB-Provider**: OLE DB steht für **Object Linking and Embedding Database** und ist eine Technik, die bereits bei den Microsoft-Office-Anwendungen zum Einsatz kam. Beispielsweise ist es möglich, eine Excel-Tabelle in ein Word-Dokument so einzubinden, dass Änderungen an der Original-Tabelle auch immer in der Word-Tabelle sichtbar sind (und umgekehrt). Der OLE DB-Provider kann immer dann angewendet werden, wenn für eine Datenbank ein solcher Provider zur Verfügung steht (beispielsweise ACCESS).

▶ **ODBC-Provider**: ODBC steht für **Open Database Connectivity** und war eine der ersten Schnittstellen, die eine Vereinheitlichung des Datenbankzugriffs umsetzte. Jede Datenbank brauchte nur eine ODBC-Schnittstelle mitzuliefern und war damit für eine Windows-Anwendung einsetzbar.

▶ **SQL-Provider**: Dieser Provider stellt die Funktionalitäten für einen Zugriff auf den Microsoft SQL-Server zur Verfügung.

▶ **ORACLE-Provider**: Dieser Provider stellt die Funktionalitäten für einen Zugriff auf die ORACLE-Datenbank zur Verfügung.

Im Folgenden wird der Zugriff auf eine ACCESS-Datenbank mit dem OLE DB-Provider vorgestellt. Das Prinzip ist aber übertragbar auf andere relationale Datenbanken wie beispielsweise den Microsoft-SQL-Server. Für eine einfache Datenbankanbindung sind die Klassen `OleDbConnection`, `OleDbCommand` und `OleDbDataReader` nötig. Damit kann eine Verbindung zur Datenbank aufgebaut (`OleDbConnection`), ein SQL-Befehl abgesetzt (`OleDbCommand`) und die Ergebnistabelle gelesen werden (`OleDbDataReader`). Das folgende Beispiel zeigt den Verbindungsaufbau zu einer ACCESS-Datenbank „Kunden.mdb", die in einem Ordner (hier: `C:\temp`) zur Verfügung steht. Die

Datenbank verfügt über eine Beispieltabelle Kunden mit den Attributen ID (Typ Zahl) und Name, Strasse, Ort und Telefon (jeweils Text):

ID	Name	Strasse	Ort	Telefon
1	Hansen	Baumallee 1	Hamburg	123456
2	Knudsen	Sonnenstr. 4	Berlin	654321
3	Albers	Paulistr. 8	Hamburg	111222
0				

Datensatz: 4 von 4

```csharp
string verbindungsstring =     "Provider=Microsoft.Jet.OLEDB.4.0;
                               Data Source=C:\\Temp\\Kunden.mdb";
```

Den Verbindungsstring mit der Provider-Angabe und der Datenquelle festlegen

Ein Verweis auf eine OLE DB-Verbindung

```csharp
System.Data.OleDb.OleDbConnection dBVerbindung = null;

System.Data.OleDb.OleDbCommand befehl = null;

System.Data.OleDb.OleDbDataReader datenleser = null;

bool offen = false;
```

Ein Verweis auf ein OLE DB-Kommando

Ein Verweis auf ein OLE DB-Datenleser

WICHTIG: Fehlerbehandlung

```csharp
try
{
    dBVerbindung = new OleDbConnection(verbindungsstring);

    dBVerbindung.Open();

    offen = true;
```

Eine Verbindungs-Instanz

Datenbank öffnen

Flag setzen

Ein Befehlsobjekt erstellen lassen

```csharp
    befehl = dBVerbindung.CreateCommand();

    befehl.CommandText = "SELECT * FROM Kunden";
```

SQL-Befehl (alles aus der Tabelle selektieren)

Eine Datenleser-Instanz auf der Grundlage des SQL-Befehls erstellen lassen

```csharp
    datenleser = befehl.ExecuteReader();
```

Sequenzielles Auslesen des Datenlesers

```csharp
    while (datenleser.Read())
    {
        MessageBox.Show(datenleser.GetString(1));
    }
}
```

Die Methode GetString() liefert den Wert der aktuellen Zeile und des übergebenen Spaltenindex.

```
catch(Exception ausnahme)
{
    MessageBox.Show("Datenbankfehler: " + ausnahme.Message);
}
finally
{
    if (offen == true) dBVerbindung.Close();
}
```

> Falls die boolesche Variable `offen` den Wert `true` hat, wird die Verbindung geschlossen.

Nach dem Starten wird die Kundentabelle ausgelesen und mithilfe des Datenlesers werden Schritt für Schritt die Werte der 2. Spalte (Index 1) in einer `MessageBox` ausgegeben:

Hinweis:

Der Zugriff auf die Spaltenwerte einer Tabelle mit dem Datenleser erfolgt in Abhängigkeit vom jeweiligen Datentyp. Für jeden Datentyp steht eine geeignete Methode zur Verfügung:

▶ `GetDateTime( Spaltenindex )`
▶ `GetString( Spaltenindex )`
▶ `GetInt32( Spaltenindex )`
▶ … weitere Typen

Beispielsweise könnte die erste Spalte der Kunden-Tabelle mit der Methode `GetInt32()` ausgelesen werden, da es sich um einen ganzzahligen numerischen Typen (ACCESS-Typ Zahl) handelt:

```
while (datenleser.Read())
{
    MessageBox.Show("Erste Spalte: " + datenleser.GetInt32(0));
}
```

> Die erste Spalte vom ACCESS-Typ `Zahl` auslesen

15.1.2 Nicht-Select-Befehle absetzen

Das Auslesen einer beliebigen Tabelle kann mithilfe der oben beschriebenen Anweisungen erfolgen. Möchte man hingegen nicht selektieren, sondern einfügen, ändern oder löschen, so kann ein so genannter **ExecuteNonQuery**-Befehl abgesetzt werden. Vorher sollte der gewünschte SQL-Befehl in einer Zeichenkette erstellt werden. In dem folgenden Beispiel wird eine neue Zeile in die Kundentabelle eingefügt, eine bestehende Zeile geändert und eine Zeile gelöscht:

```
string verbindungsstring = "Provider=Microsoft.Jet.OLEDB.4.0;Data
                            Source=C:\\Temp\\Kunden.mdb";


System.Data.OleDb.OleDbConnection dBVerbindung = null;

System.Data.OleDb.OleDbCommand befehl = null;

System.Data.OleDb.OleDbDataReader datenleser = null;

bool offen = false;

int anzahl=0;
```

```
try
{
    dBVerbindung = new OleDbConnection(verbindungsstring);
    dBVerbindung.Open();
    offen = true;

    befehl = dBVerbindung.CreateCommand();
```

> Der SQL-Befehl, um eine Zeile einzufügen

```
    befehl.CommandText = "INSERT INTO Kunden VALUES
                        ( 4,'König','Seestr. 5',
                        'Hamburg','45621' );";

    anzahl = befehl.ExecuteNonQuery();
```

> SQL-Befehl absetzen und die Anzahl der betroffenen Zeilen zurückerhalten

```
    MessageBox.Show("Anzahl der eingefügten Zeilen: " + anzahl);


    befehl.CommandText = "UPDATE Kunden SET Telefon = '11111'
                        WHERE Name = 'Hansen';";
```

> Ein UPDATE-Befehl

```
    anzahl = befehl.ExecuteNonQuery();
    MessageBox.Show("Anzahl der geänderten Zeilen: " + anzahl);


    befehl.CommandText = "DELETE FROM Kunden
                        WHERE Name = 'Knudsen';";
```

> Ein DELETE-Befehl

```
    anzahl = befehl.ExecuteNonQuery();
    MessageBox.Show("Anzahl der gelöschten Zeilen: " + anzahl);
}
catch (Exception ausnahme)
{
    MessageBox.Show("Datenbankfehler: " + ausnahme.Message);
}
finally
{
    if (offen == true) dBVerbindung.Close();
}
```

Nach dem Starten werden die drei *Nicht-Select-SQL-Befehle* abgesetzt und die Anzahl der betroffenen Zeilen wird nach jedem Befehl in einer MessageBox ausgegeben:

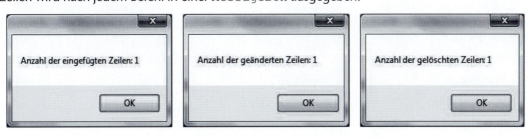

Zum Vergleich: Die Kundentabelle vor und nach den SQL-Befehlen:

Vorher:

Nachher:

Der neue Datensatz erhält von ACCESS automatisch die ID 4. ACCESS achtet nicht auf lückenlose IDs nach dem Löschen und Einfügen von Datensätzen.

15.2 Den Datenbankassistenten nutzen

Die Entwicklungsumgebung bietet einen Assistenten an, mit dem Datenbanken automatisiert in ein Forms-Projekt eingebunden werden können. Damit verkürzt sich die Entwicklungszeit im Vergleich zu der oben beschriebenen Methode beträchtlich. Allerdings hat der Entwickler damit auch weniger Freiheiten, da der Assistent viel Quellcode automatisch generiert. In einem ersten Schritt muss dem Forms-Projekt eine Datenquelle hinzugefügt werden. Das geschieht über den Menüpunkt „*Daten → Neue Datenquelle hinzufügen*".

Im nächsten Schritt wird dann eine Datenbank gewählt:

Anschließend muss man eine neue Verbindung wählen:

Die Datenquelle auf die gewünschte Datenbank ändern (hier eine ACCESS-Datenbank):

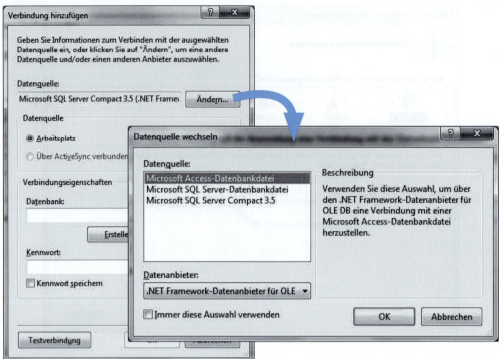

Anschließend wird die ACCESS-Datenbank angegeben (hier die bereits bekannte Kunden.mdb):

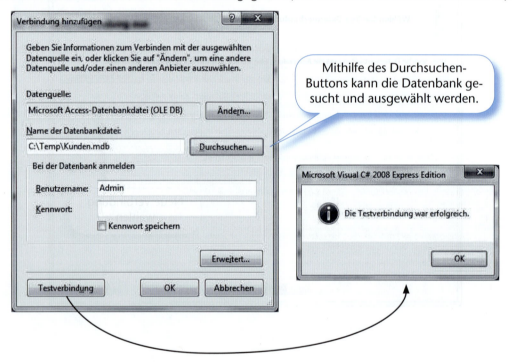

Nach dem Testen der Verbindung kann die Verbindung mit dem „OK"-Button bestätigt werden.

Danach kann mit dem „Weiter"-Button des ursprünglichen Dialogs der Vorgang abgeschlossen werden.

Vorher fragt der Assistent aber nach der Verwendung der Datenbank als Kopie oder Remote-Datenbank:

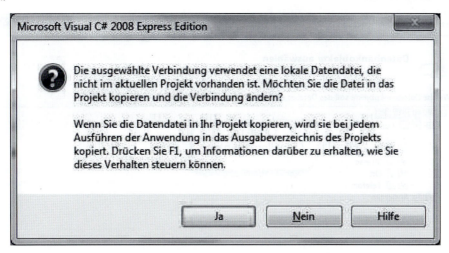

Die Microsoft-Online-Hilfe gibt Auskunft über diese Wahlmöglichkeit:

> Eine lokale Datenbankdatei kann als Datei in ein Projekt eingebunden werden. Wenn Sie zum ersten Mal eine Verbindung zwischen Ihrer Anwendung und einer lokalen Datenbankdatei herstellen, können Sie auswählen, ob Sie in Ihrem Projekt eine Kopie der Datenbank erstellen oder eine Verbindung zur Datenbankdatei an deren aktuellen Speicherort herstellen möchten. Wenn Sie eine Verbindung zu der vorhandenen Datei herstellen, wird die Verbindung genauso wie zu jeder Remotedatenbank hergestellt, und die Datenbankdatei verbleibt am ursprünglichen Speicherort. Wenn Sie die Datenbank in Ihr Projekt kopieren möchten, erstellt Visual Studio eine Kopie der Datenbankdatei, fügt sie dem Projekt hinzu und ändert die Verbindung, sodass sie auf die Datenbank im Projekt zeigt und nicht auf den ursprünglichen Speicherort der Datenbankdatei.

In diesem Beispiel wird mit „Ja" geantwortet und eine Kopie der Datenbank im Projektverzeichnis angelegt. Die Verbindung kann nun unter einem Namen gespeichert werden.

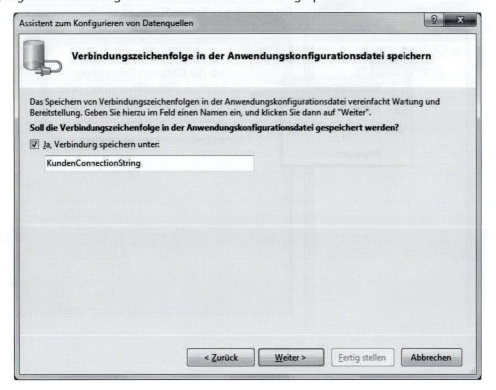

Nun können die Datenbankobjekte ausgewählt werden. In diesem Fall wird die komplette Kundentabelle ausgewählt:

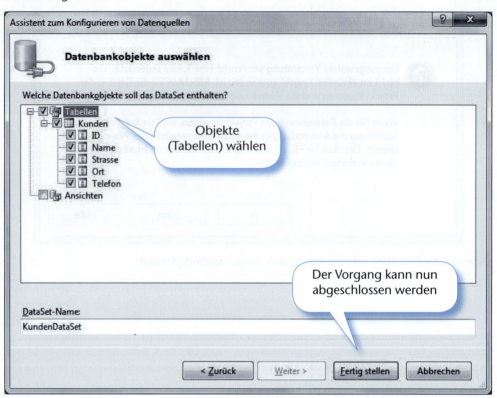

Mithilfe des Menüpunkts „Daten → Datenquellen anzeigen" wird die Datenquelle angezeigt und kann verwendet werden.

Per *Drag & Drop* kann die Tabelle Kunden nun in der gewünschten Ansicht (hier `GridView`) auf die Form gezogen werden. Der Assistent legt automatisch das entsprechende Steuerelement und die Verbindung zu Datenbank und Tabelle an:

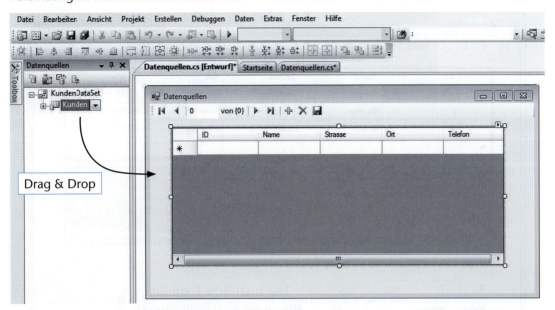

Nach dem Starten steht eine funktionstüchtige Ansicht der Datenbanktabelle zur Verfügung.

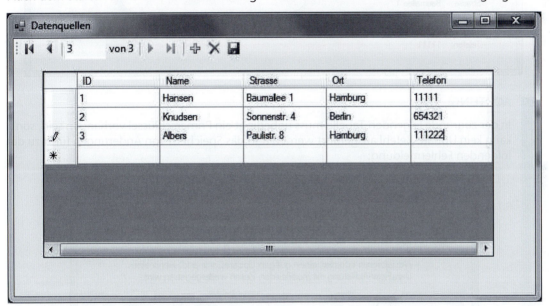

Die Datensätze können bearbeitet sowie gelöscht oder es können auch neue Datensätze hinzugefügt werden. Natürlich steht dem Entwickler eine Vielzahl von Ereignissen und Eigenschaften zur Verfügung, mit denen das Element programmiert werden kann. Beispielsweise kann durch den Doppelklick auf eine Zelle die Ereignisbehandlungsmethode `CellContentClick` generiert werden, die auf das Klicken auf einen Zelleninhalt reagiert.

```csharp
private void kundenDataGridView_CellContentClick(object sender,
                               DataGridViewCellEventArgs e)
{

    MessageBox.Show("Auf einen Zelleninhalt geklickt!");

}
```

Zusätzlich zu der GridView-Ansicht kann durchaus auch die Detailansicht per *Drag & Drop* auf die Form gezogen werden. Damit steht dem Benutzer nicht nur die Tabellenansicht, sondern auch eine Formularansicht zur Verfügung. Die Anzeige der Daten ist automatisch synchronisiert:

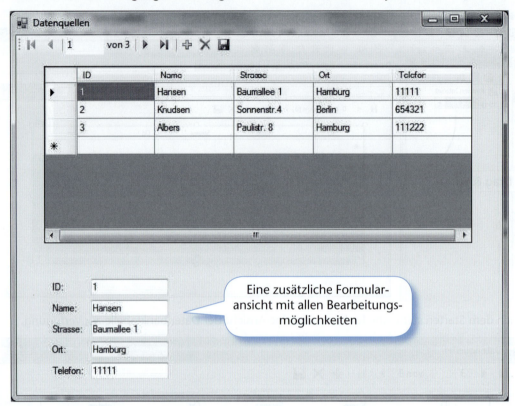

ACHTUNG:

In der zugrunde liegenden Tabelle muss unbedingt ein Primärschlüssel vorhanden sein, sonst kann kein Update-Befehl ausgeführt werden und das Speichern von Änderungen führt zu der folgenden Fehlermeldung:

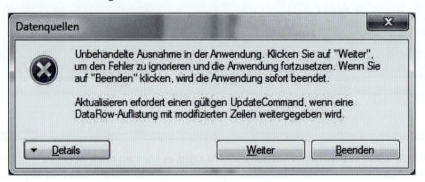

Teil
Aufgabenpool
2

1   Aufgaben zur Einführung von .NET und C#

Aufgabe 1.1
Informieren Sie sich im Internet oder aus anderen Quellen (MSDN) über folgende grundlegende .NET-Begriffe:

- Assembly
- Manifest
- Global Assembly Cache

Aufgabe 1.2
Recherchieren Sie im Internet oder in anderen Quellen und entwerfen Sie einen Stammbaum der Programmiersprachen, in dem die wichtigsten Sprachen (C# , C++ , Java, Delphi, BASIC, COBOL etc.) und deren Ursprünge mit den ungefähren Zeitangaben dargestellt werden.

Aufgabe 1.3
Stellen Sie den Ablauf einer Programmerstellung unter .NET (vom Quellcode bis zum ausführbaren Programm) in einem Diagramm anschaulich dar.

2   Aufgaben zum ersten C#-Programm

Aufgabe 2.1
Analysieren Sie das folgende C#-Programm. Welche Fehler sind zu erkennen?

```csharp
class Program
{
    static void Main(string[] args)
    {
        int x;
        float x;

        Console.WriteLine('Hallo');

    }
}
```

Aufgabe 2.2
Schreiben Sie ein C#-Programm, welches die folgende Bildschirmausgabe hat:

3   Aufgaben zur Ein- und Ausgabe unter C#

Aufgabe 3.1
Es ist das Endkapital einer Spareinlage zu berechnen. Dazu sollen das Startkapital und der Zinssatz über die Tastatur eingegeben werden. Die Anlage läuft immer drei Jahre. Beachten Sie den Zinseszinseffekt. Anschließend soll das Endkapital ausgegeben werden. Wählen Sie für die Variablen geeignete Datentypen.

Beispiel:

▶ Startkapitel: 1000 (Euro)

▶ Zinssatz: 5 (Prozent)

▶ Endkapital: 1157.625 (Euro nach drei Jahren)

Aufgabe 3.2

Schreiben Sie das folgende Wort auf den Bildschirm, ohne einen einzigen dieser Buchstaben zu verwenden:

ABBA

Aufgabe 3.3

Ausgangssituation:

In einem Unternehmen werden Produkte hergestellt. Das Unternehmen hat für die Produktion fixe Kosten von *X* Euro und für jedes Produkt werden *Y* Euro Produktionskosten eingeplant. Man rechnet mit einem Erlös von *Z* Euro für ein Produkt.

Aufgabenstellung:

Schreiben Sie ein C#-Programm, welches die Angaben der fixen Kosten, die Kosten für ein Produkt und den Erlös für ein Produkt einliest. Anschließend soll für eine eingegebene Produktionsmenge der Gewinn berechnet werden. Nach dem Starten könnte das Programm so aussehen:

```
C:\Windows\system32\cmd.exe

Gewinnberechnung Version 1.0
Bitte geben Sie die fixen Kosten ein:
2500
Bitte geben Sie Kosten fuer ein Produkt ein:
125
Bitte geben Sie den Erloes fuer ein Produkt ein:
159
Wie viele Produkte sollen hergestellt werden:
100


Der Gewinn betraegt: 900 Euro!


Drücken Sie eine beliebige Taste . . . _
```

Aufgabe 3.4

Schreiben Sie ein C#-Programm, das lineare Gleichungen lösen kann. Dazu soll der Benutzer die Werte für a und b eingeben. Das Programm berechnet dann die Lösung.

Allgemeine Form einer linearen Gleichung: `ax + b = 0`

Nach dem Starten könnte das Programm so aussehen:

```
C:\Windows\system32\cmd.exe

Lineare Gleichung Version 1.0


Bitte den Wert fuer a:
3
Bitte den Wert fuer b:
-6
Die Loesung lautet: 2


Drücken Sie eine beliebige Taste . . . _
```

4   Aufgaben zu Operatoren in C#

Aufgabe 4.1

Bestimmen Sie den Wert der Variable x. Es gelten jeweils die folgenden Voraussetzungen:

```
int a = 10;
```

```
int b = 20;
```

```
int x;
```

- x = 3 * (a + b) - b/8;   x = _____

- x = (a++) + (++b);   x = _____

- x = (a % b) % (b % (++a));   x = _____

Aufgabe 4.2

Schreiben Sie ein C#-Programm, das zwei Integer-Zahlen über die Tastatur einliest und anschlie-ßend den Rest der Division auf dem Bildschirm ausgibt. Schreiben Sie das Programm, **ohne** den Modulo-Operator zu benutzen.

Aufgabe 4.3

Schreiben Sie ein C#-Programm, das eine Integer-Zahl einliest. Anschließend soll die Zahl mit 2, 4 und 32 multipliziert werden, ohne den Multiplikationsoperator zu benutzen.

Nach dem Starten könnte das Programm so aussehen:

```
C:\Windows\system32\cmd.exe

Bitte eine Zahl eingeben:
5
5 * 2 = 10
5 * 4 = 20
5 * 32 = 160

Drücken Sie eine beliebige Taste . . .
```

Aufgabe 4.4

In der Netzwerktechnik wird das **Subnetting** dazu benutzt, innerhalb einer Netzklasse weitere Teil-netze zu bilden. Dabei werden IP-Adressen mit einer so genannten Maske (**Subnet-Mask**) verknüpft und als Ergebnis erhält man eine Netzadresse. Ist diese Netzadresse bei zwei IP-Adressen gleich, so gehören die beiden IP-Adressen zum gleichen Teilnetz (Subnet).

> **Beispiel:**
> ```
> IP-Adresse 1: 192.168.1.23
> IP-Adresse 2: 192.168.1.34
>
> Subnet-Mask: 255.255.255.0
> ```
>
> Die einzelnen Komponenten der IP-Adressen werden nun durch den **bitweisen UND-Operator** & mit der Subnet-Mask verknüpft. Das Ergebnis ist dann die Netzadresse.
>
> ```
> IP-Adresse 1: 192.168.1.23
>
>        &                &
>
> Subnet-Mask: 255.255.255.0
> ----------------------------------------------------------
> Netzadresse 1: 192.168.1.0
>
>
> IP-Adresse 2: 192.168.1.34
>
>        &                &
>
> Subnet-Mask: 255.255.255.0
> ----------------------------------------------------------
> Netzadresse 2: 192.168.1.0
> ```

Schreiben Sie ein C#-Programm, welches zwei IP-Adressen (jeweils vier Integer-Variablen) und eine Subnet-Mask über die Tastatur einliest und anschließend die Netzadressen auf dem Bildschirm ausgibt. Nach dem Starten könnte es dann so aussehen:

```
C:\Windows\system32\cmd.exe

Subnetting Version 1.0

Bitte die 1. IP-Adresse eingeben:
192
168
1
23

Bitte die 2. IP-Adresse eingeben:
192
168
1
34

Bitte die Subnet-Mask eingeben:
255
255
255
0

Die 1. Netzadresse lautet:
192 . 168 . 1 . 0

Die 2. Netzadresse lautet:
192 . 168 . 1 . 0
```

5   Aufgaben zur Selektion und Iteration

Aufgabe 5.1
Schreiben Sie ein C#-Programm, das folgende Funktionalität hat:

Es sollen drei Zahlen (Datentyp `float`) über die Tastatur eingelesen werden.

Anschließend sollen das Minimum und das Maximum der beiden Zahlen auf dem Bildschirm angezeigt werden.

> **Beispiel einer Bildschirmausgabe:**
>
> Bitte geben Sie den ersten Wert ein: 5
>
> Bitte geben Sie den zweiten Wert ein: 33
>
> Bitte geben Sie den dritten Wert ein: 22
>
> Maximum: 33
>
> Minimum: 5

Zusatz: Benutzen Sie bei der Umsetzung genau drei `if`-Anweisungen (ohne `else`).

Aufgabe 5.2
Entwickeln Sie ein C#-Programm, das überprüft, ob ein eingegebenes Datum korrekt ist. Die Eingabe des Datums erfolgt in Tag, Monat und Jahr, wobei die Werte in drei Integer-Variablen gespeichert werden sollen:

> **Beispiele:**
>
> ▶ 10 5 2005   ist ein korrektes Datum
>
> ▶ 15 13 2001   ist kein korrektes Datum
>
> ▶ 29 2 2000   ist ein korrektes Datum (Schaltjahr)

Das Programm soll weiterhin in der Lage sein, die Besonderheit eines Schaltjahres in die Überprüfung einzubeziehen (bei einem Schaltjahr hat der Februar 29 Tage).

> **Tipp:**
>
> Ein Jahr ist genau dann Schaltjahr, wenn
>
> ▶ es durch 4, aber nicht durch 100 teilbar ist.
>
> ▶ es durch 4, durch 100 und durch 400 teilbar ist.

Nach dem Starten könnte die Bildschirmausgabe so aussehen:

```
C:\Windows\system32\cmd.exe
Bitte das Jahr eingeben:
2008
Bitte den Monat eingeben:
2
Bitte den Tag eingeben:
29
Dieses Datum ist korrekt
Drücken Sie eine beliebige Taste . . .
```

Aufgabe 5.3

Analysieren Sie die folgenden `for`-Schleifen. Bestimmen Sie jeweils den Wert von k nach dem Beenden der Schleife.

```csharp
int i, j, k;

k = 0;
for (i = 1; i < 10; i = i + 1) k = k + i;
Console.WriteLine("Wert von k: " + k);
```

k = _____

```csharp
k = 0;
for (i = 2; i < 10; i = i + 2) k = k + i;
Console.WriteLine("Wert von k: " + k);
```

k = _____

```csharp
k = 0;
for (i = 1, j = 5; (i < 5) && (j > 1); i++, j--) k = k + i * j;
Console.WriteLine("Wert von k: " + k);
```

k = _____

```csharp
k = 0;
for (i = 1; i < 5; i++)
{
    if (i == 3) continue;
    k = k + i;
}
Console.WriteLine("Wert von k: " + k);
```

k = _____

```csharp
k = 0;
for (i = 1; i < 10; i++)
{
    k = k + i;
    if (i == 6) break;
}
Console.WriteLine("Wert von k: " + k);
```

k = _____

Aufgabe 5.4

Versuchen Sie mit **genau zwei for-Schleifen** die folgende Bildschirmausgabe zu erreichen.

```
10 9 8 7 6 5 4 3 2 1 0
9 8 7 6 5 4 3 2 1 0
8 7 6 5 4 3 2 1 0
7 6 5 4 3 2 1 0
6 5 4 3 2 1 0
5 4 3 2 1 0
4 3 2 1 0
3 2 1 0
2 1 0
1 0
0
```

Aufgabe 5.5

Benutzen Sie die `for`-Schleife, um die folgenden Probleme zu lösen:

▶ Es soll eine Integer-Zahl von der Tastatur eingelesen und anschließend sollen alle natürlichen Zahlen bis zu dieser Zahl auf dem Bildschirm ausgegeben werden.

 Beispiel:

Eingabe: 8   Ausgabe: `1 , 2 , 3 , 4 , 5 , 6 , 7 , 8`

▶ Es soll eine Integer-Zahl von der Tastatur eingelesen und anschließend sollen alle geraden natürlichen Zahlen von dieser Zahl beginnend bis zur Zahl 2 ausgeben werden.

 Beispiel:

Eingabe: 12   Ausgabe: `12 , 10 , 8, 6 , 4 , 2`

▶ Schreiben Sie ein Programm, welches von 1 bis 10 zählt und sofort wieder herunterzählt. Das Programm darf nur eine `for`-Schleife benutzen.

 Beispiel:

Ausgabe: `1, 2, 3, 4, 5, 6, 7, 8, 9, 10, 9, 8, 7, 6, 5, 4, 3, 2, 1`

Aufgabe 5.6

Schreiben Sie ein C#-Programm, welches Folgendes leistet:

Ein Benutzer kann beliebig viele positive ganze Zahlen (Integer-Werte) eingeben. Wenn er eine Null eingibt, so soll das Programm anschließend die Anzahl der eingegebenen Zahlen sowie die größte und die kleinste der Zahlen auf dem Bildschirm ausgeben.

Es sind nur folgende Variablen zu verwenden:

• `int eingabeZahl;`

• `int anzahl;`

• `int min;`

• `int max;`

Nach dem Starten könnte das Programm so aussehen:

Aufgabe 5.7

Ein Benutzer soll hintereinander (jeweils mit `ReadLine()`) vier einzelne Zeichen (**kein** `string`) eingeben können, die ein Passwort darstellen sollen. Diese vier Zeichen sollen nach den folgenden Kriterien überprüft werden:

Das *Originalpasswort* (bzw. Zeichenfolge) lautet: **P R O G**

Wenn der Benutzer dieses Passwort eingegeben hat, so soll die folgende Meldung auf dem Bildschirm ausgegeben werden: „LOGIN korrekt". Allerdings ist es dem Benutzer erlaubt, die vier Zeichen in beliebiger Reihenfolge und in beliebiger Groß-/Kleinschreibung einzugeben.

Beispielsweise sind auch folgende Eingaben zulässig:

* R P G O
* P G o r
* O R p g   etc.

Der Benutzer darf maximal dreimal das Passwort eingeben, ansonsten soll das Programm mit einer Fehlermeldung abbrechen.

> **Tipp:**
>
> Die Umwandlung in Großbuchstaben kann mit der statischen Methode `ToUpper()` durchgeführt werden:
>
> ```
> char a = 'x'
> a = char.ToUpper(a); // a == 'X'
> ```

Aufgabe 5.8

Schreiben Sie ein C#-Programm, welches eine Benutzereingabe prüft. Der Benutzer gibt dazu einen Code in Form einer Integer-Zahl ein, der dann auf folgende Kriterien überprüft werden soll:

▶ Die Zahl muss genau fünfstellig sein.
▶ Die Zahl darf nicht durch 3, 5 oder 7 teilbar sein.
▶ Wenn die Zahl mit einer 1 beginnt, dann muss die letzte Ziffer ebenfalls eine 1 sein.
▶ Die fünfte Ziffer ist eine Prüfziffer. Sie soll der Rest der Division der Summe der ersten vier Ziffern durch 7 sein.

> **Beispiele:**
>
> ▶ Eingabe: 12345   falsche Eingabe (letzte Ziffer nicht 1)
> ▶ Eingabe: 56442   falsche Eingabe (durch 3 teilbar)
> ▶ Eingabe: 23456   falsche Eingabe (Prüfziffer falsch)
> ▶ Eingabe: 45454   korrekte Eingabe

Wenn die Eingabe korrekt ist, so soll das Programm mit einer entsprechenden Meldung („Eingabe korrekt") beendet werden. Ansonsten soll die Eingabe wiederholt werden.

Hinweise:

▶ Es dürfen nur elementare Datentypen (aber keine Strings) und Operatoren verwendet werden.

▶ Benutzen Sie intensiv die arithmetischen Operatoren (incl. Modulo-Operator) und beachten Sie, dass eine Division von Integer-Zahlen keine Nachkommastellen hat.

Aufgabe 5.9

Ein interessantes Problem, das mit Selektion und Iteration gelöst werden kann, ist eine Aufgabenstellung, die unter der Rubrik „Rätsel" in diversen Zeitschriften für kurzweiligen Rätselspaß sorgt.

Problem: Zahlenrätsel

⊗	⊕	∅	•		:		∇	◊		=	∇	□	•	
	-				+							*		
♠	♥	♦	∇		-	♠	♥	⊕	□	=	◊	∇		
	=				=						=			
♦	♥	•	⊕		-	♠	♥	•	◊	=	∅	□	□	∅

Jedes Symbol steht für eine Ziffer. Es gibt insgesamt 6 Gleichungen mit 10 unbekannten Ziffern. Das ist mathematisch nicht eindeutig lösbar. Der Rätselfreund versucht deshalb mit Überlegungen das Problem zu lösen.

Schreiben Sie ein C#-Programm, das alle Möglichkeiten der Ziffernverteilung simuliert und jedes Mal die sechs Berechnungen durchführt. Sind die korrekten Ziffern gefunden, so sollen sie auf dem Bildschirm ausgegeben werden.

Tipp:

Um die Rechnungen zu überprüfen, müssen die einzelnen Ziffern (Variablen) zu einer Zahl zusammengesetzt werden:

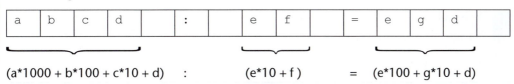

a	b	c	d		:		e	f		=	e	g	d	

$$(a*1000 + b*100 + c*10 + d) \quad : \quad (e*10 + f) \quad = \quad (e*100 + g*10 + d)$$

6 Aufgaben zum Klassenkonzept in C#

Aufgabe 6.1

Schreiben Sie eine Klasse `CPunkt`, die einen Punkt im Koordinatensystem darstellen soll. Dazu sollen Attribute für die x- und y-Koordinate angelegt werden. Neben dem Standardkonstruktor sollen zwei Parameterkonstruktoren für die Initialisierung eines Punktes sorgen:

- `public CPunkt() { . . . }`

- `public CPunkt(double a, double b) { . . . }`

- `public CPunkt(CPunkt p) { . . . }`

▶ Analog dazu sollen Eigenschaften für das Schreiben und Lesen der Attribute implementiert werden.

▶ Eine Methode `Abstand` soll den Abstand des Punktes vom Koordinatenursprung berechnen und zurückgeben.

In der Hauptmethode kann die Klasse dann wie folgt verwendet werden.

```csharp
static void Main(string[] args)
{
    CPunkt a = new CPunkt(10, 20);
    CPunkt b = new CPunkt(a);
    CPunkt c = new CPunkt();

    c.X = 30;
    c.Y = 40;

    Console.WriteLine("Punkt B<" + b.X + "|" + b.Y + ">");
    Console.WriteLine("Abstand von Punkt b zu <0|0>: " + b.Abstand());
}
```

Bildschirmausgabe nach Programmstart:

Hinweis:

Die Klasse `Math` bietet einige statische Methoden wie `Math.Sqrt()`, um beispielsweise die Quadratwurzel zu berechnen.

Aufgabe 6.2

Schreiben Sie eine Klasse `CZahl` in C# mit folgender Funktionalität:

Die Klasse hat als Attribut eine Integer-Zahl (entsprechende Eigenschaften schreiben und Konstruktoren anlegen). Die Zahl darf nur Werte zwischen 0 und 999 annehmen und eine Methode `Spell()` soll die Integer-Zahl als ausgeschriebene Zahl ausgeben.

Beispiel:

```csharp
CZahl z = new CZahl(213);
z.Spell();
```

```
C:\Windows\system32\cmd.exe
zweihundert und dreizehn

Drücken Sie eine beliebige Taste . . . _
```

Aufgabe 6.3

Entwickeln Sie eine Klasse `CIPAdresse` für die Speicherung einer IP-Adresse. Die IP-Adresse soll dabei in einem privaten Attribut vom Typ `string` gespeichert werden. Vor der Speicherung muss die IP-Adresse überprüft werden. Falls die IP-Adresse nicht korrekt ist, so soll eine Fehlermeldung ausgegeben und die Adresse „0.0.0.0" gespeichert werden.

Folgende überladene Konstruktoren sollen implementiert werden:

- `public CIPAdresse(){...}`
- `public CIPAdresse(int a, int b, int c, int d){...}`
- `public CIPAdresse (string s) ){...}`

Weiterhin sollen get- und set-Methoden implementiert werden (falls die IP-Adresse nicht gültig ist, soll ein false zurückgegeben werden).

- `public bool SetIP(int a, int b, int c, int d) {...}`
- `public bool SetIP(string S) {...}`
- `public string GetIP(){...}`

Hinweise:

▶ Es sollen nur einfache Strings benutzt werden.

▶ Schreiben Sie private Methoden, um Überprüfungen der IP-Adresse durchzuführen.

Testprogramm:

```
static void Main(string[] args)
{
    CIPAdresse IP = new CIPAdresse();

    if (IP.SetIP("12.111.222.123")==true)
        Console.WriteLine("IP-Adresse ist ok!");
    else Console.WriteLine("IP-Adresse ist nicht ok!");


    if (IP.SetIP("..0.000") == true)
        Console.WriteLine("IP-Adresse ist ok!");
    else Console.WriteLine("IP-Adresse ist nicht ok!");


    if (IP.SetIP("012.1.10.000") == true)
        Console.WriteLine("IP-Adresse ist ok!");
    else Console.WriteLine("IP-Adresse ist nicht ok!");


    if (IP.SetIP("123.12.0.") == true)
        Console.WriteLine("IP-Adresse ist ok!");
    else Console.WriteLine("IP-Adresse ist nicht ok!");
}
```

Nach dem Starten sieht die Bildschirmausgabe so aus:

```
C:\Windows\system32\cmd.exe

IP-Adresse ist ok!

Fehler in der IP-Adresse - Erster Wert fehlerhaft
IP-Adresse ist nicht ok!

IP-Adresse ist ok!

Fehler in der IP-Adresse - Vierter Wert fehlerhaft
IP-Adresse ist nicht ok!

Drücken Sie eine beliebige Taste . . .
```

Hinweis:

Nutzen Sie intensiv solche Methoden wie Substring() oder IndexOf() der Klasse string.

Aufgabe 6.4

Für den Mathematikunterricht einer Berufsschule soll eine Klasse entwickelt werden, die einige nützliche statische Methoden und eine statische Eigenschaft zur Verfügung stellt. Implementieren Sie dazu die folgenden statischen Methoden und eine Eigenschaft in einer Klasse CMathematik:

▶ Potenz-Methode: Diese Methode soll eine Variable vom Typ double mit einem angegebenen Exponenten potenzieren. Die Übergabe der Variable soll mit einem *call by reference* realisiert werden.

▶ Fakultät-Methode: Diese Methode soll einen Integer-Wert übernehmen, die Fakultät berechnen und zurückgeben.

> **Hinweis:**
>
> Die Fakultät einer natürlichen Zahl ist das Produkt aller Zahlen von 1 bis zu dieser Zahl.
>
> Beispiel: 5! (! heißt Fakultät) = $1 \cdot 2 \cdot 3 \cdot 4 \cdot 5 = 120$

▶ Quersummen-Methode: Diese Methode soll die Quersumme einer übergebenen Integer-Zahl bestimmen und zurückgeben.

▶ Dreiecksprüfungs-Methode: Diese Methode übernimmt drei Seiten eines Dreiecks und prüft, ob es ein rechtwinkliges Dreieck ist. Falls ja, dann gibt die Methode den Wert true zurück, ansonsten false.

▶ PI-Eigenschaft: Diese Eigenschaft soll die Zahl PI (3.14) darstellen. Es soll nur lesender Zugriff möglich sein.

Beispielanwendung der Klasse in einer Hauptmethode:

```
static void Main(string[] args)
{
    double zahl = 5;


    CMathematik.Potenz(ref zahl, 3);
    Console.WriteLine("Die Potenz lautet: " + zahl);
    Console.WriteLine();


    Console.WriteLine("Fakultät von 5: " + CMathematik.Fakultaet(5));
    Console.WriteLine();


    Console.WriteLine("Quersumme 147: " + CMathematik.Quersumme(147));
    Console.WriteLine();


    if (CMathematik.Dreieck(3,4,5) == true)
        Console.WriteLine("Ein rechtwinkliges Dreieck!");
    else
        Console.WriteLine("Kein rechtwinkliges Dreieck!");


    Console.WriteLine();


    Console.WriteLine("Die Zahl Pi: " + CMathematik.PI );
    Console.WriteLine();
}
```

Nach dem Starten sieht die Bildschirmausgabe so aus:

```
C:\Windows\system32\cmd.exe                                    _  □  X
Die Potenz lautet: 125

Fakultät von 5: 120

Quersumme von 147: 12

Ein rechtwinkliges Dreieck!

Die Zahl Pi: 3,14

Drücken Sie eine beliebige Taste . . . _
```

7   Aufgaben zur Vererbung in C#

Aufgabe 7.1

Erstellen Sie eine Klasse CGrundForm, die als Basisklasse für geometrische Grundformen dienen kann. Die Klasse soll nur ein Attribut (Zeichenkette) für eine Bezeichnung haben. Vererben Sie die Grundform an zwei weitere Klassen: CViereck und CKreis. Diese beiden Klassen sollen zusätzlich Attribute besitzen, die die Eigenschaften eines Vierecks bzw. eines Kreises widerspiegeln: Ein Viereck lässt sich durch vier Punkte in einem Koordinatensystem beschreiben und ein Kreis durch seinen Mittelpunkt und seinen Radius.

Erstellen Sie zusätzlich eine Struktur CPunkt, die einen Punkt im Koordinatensystem darstellt (x-Koordinate und y-Koordinate). Nutzen Sie diese Klasse für die Attribute der Formen-Klassen. Die Struktur sollte über geeignete Methoden verfügen, um die Attribute zu setzen und zu lesen bzw. auf dem Bildschirm darzustellen.

Eine Beispielanwendung könnte so aussehen:

```csharp
static void Main(string[] args)
{
    CViereck v = new CViereck("Viereck 1");
    CKreis k = new CKreis("Kreis 1");

    CPunkt p1 = new CPunkt(1,3);
    CPunkt p2 = new CPunkt(4,3);
    CPunkt p3 = new CPunkt(5,8);
    CPunkt p4 = new CPunkt(1, 8);
    double radius = 2.5;

    v.SetPunkte(p1,p2,p3,p4);
    k.SetPunktRadius(p1,radius);

    v.Ausgabe();
    Console.WriteLine();

    k.Ausgabe();
    Console.WriteLine();
}
```

Nach dem Starten könnte die Bildschirmausgabe so aussehen:

```
C:\Windows\system32\cmd.exe                                    [-] [□] [x]

Das Viereck hat die Bezeichnung: Viereck 1
Die Punkte lauten:
( 1 | 3 )
( 4 | 3 )
( 5 | 8 )
( 1 | 8 )

Der Kreis hat die Bezeichnung: Kreis 1
Der Punkt lautet:
( 1 | 3 )
Der Radius lautet: 2,5

Drücken Sie eine beliebige Taste . . . _
```

Aufgabe 7.2

Für einen Zoo soll eine Software geschrieben werden, die folgende Tiere „verwaltet": Elefanten, Nashörner, Delfine und Wale. Schreiben Sie für alle Tiere eine Klasse in C#. Jedes Tier sollte über das Attribut `name` verfügen. Zusätzlich soll für alle Tiere, die im Wasser leben, die Eigenschaft TAUCH-ZEIT (für die maximale Zeit, die das Tier tauchen kann) implementiert werden. Für alle Tiere, die auf dem Land leben, soll die Eigenschaft GESCHWINDIGKEIT (für die maximale Geschwindigkeit, die das Tier laufen kann) implementiert werden. Eine Methode `Steckbrief()` soll die Daten eines Tieres auf den Bildschirm schreiben.

Weitere Kriterien für die Umsetzung:

▶ Setzen Sie die Vererbung und abstrakte Basisklassen sinnvoll ein.

▶ Nutzen Sie die Möglichkeiten der Interfaces, um bestimmte Implementierungen vorzugeben.

▶ Die Steckbrief-Methode soll den Polymorphismus ausnutzen, damit eine beliebige Tier-Instanz einem Basisklassenverweis zugewiesen werden kann.

▶ Orientieren Sie sich bei der Umsetzung an dem folgenden UML-Klassendiagramm[1].

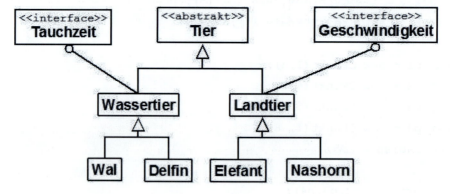

Ein Hauptprogramm könnte die Tier-Klassen so nutzen:

```
static void Main(string[] args)
{
    CElefant e = new CElefant("Elefant", 30);
    CNashorn n = new CNashorn("Nashorn", 20);
    CDelfin d = new CDelfin("Delfin", 500);
    CWal w = new CWal("Wal", 800);
```

---

1 Das Diagramm ist mit dem kostenfreien Programm **Dia** gezeichnet worden.

```
CTier t;

t = e;

t.Steckbrief();

Console.WriteLine();

t = n;

t.Steckbrief();

Console.WriteLine();

t = d;

t.Steckbrief();

Console.WriteLine();

t = w;

t.Steckbrief();


Console.WriteLine();
}
```

Nach dem Starten könnte die Bildschirmausgabe so aussehen:

8   Aufgaben zur Überladung von Operatoren in C#

Aufgabe 8.1

Schreiben Sie eine Klasse `CPerson`, die über die Attribute Vorname, Name, Telefon und Geburtsdatum verfügt (alle Typ `string`). Überladen Sie dann die folgenden Operatoren:

▶ `==` -Operator: prüft sowohl Vorname, Name als auch Telefon auf Gleichheit (Rückgabe: `bool`).

▶ `!=` -Operator: prüft sowohl Vorname, Name als auch Telefon auf Ungleichheit (Rückgabe: `bool`).

▶ `++` -Operator: erhöht das Geburtsdatum der Person um einen Tag.

▶ `--` -Operator: erniedrigt das Geburtsdatum der Person um einen Tag.

▶ In der Hauptmethode könnte die Klasse dann so verwendet werden:

```
static void Main(string[] args)
{

    CPerson einePerson = new CPerson( "Hans", "Kaiser",
                                "1121","20.10.1990");


    CPerson zweitePerson = new CPerson( "Karl", "Hansen",
                                "1121","31.12.1983");
```

```
    if (einePerson == zweitePerson)
        Console.WriteLine("Die Personen sind gleich");


    if (einePerson != zweitePerson)
        Console.WriteLine("Die Personen sind nicht gleich");


    einePerson--;

    Console.WriteLine(einePerson);

    zweitePerson++;

    Console.WriteLine(zweitePerson);
}
```

> ToString() in der Personenklasse überschreiben

Nach dem Starten sieht die Bildschirmausgabe so aus:

```
C:\Windows\system32\cmd.exe

Die Personen sind nicht gleich

Hans Kaiser 1121   19.10.1990

Karl Hansen 1121   1.1.1984

Drücken Sie eine beliebige Taste . . .
```

Aufgabe 8.2

Entwickeln Sie eine Klasse CKonto, die ein Girokonto repräsentiert. Die Klasse soll über Attribute für die Kontonummer und den Saldo verfügen. Neben den Eigenschaften für die Attribute sollen die folgenden statischen Operator-Methoden angelegt werden:

- `public static CKonto operator +(CKonto k, double betrag)`
  Dieser Operator dient zur Einzahlung eines Betrages.

- `public static CKonto operator -(CKonto k, double betrag)`
  Dieser Operator dient zur Auszahlung eines Betrages.

- `public static explicit operator double(CKonto k)`
  Dieser Operator wandelt ein Konto-Objekt in eine double-Zahl um.

Das folgende Beispielprogramm zeigt die Verwendung der Klasse:

```
static void Main(string[] args)
{
    CKonto einKonto = new CKonto();
    einKonto.NUMMER = "174562322";
    einKonto.SALDO = 50;


    Console.WriteLine(einKonto);

    Console.WriteLine("250 Euro einzahlen:");
    einKonto = einKonto + 250;
    Console.WriteLine(einKonto);
    Console.WriteLine();


    Console.WriteLine("30 Euro abheben:");
    einKonto = einKonto -30;
```

> ToString() in der Kontoklasse überschreiben

> Einzahlung

> Auszahlung

Konvertierung

```
double s = (double) einKonto;

Console.WriteLine("Das Saldo beträgt: " + s);

Console.WriteLine();

}
```

Nach dem Starten sieht die Bildschirmausgabe so aus:

```
C:\Windows\system32\cmd.exe

Kontonummer: 174562322
Saldo:    50
250 Euro einzahlen:
Kontonummer: 174562322
Saldo:   300

30 Euro abheben:
Das Saldo beträgt: 270

Drücken Sie eine beliebige Taste . . .
```

9   Aufgaben zu Arrays in C#

Aufgabe 9.1
Schreiben Sie ein C#-Programm, das zehn Integer-Werte in ein Array einliest und anschließend die Summe der Werte auf dem Bildschirm anzeigt.

Aufgabe 9.2
Ein einfaches Sortierverfahren für Arrays ist der so genannte **Bubblesort**. Das Verfahren wurde so genannt, weil man sich die Elemente eines Arrays als Blasen (engl. bubbles) in einem Sprudelglas vorstellt. Größere Blasen (= Elemente des Feldes) steigen so lange auf, bis sie durch noch größere Blasen aufgehalten werden, die ihrerseits weiter aufsteigen.

Die folgenden Grafiken verdeutlichen das Prinzip in anschaulicher Weise:

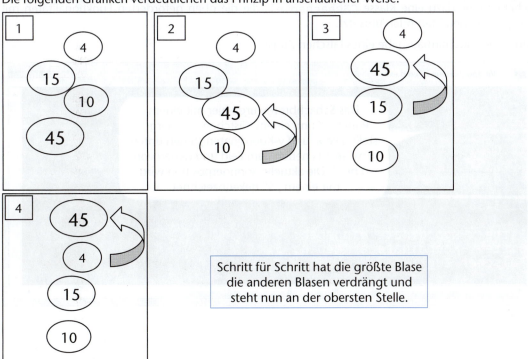

Schritt für Schritt hat die größte Blase die anderen Blasen verdrängt und steht nun an der obersten Stelle.

Das Prinzip wird nun mit den anderen Blasen wiederholt, so dass die zweitgrößte Blase an der zweiten Stelle ist, die drittgrößte Blase an der dritten und die viertgrößte Blase an der vierten und damit letzten Stelle. Damit ist das Array komplett sortiert.

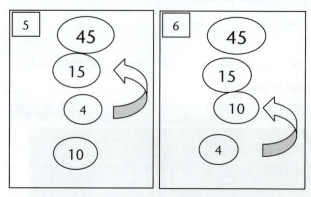

Die Umsetzung des Algorithmus kann in knappen Worten so beschrieben werden:

Das Array wird in einem ersten Schritt vom Anfang bis zum Ende durchlaufen. Das erste Element wird mit seinem Nachfolger verglichen und gegebenenfalls getauscht. Dann wird der Nachfolger mit dem nächsten Element verglichen und gegebenenfalls getauscht. Das geschieht bis zum Ende des Arrays. Dadurch ist das größte Element ans Ende des Arrays versetzt worden – die größte Blase ist also nach oben gestiegen. In den folgenden Schritten wird dasselbe Prinzip angewendet. Wenn ein Array beispielsweise vier Elemente hat, so müssen diese Schritte dreimal durchgeführt werden. Allgemein braucht es (N-1) Schritte bei N Elementen. Der erste Schritt läuft noch bis zum Ende des Arrays, der zweite braucht nur bis zum vorletzten Element zu laufen, da das größte Element bereits am Ende steht usw.

Aufgabenstellung:

Schreiben Sie eine statische Methode `Bubblesort`, die ein beliebig großes Array von Integer-Werten nach der oben beschriebenen Methode sortiert.

Aufgabe 9.3

Schreiben Sie ein C#-Programm, das ein Schachbrett mithilfe von Arrays „verwaltet". Auf diesem Schachbrett steht ein einzelnes Pferd. Der Benutzer kann neue Koordinaten für einen Zug mit dem Pferd angeben. Dieser Zug darf nur ausgeführt werden, wenn er nicht gegen die Schachregeln verstößt. Das Programm soll das Schachbrett und das Pferd auf dem Bildschirm anzeigen – dabei soll nur die ganz einfache Ausgabe von Zeichen mit `Console.WriteLine()` genutzt werden. Schreiben Sie dazu eine Klasse `CSchachspiel`, die die oben geforderten Funktionalitäten mit entsprechenden Methoden umsetzt.

Mögliche Bildschirmausgabe eines falschen Zugs:

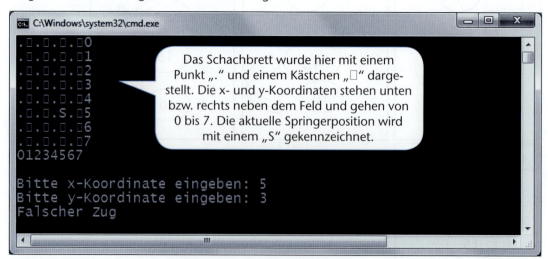

Mögliche Bildschirmausgabe eines korrekten Zugs:

Aufgabe 9.4

Aus einer Messreihe in Elektrotechnik wurden 100 Integer-Werte in einem Array gespeichert.

Für die Messwerte sollen verschiedene statistische Kenndaten ermittelt werden. Dazu soll ein C#-Programm erstellt werden, das folgende Funktionalitäten bereitstellt:

▶ Berechnung des Minimums der Messwerte
▶ Berechnung des Maximums der Messwerte
▶ Berechnung des Medians der Messwerte
▶ Berechnung der Spannweite der Messwerte
▶ Berechnung der mittleren Abweichung der Messwerte
▶ Berechnen der fünf Werte, die am häufigsten auftreten (Rangliste der Häufigkeit)

Implementieren Sie dazu eine Klasse CStatistik, die für diese Funktionalitäten die entprechenden Methoden anbietet. Die Klasse soll dazu ein Auswahlmenü anbieten, von dem die Methoden aufgerufen werden können.

Erläuterungen zu den statistischen Kenndaten:

▶ **Median:** Der Median ist der Wert aus der Mitte des Arrays. Das Array muss vorher sortiert worden sein.

> **Beispiel:**
>
> ```
> int [] werte = new int [5] { 3 , 7 , 2 , 9 , 1 };
> ```
>
> sortiert: 1 2 3 7 9
>
> Median: 3

▶ **Spannweite:** Die Spannweite einer Reihe ist der Abstand zwischen kleinstem und größtem Element der Reihe.
▶ **Mittlere Abweichung:** Die mittlere Abweichung errechnet sich aus der Summe aller Elemente des Arrays jeweils abzüglich des Mittelwertes geteilt durch die Anzahl der Elemente:

Beispiel:

```
int [] werte = new int [3] { 3 , 7 , 2 };
```

Mittelwert: $(3 + 7 + 2) / 3 = 4$

mittlere Abw.: $(| 3 - 4 | + | 7 - 4 | + | 2 - 4 |) / 3 = (1 + 3 + 2) / 3 = \mathbf{2}$

Betrag (positiver Abstand)

▶ **Häufigkeit:** Diese gibt an, wie oft ein Element in der Reihe auftritt.

Beispiel:

```
int [] werte = new int [10] { 3, 7, 2, 3, 6, 2, 7, 3, 2, 3 };
```

Wert	2	3	7	6
Häufigkeit	3	4	2	1

Hinweis:

Die Erzeugung der Messwerte kann durch Zufallszahlen erfolgen. Mit den folgenden Programmzeilen können zufällige Werten erzeugt werden.

```
System.Random zufall = new Random(); //Random-Objekt

for (int i=0; i< 100; i++) werte[i] = zufall.Next(500);
```

Die Methode Next liefert eine nicht-negative ganze Zufallszahl kleiner als der Übergabewert – in diesem Fall 500.

Aufgabe 9.5

In der Mathematik und auch in den Wirtschaftswissenschaften sind Matrizen ein wichtiges Thema. Für die Erfassung von Matrizen soll eine Klasse CMatrix entwickelt werden, die in der Lage ist, eine beliebig große Matrix zu speichern.

Beispiel: eine 3x3-Matrix

$$Matrix = \begin{bmatrix} 1 & 7 & 2 \\ 3 & 2 & 2 \\ 5 & 6 & 3 \end{bmatrix}$$

Die Speicherung der Matrix soll mit entsprechenden Arrays erfolgen. Dabei sollen folgende Funktionalitäten in der Klasse umgesetzt werden:

Methode Eingabe():

Der Benutzer kann die Dimension der Matrix angeben und anschließend wird das Array dimensioniert und die Werte eingelesen.

Methode Ausgabe():

Die Matrix wird (formatiert) auf dem Bildschirm ausgegeben.

Methode Transponieren():

Die Matrix wird transponiert. Das bedeutet, dass alle Matrixwerte aij ihre Indizes vertauschen (aij = aji).

Beispiel einer Transponierung:

$$\begin{bmatrix} 1 & 7 & 2 \\ 3 & 2 & 2 \\ 5 & 6 & 3 \end{bmatrix} \Rightarrow \begin{bmatrix} 1 & 3 & 5 \\ 7 & 2 & 6 \\ 2 & 2 & 3 \end{bmatrix}$$

Zusätzlich sollen folgende Operatoren überladen werden:

▶ `Additionsoperator +`
▶ `Multiplikationsoperator *`

Erläuterungen zur Addition und Multiplikation:

Zwei Matrizen werden addiert, indem jedes Element der einen Matrix zu dem Element mit denselben Indizes der anderen Matrix addiert wird.

Beispiel:

$$\begin{bmatrix} 1 & 7 & 2 \\ 3 & 2 & 2 \\ 5 & 6 & 3 \end{bmatrix} + \begin{bmatrix} 2 & 6 & 5 \\ 7 & 1 & 6 \\ 2 & 2 & 7 \end{bmatrix} = \begin{bmatrix} 1+2 & 7+6 & 2+5 \\ 3+7 & 2+1 & 2+6 \\ 5+2 & 6+2 & 3+7 \end{bmatrix} = \begin{bmatrix} 3 & 13 & 7 \\ 10 & 3 & 8 \\ 7 & 8 & 10 \end{bmatrix}$$

Die Multiplikation ist etwas komplizierter:

Die erste Zeile der ersten Matrix wird mit der ersten Spalte der zweiten Matrix elementeweise multipliziert und anschließend werden die Produkte addiert. Das Endergebnis ist das erste Element der Multiplikationsmatrix.

Danach wird die erste Zeile der ersten Matrix mit der zweiten Spalte der zweiten Matrix elementeweise multipliziert und anschließend werden die Produkte addiert. Das Endergebnis ist das zweite Element der Multiplikationsmatrix usw.

Am anschaulichsten ist es mit einem einfachen Beispiel:

Beispiel:

$$\begin{bmatrix} 1 & 2 \\ 3 & 4 \end{bmatrix} \bullet \begin{bmatrix} 3 & 4 \\ 5 & 6 \end{bmatrix} = \begin{bmatrix} 1\cdot3+2\cdot5 & 1\cdot4+2\cdot6 \\ 3\cdot3+4\cdot5 & 3\cdot4+4\cdot6 \end{bmatrix} = \begin{bmatrix} 13 & 16 \\ 29 & 36 \end{bmatrix}$$

Das folgende Beispiel zeigt die Benutzung der Klasse `CMatrix` in einem Hauptprogramm:

```
static void Main(string[] args)
{
    CMatrix a = new CMatrix();
    CMatrix b = new CMatrix();
    CMatrix c = new CMatrix();
    Console.WriteLine("Klasse CMatrix Version 1.0");
    Console.WriteLine("Die erste Matrix eingeben:");
    a.Eingabe();
    Console.WriteLine("Die erste Matrix lautet:");
    a.Ausgabe();
    a.Transponieren();
    Console.WriteLine("Die transponierte Matrix lautet:");
    a.Ausgabe();
    Console.WriteLine("Die zweite Matrix eingeben:");
    b.Eingabe();
    Console.WriteLine("Die zweite Matrix lautet:");
    b.Ausgabe();
    c = a + b;
    Console.WriteLine("Die Summe lautet:");
    c.Ausgabe();
    c = a * b;
    Console.WriteLine("Das Produkt lautet:");
    c.Ausgabe();
}
```

Nach dem Starten könnte es dann so aussehen:

```
C:\Windows\system32\cmd.exe

Klasse CMatrix Version 1.0

Die erste Matrix eingeben:
Bitte die Anzahl der Zeilen eingeben: 2
Bitte die Anzahl der Spalten eingeben: 2
Bitte Element [0 , 0] eingeben: 1
Bitte Element [0 , 1] eingeben: 2
Bitte Element [1 , 0] eingeben: 3
Bitte Element [1 , 1] eingeben: 4

Die erste Matrix lautet:
1    2
3    4

Die transponierte Matrix lautet:
1    3
2    4

Die zweite Matrix eingeben:
Bitte die Anzahl der Zeilen eingeben: 2
Bitte die Anzahl der Spalten eingeben: 2
Bitte Element [0 , 0] eingeben: 3
Bitte Element [0 , 1] eingeben: 4
Bitte Element [1 , 0] eingeben: 5
Bitte Element [1 , 1] eingeben: 6

Die zweite Matrix lautet:
3    4
5    6

Die Summe lautet:
4    7
7    10

Das Produkt lautet:
18    22
26    32


Drücken Sie eine beliebige Taste . . . _
```

10   Aufgaben zu Dateioperationen in C#

Aufgabe 10.1

Schreiben Sie ein C#-Programm, das eine Textdatei einliest und auf dem Bildschirm anzeigt. Dazu soll der Benutzer den Namen der Datei angeben und anschließend erfolgt die Ausgabe auf dem Bildschirm.

Nach dem Starten könnte das Programm so aussehen:

```
C:\Windows\system32\cmd.exe

Bitte den Dateinamen angeben:
Test.txt

Hier ist der Datei-Inhalt:

Das ist ein Test
1234567890
ABCDEFGHIJKLMNOPQRSTUVWXYZ

Drücken Sie eine beliebige Taste . . . _
```

Aufgabe 10.2

Schreiben Sie ein C#-Programm, welches eine Kopie einer beliebigen Datei anfertigt. Dazu soll der Benutzer den Namen der zu kopierenden Datei und den Namen der Kopie angeben (benutzen Sie dazu die Methoden `ReadByte` und `WriteByte`).

Nach dem Starten könnte das Programm so aussehen:

Aufgabe 10.3

Schreiben Sie ein C#-Programm, welches einen Pfad vom Benutzer einliest und anschließend alle Verzeichnisse und Unterverzeichnisse auflistet. Benutzen Sie dazu die statische Methode `System.IO.Directory.GetDirectories()`.

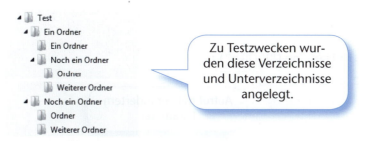

Zu Testzwecken wurden diese Verzeichnisse und Unterverzeichnisse angelegt.

Nach dem Starten könnte das Programm so aussehen:

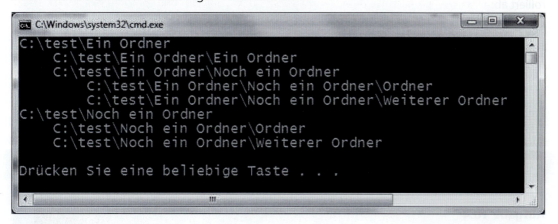

Hinweis:

Für das Auslesen von Verzeichnissen bietet sich eine so genannte rekursive Methode an. Eine solche Methode ruft sich selbst wieder auf, aber mit veränderten Parametern, sonst wäre es nur eine Art Endlosschleife. Der „Trick" der Rekursion ist also eine geeignete Wahl des Übergabeparameters, der dafür sorgt, dass die Rekursion kontrolliert (also mit einem Ende) abläuft.

Beispiel 1:

Eine Rekursion, die nicht kontrolliert abläuft:

```csharp
static public void Ausgabe()

{

    Console.WriteLine("Hallo");

    Ausgabe();
}
```

Rekursiver Aufruf

```
C:\Windows\system32\cmd.exe

Hallo
Hallo
Hallo
Hallo

Process is terminated due to StackOverflowException.
Drücken Sie eine beliebige Taste . . .
```

Die Methode ruft sich immer wieder (endlos) auf. Dadurch kommt es irgendwann zum Abbruch des Programms durch einen Stapelüberlauf-Fehler.

Beispiel 2:

Steuerparameter

Eine Rekursion, die kontrolliert abläuft:

```csharp
static public void Ausgabe2(int zaehler)

{

    if (zaehler < 5)

    {

        Console.WriteLine("Hallo");

        Ausgabe2(zaehler + 1);

    }

}
```

Aufruf mit verändertem Parameter

Nach dem Starten des Programms mit `Ausgabe2(0)` (Startwert 0) läuft die Rekursion jetzt kontrolliert ab:

```
C:\Windows\system32\cmd.exe

Hallo
Hallo
Hallo
Hallo
Hallo

Drücken Sie eine beliebige Taste . . . .
```

Aufgabe 10.4

Schreiben Sie ein C#-Programm, welches eine einfache Verschlüsselung von Zeichenketten und Textdateien vornehmen kann. Dazu wird der Benutzer gefragt, ob er den zu verschlüsselnden Text eingeben möchte oder ob dazu eine Textdatei eingelesen werden soll. Anschließend wird der Text verschlüsselt und in eine angegebene Datei geschrieben. Die Verschlüsselung ist relativ einfach: Nach jedem Zeichen des Textes werden immer erst zwei Zufallszeichen geschrieben. Damit gehört nur jedes dritte Zeichen der verschlüsselten Datei zum Originaltext. Neben der Verschlüsselung soll eine entsprechende Entschlüsselung angeboten werden.

Beispiel:

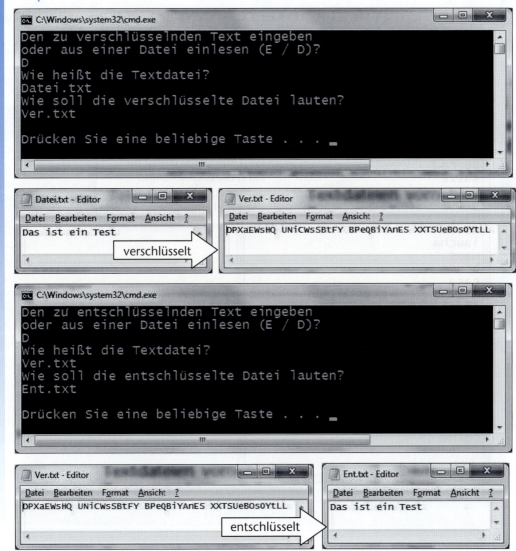

Aufgabe 10.5

Entwerfen Sie eine Klasse `CVokabel` in C#, die Vokabelpaare (deutsch-englisch und deutsch-spanisch) darstellen und abfragen soll. Die Klasse soll die Vokabeln in zwei `Hashtables` speichern. Die Vokabeln sollen im Konstruktor der Klasse aus der Datei „*Vokabel.txt*" eingelesen werden (siehe Hinweise).

Für die Behandlung von Vokabeln sollen folgende Methoden zur Verfügung stehen:

▶ **Ausgeben von Vokabeln**

`public void Ausgeben();`
Die Methode zeigt alle Vokabeln formatiert auf dem Bildschirm an.

▶ **Abfragen von Vokabeln**

`public int Abfragen (string sprache);`

Es wird eine Vokabelabfrage gestartet. Je nach Übergabeparameter wird eine Abfrage von Deutsch nach Englisch oder Deutsch nach Spanisch gestartet. Anschließend soll per Zufallsgenerator die Vokabelabfrage stattfinden. Hierbei werden die richtigen Antworten gezählt und zurückgegeben. Jede Vokabel darf nur einmal bzw. muss genau einmal abgefragt werden.

Schreiben Sie zusätzlich in der Hauptmethode ein Auswahlmenü. Der Benutzer soll auswählen können, ob die Vokabeln in Deutsch-Englisch oder Deutsch-Spanisch abgefragt werden.

Hinweise:

▶ Um Zufallswerte zu erzeugen, kann ein Objekt der Klasse Random genutzt werden (siehe auch Aufgabe 9.4)

▶ Die Datei „Vokabel.txt" sieht so aus:

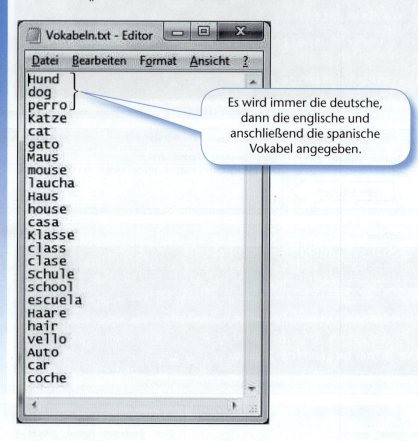

Es wird immer die deutsche, dann die englische und anschließend die spanische Vokabel angegeben.

Nach dem Starten könnte eine Abfrage so aussehen:

```
C:\Windows\system32\cmd.exe                                      [_][□][X]

VOKABELPROGRAMM VERSION 1.0
AUSWAHL
<1> Alle Vokabeln anzeigen
<2> Vokabelabfrage Deutsch-Englisch
<3> Vokabelabfrage Deutsch-Spanisch
<4> ENDE

Ihre Wahl?
1
Deutsch:Haare      Englisch:hair
Deutsch:Katze      Englisch:cat
Deutsch:Maus       Englisch:mouse
Deutsch:Schule     Englisch:school
Deutsch:Hund       Englisch:dog
Deutsch:Klasse     Englisch:class
Deutsch:Haus       Englisch:house
Deutsch:Auto       Englisch:car

Deutsch:Haare      Spanisch:vello
Deutsch:Katze      Spanisch:gato
Deutsch:Maus       Spanisch:laucha
Deutsch:Schule     Spanisch:escuela
Deutsch:Hund       Spanisch:perro
Deutsch:Klasse     Spanisch:clase
Deutsch:Haus       Spanisch:casa
Deutsch:Auto       Spanisch:coche


AUSWAHL
<1> Alle Vokabeln anzeigen
<2> Vokabelabfrage Deutsch-Englisch
<3> Vokabelabfrage Deutsch-Spanisch
<4> ENDE

Ihre Wahl?
2
Deutsch:Haare      Übersetzung: hair
Deutsch:Schule     Übersetzung: school
Deutsch:Klasse     Übersetzung: class
Deutsch:Haus       Übersetzung: house
Deutsch:Katze      Übersetzung: cat
Deutsch:Auto       Übersetzung: car
Deutsch:Maus       Übersetzung: mouse
Deutsch:Hund       Übersetzung: dog
Sie haben 8 richtige Antworten.
```

11   Aufgaben zu fortgeschrittenen Themen in C#

Aufgabe 11.1

Schreiben Sie ein C#-Programm, welches zwei Zahlen einliest und die Zahlen addiert, subtrahiert, multipliziert und dividiert. Dazu sollen entsprechende Methoden geschrieben werden. Überlegen Sie, welche Fehlerarten (Berechnungsfehler, Eingabefehler, Overflow-Fehler …) auftreten können, und schreiben Sie entsprechende try- und catch-Blöcke. Implementieren Sie das Exception-Handling auf verschiedenen Ebenen (in der Methode selbst, beim Aufruf der Methode etc.) und analysieren Sie den Ablauf.

Hinweis:

Recherchieren Sie in diesem Zusammenhang die Begriffe `checked` und `unchecked`, mit denen Bereiche des Programms gekennzeichnet werden können, um arithmetische Überläufe zu erkennen. Setzen Sie diese Optionen dann an geeigneter Stelle ein.

Aufgabe 11.2

Schreiben Sie ein Klasse in C#, die für alle Grundrechenarten (+, –, *, /) eine Methode bereitstellt. Diese Methoden sollen zwei Zahlen übernehmen, die entsprechende mathematische Operation durchführen und das Ergebnis auf dem Bildschirm ausgeben.

Binden Sie alle diese Methoden an einen Delegaten.

In der Hauptmethode sollen dann zwei Zahlen von einem Benutzer eingelesen werden und mithilfe der Klasse und dem Delegaten werden dann alle Operationen durchgeführt.

Nach dem Starten sieht die Bildschirmausgabe so aus:

```
C:\Windows\system32\cmd.exe
Bitte erste Zahl eingeben:
10
Bitte zweite Zahl eingeben:
20
Addition lautet: 30
Subtraktion lautet: -10
Multiplikation lautet: 200
Division lautet: 0,5
Drücken Sie eine beliebige Taste . . .
```

Hinweis:

Sie können auch das Programm aus Aufgabe 11.1 um den Delegaten ergänzen.

Aufgabe 11.3

Erstellen Sie eine Klasse `CSatz`, die einen Satz mit beliebig vielen Worten speichern kann. Implementieren Sie dann zwei verschiedene Indexer. Der erste Indexer soll ein Wort an einer bestimmten Stelle zurückgeben bzw. ersetzen. Der zweite Indexer soll nur den Index eines Wortes innerhalb des Satzes zurückgeben. Der Index soll mit 0 starten. Falls das Wort nicht vorhanden ist, so soll der Index –1 zurückgegeben werden. Die Methode `Ausgabe()` soll den Satz auf den Bildschirm schreiben. Folgendes Beispiel soll die Funktion der Klasse verdeutlichen:

```csharp
static void Main(string[] args)
{
    CSatz S = new CSatz( "Indexer vereinfachen die
                          Benutzung einer Klasse! ");

    Console.WriteLine(S[0]);        // Das Wort an der Stelle 0 ausgeben

    Console.WriteLine(S[4]);
    Console.WriteLine(S[20]);       // Ungültiger Index

    S[3] = "Nutzung";               // Das Wort an der Stelle 3 ersetzen
    S.Ausgabe();

    Console.WriteLine(S["die"]);
    Console.WriteLine(S["Test"]);   // Den Index des Wortes ausgeben
}
```

Nach dem Starten sieht die Bildschirmausgabe so aus:

```
C:\Windows\system32\cmd.exe
Indexer
einer

Indexer vereinfachen die Nutzung einer Klasse!
2
-1
Drücken Sie eine beliebige Taste . . .
```

> **Hinweis:**
>
> Nutzen Sie die Methoden Split() und Replace() der string-Klasse, um die Indexer zu implementieren.

Aufgabe 11.4

Schreiben Sie eine generische Klasse CListe. Diese Klasse soll beliebig viele Werte vom Typ T speichern können. Neben einem Konstruktor sollen eine Einfuegen-Methode, eine Loeschen-Methode und eine Anzeigen-Methode angelegt werden. Zusätzlich soll eine Eigenschaft ANZAHL implementiert werden, die die aktuelle Anzahl der Elemente zurückgibt.

In der Main-Methode soll die Klasse dann wie folgt verwendet werden:

```csharp
static void Main(string[] args)
{
    TListe<int> intListe = new TListe<int>();            // Eine Liste für Integer-Werte instanzieren
    Console.WriteLine("Eine Integerliste:");
    intListe.Einfuegen(10);
    intListe.Einfuegen(20);
    intListe.Einfuegen(30);
    Console.WriteLine("Anzahl der Elemente: " + intListe.ANZAHL);
    intListe.Anzeigen();
    Console.WriteLine();
    Console.WriteLine("Löschen von Element 2......");
    intListe.Loeschen(1);
    Console.WriteLine("Anzahl der Elemente: " + intListe.ANZAHL);
    intListe.Anzeigen();
    Console.WriteLine();                                 // Eine Liste für Personen instanzieren

    TListe<CPerson> personenListe = new TListe<CPerson>();
    Console.WriteLine("Eine Personenliste:");
    personenListe.Einfuegen(new CPerson( "Markus", "Maier",
                                        "123456"));
    personenListe.Einfuegen(new CPerson( "Hans", "Klauser",
                                        "2323"));
    personenListe.Einfuegen(new CPerson( "Knut", "Hansen",
                                        "2277"));
    Console.WriteLine( "Anzahl der Elemente: " +
                        personenListe.ANZAHL);
    personenListe.Anzeigen();
    Console.WriteLine();
```

```
Console.WriteLine("Löschen von Element 1......");

personenListe.Loeschen(0);

Console.WriteLine( "Anzahl der Elemente: " +
                    personenListe.ANZAHL);

personenListe.Anzeigen();

Console.WriteLine();
}
```

Hinweis:

Die in dem Beispiel genutzte Personen-Klasse verfügt über die Attribute Vorname, Name und Telefon sowie die Methode `ToString()`.

Nach dem Starten sieht die Bildschirmausgabe so aus:

```
C:\Windows\system32\cmd.exe
Eine Integerliste:
Anzahl der Elemente: 3
10
20
30

Löschen von Element 2......
Anzahl der Elemente: 2
10
30

Eine Personenliste:
Anzahl der Elemente: 3
Markus Maier 123456
Hans Klauser 2323
Knut Hansen 2277

Löschen von Element 1......
Anzahl der Elemente: 2
Hans Klauser 2323
Knut Hansen 2277

Drücken Sie eine beliebige Taste . . . _
```

12   Aufgaben zu den Grundlagen der Windows-Forms-Programmierung

Aufgabe 12.1

Erstellen Sie ein leeres Projekt mit den entsprechenden Verweisen für ein Forms-Programm. Vererben Sie die Klasse `Form` an eine eigene Klasse und überschreiben Sie die `OnPaint()`-Methode. Implementieren Sie dann einen Zähler, der die Anzahl der Paint-Ereignisse mitzählt. In dem Fenster soll dann die aktuelle Anzahl der Paint-Ereignisse angezeigt werden. Zusätzlich soll die aktuelle Höhe und Breite des Fensters angezeigt werden. Dabei sollen die Texte sowohl vertikal als auch horizontal zentriert werden, wie die Screenshots des Programms zeigen:

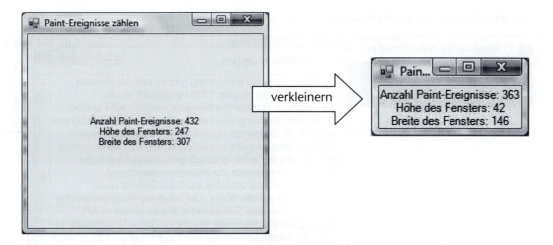

Hinweise zur Umsetzung:

Bei einer Größenänderung des Fensters wird das Paint-Ereignis nicht korrekt aufgerufen. Hier muss ein `Resize`-Ereignis abgefangen werden, indem die Methode

```
protected override void OnResize(EventArgs e)
{

    this.Invalidate();

}
```

überladen wird. Diese Methode wird immer dann aufgerufen, wenn die Größe des Fensters verändert wird. Mit der Methode **`Invalidate()`** wird dann explizit das Paint-Ereignis ausgelöst und die `OnPaint()`-Methode aufgerufen. Alternativ kann auch die Eigenschaft `ResizeRedraw` im Konstruktor auf `true` gesetzt werden. Der Vorteil der Methode ist natürlich, dass weiterer Programmcode bei einer Größenänderung ausgeführt werden kann.

Für die Zentrierung des Textes muss die aktuelle Clientgröße mit den Eigenschaften `ClientRectangle.Height` und `ClientRectangle.Width` bestimmt werden. Die Breite und Höhe des auszugebenden Textes kann man mit der Methode `MeasureString()` des `Graphics`-Objektes erhalten:

```
string text = "Ein Text";

int textbreite = (int)gra.MeasureString(text ,this.Font).Width;
```

Neben dem String wird die Schrift (`Font`) an die Methode übergeben und die Eigenschaften `Width` und `Height` liefern dann die Breite bzw. Höhe des Textes in der angegebenen Schriftart.

Aufgabe 12.2
Schreiben Sie ein Windows-Forms-Programm, welches eine Textdatei einliest und zeilenweise anzeigt. Bei Starten des Programms soll zuerst die Eingabe des Dateinamens über die Konsole stattfinden und anschließend soll das Formular gestartet werden, welches die Textdatei zeilenweise anzeigt. Implementieren Sie den `Autoscroll`, so dass die Textdatei mithilfe der Bildlaufleisten komplett angezeigt werden kann.

Nach dem Starten könnte das Programm so aussehen:

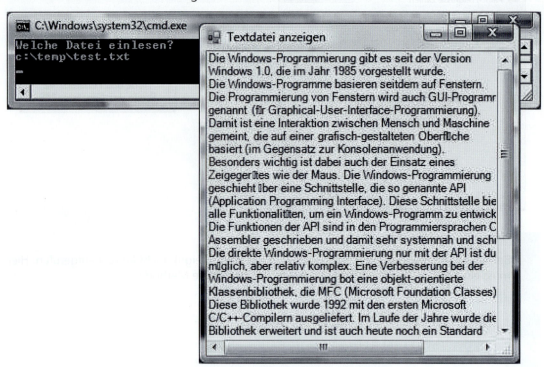

Die Form-Klasse muss den Dateinamen in einer geeigneten Art übernehmen. Es bietet sich an, einen entsprechenden Konstruktor zu schreiben. Das Hauptprogramm könnte dann so aussehen:

```
static void Main()
{
    Console.WriteLine("Welche Datei einlesen?");
    string datei = Console.ReadLine();

    CForm eineForm = new CForm(datei);
    Application.Run(eineForm);
}
```

> Konstruktor, der den Dateinamen übernimmt

Hinweise:

▶ Lesen Sie die Datei mit der Methode `ReadAllLines()` ein und speichern Sie die Textzeilen in einem String-Array.

▶ Setzen Sie im Konstruktor die Eigenschaft `ResizeRedraw` auf `true` und implementieren Sie **nicht** die Methode `OnResize()`, da sonst der `AutoScroll` nicht einwandfrei funktioniert.

Erweiterungsaufgaben:

▶ Lassen Sie nach dem Starten auch zusätzlich eine gewünschte Schriftart eingeben, in der der Text angezeigt werden soll. Die Eigenschaft Font kann einfach auf die gewünschte Schriftart eingestellt werden:

```
this.Font = new Font("Times New Roman",16);
```

▶ Verbessern Sie die Performance des Programms, indem nur die relevanten Textzeilen für den Clientbereich ausgegeben werden.

Aufgabe 12.3
In einer Textdatei (siehe Aufbau der Datei) sind geometrische Formen gespeichert. Diese Formen (Linie, Ellipse, Rechteck) sollen eingelesen und anschließend im Clientbereich eines Fensters gezeichnet werden.

Aufbau der Textdatei:

```
LINIE,10,10,100,50,SCHWARZ
RECHTECK,20,120,100,100,SCHWARZ,BLAU
ELLIPSE,30,50,20,30,BLAU,BLAU
LINIE,150,150,200,250,SCHWARZ
RECHTECK,300,300,60,90,BLAU
ELLIPSE,400,200,70,40,ROT,BLAU
```

> Bei der Linie sind die Start- und Endpunkte angegeben. Bei dem Rechteck und der Ellipse sind Startpunkt sowie Breite und Höhe angegeben. Die erste Farbe ist die Linienfarbe. Die zweite Farbe ist die Füllfarbe (optional).

Speichern Sie die oben angegebenen Zeilen in einer Textdatei auf der Festplatte. Beim Starten des Forms-Programms soll diese Datei dann ausgelesen und die entsprechenden grafischen Elemente angezeigt werden. Nach dem Starten könnte das Programm die oben angegebene Textdatei so anzeigen:

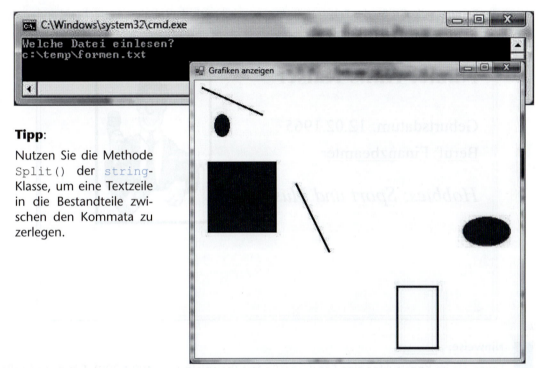

Tipp:

Nutzen Sie die Methode `Split()` der `string`-Klasse, um eine Textzeile in die Bestandteile zwischen den Kommata zu zerlegen.

Aufgabe 12.4

Für eine Partnervermittlungsagentur soll ein Windows-Forms-Programm entwickelt werden, das eine Art Steckbrief einer Person im Clientbereich anzeigt. Die Steckbriefe sind in Textdateien gespeichert und enthalten neben den Daten auch einen Dateinamen für ein Bild. Das Windows-Forms-Programm soll eine solche Textdatei einlesen und den Steckbrief dann in ansprechender Weise im Clientbereich darstellen. Dabei ist darauf zu achten, dass eine Vergrößerung oder Verkleinerung des Fensters berücksichtigt und der Inhalt an die neue Größe angepasst wird (Schriftgröße, Bildgröße, Positionen usw.).

Die Textdatei hat dabei folgenden Aufbau:

Nach dem Starten der Anwendung wird eine Steckbriefdatei angegeben. Das Fenster zeigt dann den Steckbrief in folgender Form an:

Wenn der Benutzer die Größe des Fensters ändert, so wird auch der Inhalt entsprechend angepasst:

> **Hinweise:**
>
> Legen Sie im Konstruktor eine Fenstergröße fest (beispielsweise 400 * 300). Für diese Größe legen Sie dann die Bildschirmausgaben fest (mit einem Skalierungsfaktor von 1). Bei einer Größenänderung ändert sich dann auch der Skalierungsfaktor (in Relation) und die Ausgabe passt sich automatisch der neuen Fenstergröße an.
>
> Für die Methode `DrawString()` kann eine neue Schriftart eingesetzt werden. Dazu muss nur vorher ein `Font`-Objekt instanziert werden:
>
> ```
> Font schrift = new Font ("Times New Roman", 16 ,FontStyle.Bold);
> ```

13 Aufgaben zum Designer und einfachen Steuerelementen

Aufgabe 13.1
Schreiben Sie ein Windows-Forms-Programm, das einen einfachen Taschenrechner realisiert. Der Taschenrechner soll die Grundrechenarten anbieten und einen zusätzlichen Button („**C**"-Button), um die Anzeige zu löschen. Der Taschenrechner könnte so aussehen:

Die obigen Bilder zeigen die Benutzung des Taschenrechners: In die Textbox wird ein Wert ein-
getragen und anschließend wird ein Operations-Button gedrückt (in diesem Fall der „+"-Button).
Nach dem Eintragen des zweiten Wertes wird das Ergebnis (1 + 2 = 3) durch einen Klick auf den
„="-Button in die Textbox geschrieben.

Hinweis:

Die Werte müssen aus der Textbox durch eine Konvertierungsmethode (Klasse `Convert`) in
die gewünschten Datentypen (zum Beispiel `double`) umgewandelt werden.

Aufgabe 13.2

Entwickeln Sie eine grafische Oberfläche für das Vokabeltrainingsprogramm aus Aufgabe 10.5.
Nach dem Starten wählt der Benutzer die Vokabeldatei mithilfe des Standarddialogs „Datei öffnen".
Anschließend kann der Benutzer aus einem Kombinationsfeld auswählen, welche Sprache abgefragt
werden soll. Die Abfrage beginnt dann mit dem Drücken des „Start"-Buttons. In das Textfeld trägt
der Benutzer seine Antwort ein und bestätigt die Antwort mit einem Klick auf den „Weiter"-Button.
Wenn alle Vokabeln abgefragt sind, wird eine `MessageBox()` mit einer Auswertung angezeigt.
Bevor eine Abfrage startet, sind die entsprechenden Elemente inaktiv geschaltet (die Eigenschaft
`enabled` auf `false` setzen).

Die neue Oberfläche könnte dann so aussehen:

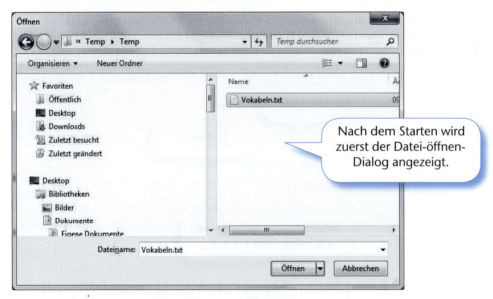

Der Benutzer wählt dann die Sprache für die Abfrage:

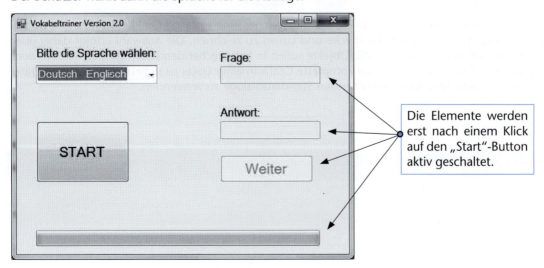

Nach dem Klicken auf den „Start"-Button beginnt die Abfrage:

Hinweis:

Für den Benutzer ist es sehr angenehm, wenn er darüber informiert wird, wie viele Vokabeln noch abgefragt werden. Dazu kann eine Fortschrittsanzeige (ProgressBar aus der Toolbox auf die Form ziehen) genutzt werden. Diese Anzeige kann sehr einfach gesteuert werden:

```
ProgressBar fortschrittsAnzeige = new ProgressBar();
```

Anfangswert

Endwert

```
fortschrittsAnzeige.Minimum = 0;
fortschrittsAnzeige.Maximum = 8;
fortschrittsAnzeige.Increment(1);
```

Erhöhung der Anzeige um
x Schritte (hier 1 Schritt)

14   Aufgaben zu komplexen Steuerelementen und Menüs

Aufgabe 14.1
Schreiben Sie ein Windows-Forms-Programm, welches eine einfache Grafikanwendung umsetzt. Es soll möglich sein, Ellipsen, Rechtecke und Linien zu zeichnen. Die Auswahl erfolgt dabei über ein Menü. Die gezeichneten Grafik-Objekte sollen in entsprechenden Listen gespeichert werden. Zusätzlich soll es möglich sein, die komplette Grafik in einer Datei zu sichern und aus einer Datei einzulesen. Dazu sind die entsprechenden Standarddialoge zu verwenden.

Die Anwendung könnte so aussehen:

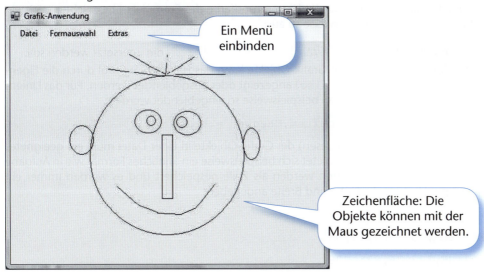

Die einzelnen Menüpunkte sehen im Detail so aus:

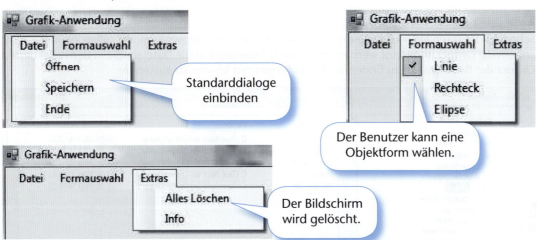

Das Zeichnen der Objekte soll (wie beispielsweise bei Microsoft Paint) durch Klicken mit der linken Maustaste gestartet werden. Mit gehaltener Maustaste wird dann das gewünschte Grafik-Objekt auf dem Bildschirm „gezogen". Das Lösen der der Maustaste sorgt für das Speichern in der entsprechenden Liste und das Anzeigen des neuen Objekts nach dem Neuzeichnen des Clientbereichs.

> **Hinweise:**
>
> ▶ In der Form-Klasse können alle Mausaktionen (Klick, Move, Up, Down ...) als Ereignisbehandlungsmethoden implementiert werden. Das Ziehen eines Grafik-Objektes mit der Maus benötigt die aktuellen Mauskoordinaten. Die bekommt man einfach durch das Auslesen der x- bzw. y-Koordinate während des Mausereignisses. Diese Koordinaten sind immer in dem Übergabeparameter **e** enthalten:
>
> e.X   Aktuelle x-Koordinate
>
> e.Y   Aktuelle y-Koordinate
>
> ▶ Wenn man außerhalb der OnPaint()-Methode zeichnen will, braucht man ein Graphics-Objekt. Dieses Objekt kann man über die Methode CreateGraphics() anfordern.
>
> System.Drawing.Graphics gra = this.CreateGraphics();
>
> ▶ Das Neuzeichnen des Clientbereichs kann mit der Methode this.Invalidate() veranlasst werden.

▶ Wenn man ein gezeichnetes Grafik-Objekt löschen will (beispielsweise beim Ziehen), dann kann man es auch einfach mit der Hintergrundfarbe des Formulars überzeichnen. Für ein Rechteck R sieht das beispielsweise so aus:

```
gra.DrawRectanglenew Pen(this.BackColor), R);
```

▶ Bei den Menüpunkten für die Grafik-Objekte kann das Häkchen-Symbol durch die Eigenschaft Checked (true oder false) angezeigt oder ausgeblendet werden. Für das Linien-MenuItem könnte das Häkchen beispielsweise so eingeblendet werden:

```
this.linieToolStripMenuItem.Checked = true;
```

▶ Für das Speichern (und auch Lesen) der Grafik-Objekte in einer Datei muss ein geeignetes Format gewählt werden. Hier bietet sich beispielsweise ein ähnliches Format wie in Aufgabe 12.3 an. Die einzelnen Formen werden als Zeile gespeichert und es werden immer ein Anfangspunkt sowie die Höhe und Breite angegeben:

```
:

RECHTECK,232,164,17,95

ELLIPSE,123,76,235,238

LINIE,261,275,21,9

:
```

Aufgabe 14.2

Schreiben Sie Ihren eigenen Dateiexplorer. Ähnlich wie im Windows-Explorer sollen in einer Baumansicht die Ordner angezeigt werden und in einer Listenansicht die Dateien, die in dem selektierten Ordner der Baumansicht zu finden sind. Das Programm könnte so aussehen:

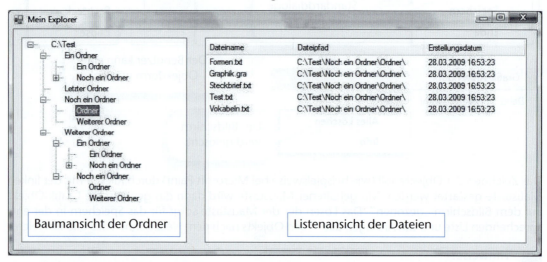

Der Wurzelknoten der Baumansicht ist in dem obigen Beispiel mit Pfad „C:\Test" initialisiert worden. Da sollte natürlich ein anderer Pfad eingetragen werden. Alternativ könnte der Pfad auch mithilfe des Verzeichnis-suchen-Dialogs (FolderBrowserDialog) vom Benutzer ausgewählt werden. Ebenso könnte die Baumansicht auch alle logischen Laufwerke anzeigen, so wie der Windows-Explorer. Dazu kann die statische Methode System.IO.Directory.GetLogicalDrives() benutzt werden. Die Listenansicht zeigt in dem obigen Beispiel nur die Dateien (Name, Pfad und Erstellungsdatum) in dem selektierten Ordner an (statische Methoden von System.IO.File benutzen).

ACHTUNG:

Das Auslesen von Ordnern kann zu Zugriffsverletzungsfehlern führen, weil beispielsweise keine Administratorrechte gegeben sind. Aus diesem Grund muss die Ausnahmebehandlung intensiv verwendet werden.

Hinweise:

▶ Die Baumansicht kann auf zwei Arten gefüllt werden:

Rekursion:

Das gesamte Verzeichnis (Laufwerk) wird rekursiv durchsucht und alle Knoten werden angelegt.

Nachteil: Bei großen Verzeichnissen (Laufwerken) sehr langsam

Füllen auf Anforderung:

Es werden nur die Knoten (Ordner) der ersten Ebene angelegt. Erst beim Ausklappen (Ereignis BeforeExpand) werden die nächsten Ordner angelegt, allerdings nur, wenn es zum ersten Mal ausgeklappt wird. Um das zu regeln, kann beispielsweise ein Dummy-Ordner beim Zuklappen (Ereignis AfterCollapse) angelegt werden. Beim nächsten Ausklappen wird getestet, ob ein solcher Ordner existiert und anschließend gelöscht. Nur wenn der Dummy-Ordner nicht existiert, wird der Knoten neu gefüllt. Für die Namen der Dummy-Ordner können beispielsweise das „*" oder der „:" genutzt werden. Diese Zeichen dürfen in den regulären Windows-Ordnern nicht benutzt werden.

▶ Auslesen der Ordnernamen:

Mithilfe eines Objektes der Klasse DirectoryInfo kann ein Objekt erstellt werden, mit dem sehr einfach auf die Ordner des gewählten Verzeichnisses zugegriffen werden kann:

```
System.IO.DirectoryInfo verzeichnisse =
    new System.IO.DirectoryInfo("C:\\Test");
```

Das Verzeichnis durchlaufen:

```
foreach (System.IO.DirectoryInfo dir in
        verzeichnisse.GetDirectories())
{
    // dir.Name liefert den Namen des Ordners
}
```

Alternativ: Alle Ordner mit komplettem Pfad in ein String-Array einlesen

```
string verzeichnisse =
System.IO.Directory.GetDirectories("C:\\Test");
```

Erweiterungen:
▶ Setzen Sie sich intensiv mit den System.IO-Klassen auseinander (Online-Hilfe), um weitere Attribute von Dateien (beispielsweise die Größe) in der Listenansicht anzeigen zu lassen.
▶ Erstellen Sie eigene Symbole mit einem Grafikprogramm, die dann in der Baumansicht und Listenansicht verwendet werden können. Implementieren Sie auch die Symbolansichten der Listenansicht (SmallImage und LargeImage).
▶ Erweitern Sie die Anwendung um ein Vorschaufenster, in dem Textdateien angezeigt werden können, die in der Listenansicht selektiert werden. Benutzen Sie dazu das Steuerelement TextBox. Bei den Eigenschaften der TextBox sollten die *Scrollbars* und die *Multiline*-Eigenschaft eingeschaltet werden. Der Inhalt der TextBox kann mit der Eigenschaft Text gelesen oder gesetzt werden. Die Methode System.IO.File.ReadAllText() liest beispielsweise den ganzen Inhalt einer Datei. Der Rückgabewert könnte der Text-Eigenschaft einfach zugewiesen werden.

15 Aufgaben zur Datenbankanbindung

Aufgabe 15.1
Ausgangssituation:

In einer Firma sind die Bestelldaten der Kunden in zwei Datenbanktabellen (beispielsweise mit ACCESS) abgelegt. Für die Mitarbeiter soll eine einfache Windows-Forms-Anwendung geschrieben werden, mit der die Bestelldaten eines Kunden übersichtlich dargestellt werden können.

Die zugrunde liegenden Tabellen sehen so aus:

Kundentabelle:

Beziehung der Tabellen:

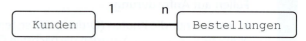

Bestellungen-Tabelle:

Die Bestellungen-Tabelle hat einen Fremdschüssel `Kunden_ID`, der die „1:n"-Beziehung der beiden Tabellen umsetzt.

Aufgabenstellung:

Legen Sie die beiden Tabellen in einer geeigneten Datenbank an (beispielsweise ACCESS) und füllen Sie die Tabellen mit den entsprechenden Werten. Implementieren Sie dann eine Windows-Forms-Anwendung, die auf die Datenbank zugreift und die Tabellen ausliest. Die Oberfläche der Anwendung sollte so aussehen:

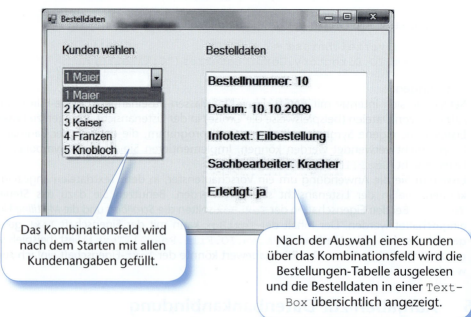

Aufgabe 15.2

Erweitern Sie die Anwendung aus Aufgabe 15.1 um ein neues Formular, auf dem zwei `GridView`-Steuerelemente die Kundendaten und Bestelldaten anzeigen. Das neue Formular soll nach dem Klicken auf einen Button geöffnet werden. Mithilfe der `GridViews` können die Daten in beiden Tabellen komfortabel bearbeitet werden.

Die Erweiterung könnte dann so aussehen:

Ein Klick auf den Button öffnet ein neues Formular.

Das neue Formular hat zwei `GridViews` zur Bearbeitung:

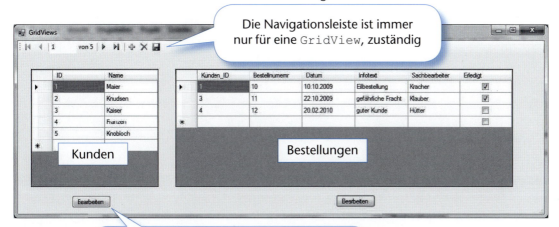

Die Navigationsleiste ist immer nur für eine `GridView`, zuständig

Mit einem Klick auf den Bearbeiten-Button soll die Navigationsleiste für das entsprechende `GridView` zuständig sein.

Hinweis:

Das Anpassen der Navigationsleiste kann über die Eigenschaft `BindingSource` geregelt werden. Es muss nur die gewünschte Quelle (Source) angegeben werden. Beispielsweise könnte die Anpassung auf die Kunden-`GridView` so geschehen:

```
einBindingNavigator.BindingSource = kundenBindingSource;
```

Die Erweiterung könnte dann so aussehen.

Das neue Formular hat zwei Unterviews zur Bearbeitung.

Teil 3
Lernsituationen

Lernsituation 1:

Erstellen einer Präsentation mit Hintergrundinformationen zu
der Sprache C# (in Deutsch oder Englisch)

Ausgangssituation:

Sie haben die Ausbildung zum Fachinformatiker bei der mittelständischen Softwareentwicklungsfirma **ProSource** begonnen. Unter anderem führt die Firma Inhouse-Schulungen
in verschiedenen IT-Bereichen durch.

Es ist eine Schulung in der Programmiersprache C# geplant. Da die C#-Entwickler der Firma
unter Zeitdruck stehen, ist die Vorbereitung der Schulung problematisch. Sie erhalten
deshalb den Auftrag, den einführenden Informationsteil der Schulung zu gestalten. Dieser
Teil soll ungefähr 15 Minuten in Anspruch nehmen. Neben historischen Daten sollen die
interessanten Aspekte der Sprache ansprechend vorgestellt werden – beispielsweise die
Einordnung der Sprache C# bezüglich strukturierter und objektorientierter Sprachen. Die
Präsentation soll auch in den ausländischen Niederlassungen der Firma genutzt und deshalb
auch parallel in englischer Sprache vorbereitet werden.

Arbeitsschritte in Einzel- oder Partnerarbeit:

Planung:

Legen Sie das Präsentationsmittel fest (PowerPoint-Präsentation, Handouts usw.).

Denken Sie über den Umfang der Präsentation nach (Zeitrahmen 15 Minuten).

Informieren Sie sich über die Hintergründe von C# mithilfe des Informationsteils dieses Buches und
weiterer Quellen wie dem Internet.

Wenn es möglich ist, dann arbeiten Sie fächerübergreifend im Deutsch- und/oder Englischunterricht
an der Präsentation weiter.

Durchführung:

Gestalten Sie die Folien ansprechend, ohne sie zu überfrachten. Formulieren Sie die Folientexte kurz
und aussagekräftig. Halten Sie die Präsentation entweder in Deutsch oder in Englisch, wenn der
fächerübergreifende Unterricht stattfinden konnte.

Kontrolle:

Führen Sie die Präsentation vor Ihrem Partner oder einer anderen Lerngruppe vor. Der Partner bzw.
die Zuhörer beobachten die Präsentation unter Einbeziehung des unten angegebenen Kriterienkatalogs, der im Anschluss die Grundlage für die kritische Auseinandersetzung bietet.

Kriterienkatalog für die Beurteilung einer Präsentation

✓ **Fachliche Seite:**
Gliederung/Strukturierung des Vortrages

✓ Logischer Aufbau des Vortrages

✓ Angemessener Einsatz von Fachsprache

✓ Zusammenhänge deutlich machen

✓ Zusammenfassungen bieten (Resümee ziehen)

✓ Abschnitte in dem Vortrag deutlich machen

✓ **Personale Seite:**
Ruhige und präzise Sprache/ Aussprache

✓ Pausen machen

✓ Dynamik und Gestik

✓ Blickkontakt zu den Zuhörern

Lernziele:

▶ Sie lernen wichtige Aspekte der Programmiersprache C# kennen.

▶ Sie sammeln Erfahrungen im Erarbeiten und Durchführen einer fachlichen Präsentation im Bereich IT.

▶ Sie verbessern Ihre Kenntnisse in der englischen Sprache und lernen grundlegende Fachbegriffe in Englisch kennen.

▶ Sie verbessern das gezielte Beobachten von anderen Vorträgen.

Lernsituation 2:

Anfertigen einer Kundendokumentation für den Einsatz einer Entwicklungsumgebung in C# (in Deutsch oder Englisch)

Ausgangssituation:

Die Softwareentwicklungsfirma **ProSource** entwickelt Individualsoftware für Kunden. Für einige Kunden ist es wichtig, die Programme selbst weiterentwickeln oder an vorhandenen Schnittstellen eigene Veränderungen vornehmen zu können.

ProSource bietet ihren Kunden deshalb auch für jedes Produkt eine ausführliche Dokumentation an. Für den Kunden Bank45, eine Bank, die hauptsächlich Online-Banking anbietet, hat ProSource eine Schnittstelle zur Datenübertragung von Kontoumsätzen von einem Web-Server auf ein internes Verarbeitungssystem entwickelt.

Diese Schnittstelle ist in C# entwickelt worden. Damit die Bank45 mit eigenen Entwicklern die Schnittstelle modifizieren kann, möchte sie zu der Schnittstelle eine kostenfreie Entwicklungsumgebung haben. Als Auszubildender der Firma **ProSource** erhalten Sie nun den Auftrag, eine Kundendokumentation zu dieser Entwicklungsumgebung anzufertigen.

Das Ziel ist eine einführende Beschreibung der Entwicklungsumgebung und die Beschreibung, wie ein bestimmtes Projekt (die so genannte Konsolenanwendung) angelegt werden kann. Zum besseren Verständnis soll ein kleines Programmierbeispiel vorgestellt werden. Der Umfang dieser Dokumentation sollte fünf Seiten nicht überschreiten. Die Dokumentation soll auch in den ausländischen Niederlassungen der Bank genutzt und deshalb auch parallel in englischer Sprache vorbereitet werden.

Arbeitsschritte in Einzel- oder Partnerarbeit:

Planung:
Überlegen Sie sich ein Konzept für diese Kundendokumentation. Orientieren Sie sich an den folgenden Fragen:

▶ Wie kann die Dokumentation gegliedert werden (allgemeine Beschreibung, Anlegen des Projektes, Programmierbeispiel)?

▶ Mit welchem Programm kann die Dokumentation adäquat umgesetzt werden (Editor, Word o.Ä.)?

Entscheiden Sie sich für eine Entwicklungsumgebung. Vorgeschlagen wird hier die kostenfreie Entwicklungsumgebung *Visual C# 2008 Express Edition*. Wenn Sie in Ihrem Lernumfeld mit einer anderen Umgebung arbeiten, so können Sie auch diese verwenden.

Wenn es möglich ist, dann arbeiten Sie fächerübergreifend im Deutsch- und/oder Englischunterricht an der Dokumentation weiter.

Für das Programmierbeispiel erhalten Sie folgende Vorgabe Ihrer Firma:
Es soll ein C#-Programm geschrieben werden, das eine Art Visitenkarte des Programmierers auf dem Bildschirm anzeigt.

Mögliche Bildschirmausgabe dieses Programms:

Bei der Umsetzung dieser Problematik müssen Sie folgende Punkte beachten:

▶ Wie wird ein C#-Projekt in der Entwicklungsumgebung angelegt?

▶ Wie sieht das „Hauptprogramm" aus und mit welcher Anweisung wird eine Bildschirmausgabe erreicht?

Benutzen Sie den Informationsteil dieses Buches und weitere Quellen wie das Internet, um die nötigen Kenntnisse zu erarbeiten.

Durchführung:
Gestalten Sie die Kundendokumentation in einem ansprechenden Wechsel von Text und Grafik (Screenshots der Entwicklungsumgebung).

Formatieren Sie Quelltext mit einer anderen Schrift.

Kontrolle:
Nutzen Sie die Rechtschreibkontrolle Ihrer Textverarbeitung. Falls es möglich ist, lassen Sie Ihre Dokumentation von jemandem lesen, der die Entwicklungsumgebung nicht kennt – es wird sich dann zeigen, ob Ihre Erläuterungen zum Ziel führen.

Lernziele:

▶ Sie lernen die Entwicklungsumgebung *Visual C# 2008 Express Edition* kennen und können ein spezielles Projekt, die Konsolenwendung, anlegen.

▶ Sie erarbeiten die Grundstruktur eines C#-Programms.

▶ Sie erkennen die Notwendigkeiten, um ein C#-Programm zu starten.

▶ Sie verbessern Ihre Kenntnisse in der englischen Sprache und lernen grundlegende Fachbegriffe in Englisch kennen.

Lernsituation 3:

Entwicklung eines Verschlüsselungsverfahrens für ein internes
Memo-System der Support-Abteilung einer Netzwerk-Firma

Ausgangssituation:

Als Spezialist für Systemintegration bietet die Firma NetSolution ihren Kunden einen Komplett-Service. Dieser Service beinhaltet auch den kostenfreien Support aller Kunden für acht Monate.

Alle Anfragen von Kunden (telefonisch oder per E-Mail) werden von den Support-Mitarbeitern als Notiz bzw. Memo abgespeichert. Dieses Memo-System ist ein einfaches webbasiertes Produkt der Firma **ProSource**, das allen Kunden von **ProSource** kostenfrei zur Verfügung gestellt wird. Eventuelle Erweiterungen des Systems können (natürlich kostenpflichtig) bei ProSource in Auftrag gegeben werden. **NetSolution** möchte nun eine solche Erweiterung in Auftrag geben. Das Speichern der Memos erfolgt standardmäßig in Klartext. Ein einfaches, aber relativ sicheres Verschlüsselungsverfahren soll nun in das Memo-System implementiert werden. Nach Abwägung von Sicherheitsbedürfnis und Kosten entschieden sich die Verantwortlichen für eine Verschlüsselung, die auf der Polybius*-Tafel mit zusätzlichem Code-Wort basiert. Als erfahrener Auszubildender der Firma **ProSource** erhalten Sie den Auftrag zur Umsetzung eines Verschlüsselungsmoduls.

* Polybius war ein griechischer Schriftsteller und Historiker (200–120 vor Christus). Er befasste sich damals schon mit Verschlüsselungsverfahren.

Arbeitsschritte in Einzel- oder Partnerarbeit:

Planung:
Das zu implementierende Verschlüsselungsverfahren wird hier schematisch dargestellt.

1. Wahl eines Schlüsselwortes: z.B. PROGRAMMIEREN
2. Füllen der Verschlüsselungsmatrix: Alle Buchstaben des Schlüsselwortes werden in die Matrix eingetragen, allerdings ohne Wiederholungen. Danach werden die restlichen Buchstaben des Alphabetes aufgefüllt.

	1	2	3	4	5
1	P	R	O	G	A
2	M	I	E	N	B
3	C	D	F	H	J
4	K	L	Q	S	T
5	U	V	W	X	Y
6	Z	leer			

3. Mithilfe dieser Matrix werden dann Zeichenketten verschlüsselt. Jeder Buchstabe erhält eine zweistellige Zahl (Zeile und Spalte). Diese Zahlen liefern dann die Verschlüsselung der Zeichenkette.

Beispiel: DAS IST EIN TEST

Verschlüsselung: **32 15 44 62 22 44 45 62 23 22 24 62 45 23 44 45**

Die Realisierung der Verschlüsselung setzt eine eingehende Auseinandersetzung mit den ein- und mehrdimensionalen Arrays aus dem Informationsteil voraus.

Durchführung:

Implementieren Sie eine geeignete Klasse, die über Methoden verfügt, die die Verschlüsselung durchführen können. Die verschlüsselten Zeichenketten sollen dabei in Arrays vom Datentyp int gespeichert werden. Die Klasse soll für beliebige Schlüsselworte sowohl verschlüsseln als auch entschlüsseln.

Kontrolle:

Jedes Entwicklerteam stellt handschriftlich eine Verschlüsselungsmatrix mit einem selbst gewählten Schlüsselwort auf. Diese Matrizen dienen dann als Testgrundlage für die Kontrolle der korrekten Ver- und Entschlüsselung.

Testen Sie das Modul unter den Bedingungen des Auftrages. Verschlüsseln und entschlüsseln Sie sehr lange Zeichenketten, die vom Umfang her einem Memotext entsprechen. Das könnten ca. 300 Worte oder ca. 2000 Zeichen sein.

Lernziele:

▶ Sie lernen eine interessante Anwendung der Programmierung kennen – die Verschlüsselungstechnik.

▶ Sie erarbeiten die nötigen Kenntnisse über ein- und mehrdimensionale Arrays in C#.

▶ Sie erkennen die Besonderheiten der Zeichenkettenverarbeitung in C#.

Lernsituation 4:

Planung, Implementierung und Auswertung eines elektronischen Fragebogens

Ausgangssituation:

Die psychologische Fakultät einer großen deutschen Universität führt Untersuchungen auch mithilfe des Computers durch. Für eine spezielle Untersuchung, die kognitive Fähigkeiten unter Stress (Zeitdruck) misst, soll ein Teil dieser Untersuchung am Computer durchgeführt werden.

Die Firma **ProSource** erhält den Auftrag, ein Programm für diesen Teil der Untersuchung zu entwickeln.

In dem Programm sollen den Versuchspersonen fünf Fragen gestellt werden. Für jede Frage gibt es drei vordefinierte Antworten, von der eine gewählt werden muss. Neben der gegebenen Antwort soll das Programm auch die Antwortzeit (in Millisekunden) speichern. Die Gestaltung der Bildschirmausgabe soll bewusst sehr schlicht sein, um die Probanden nicht unnötig abzulenken. Aus diesem Grund entscheidet sich die Projektleitung von **ProSource** für eine Konsolenanwendung. Als Auszubildender der Firma **ProSource** haben Sie bereits einige Konsolenanwendungen entwickelt. Die Aufgabe wird deshalb an Sie delegiert.

Arbeitsschritte in Einzel- oder Partnerarbeit:

Planung:

Von der psychologischen Fakultät erhalten Sie den Fragenkatalog mit den vorgegebenen Antworten. Die korrekte Antwort ist fett gedruckt.

Frage 1: Thomas Mann schrieb welchen Roman?

▶ Antwort 1:   Die Pest
▶ **Antwort 2:   Der Zauberberg**
▶ Antwort 3:   Der Untertan

Frage 2: Napoleon wurde endgültig besiegt in der Schlacht von?

▶ **Antwort 1:   Waterloo**
▶ Antwort 2:   Marengo
▶ Antwort 3:   Austerlitz

Frage 3: Der Schall pflanzt sich in der Luft mit welcher Geschwindigkeit fort?

▶ Antwort 1:   33 km/h
▶ **Antwort 2:   330 m/s**
▶ Antwort 3:   3300 m/s

Frage 4: Welche Erfindung machte Thomas Alva Edison nicht?

▶ Antwort 1:   Die Glühlampe
▶ Antwort 2:   Den Phonograph
▶ **Antwort 3:   Die Enigma**

Frage 5: Welcher Architekt nannte sich Le Corbusier?

▶ **Antwort 1: Charles-Edouard Jeanneret-Gris**
▶ Antwort 2: Frank Wright
▶ Antwort 3: Mies van der Rohe

Das Programm soll über ein Auswahlmenü verfügen, mit dem der Versuchsleiter den Versuch steuert:

```
Psychologisches Institut II
Teiluntersuchung: 5 Fragen
<1>     Neuen Versuch starten
<2>     Auswertung der Versuche
<3>     Ende
Ihre Wahl: ?
```

Nach der Auswahl „Neuen Versuch starten" muss zuerst eine Probandennummer eingegeben werden. Danach kann dann der eigentliche Versuch gestartet werden.

Der Proband startet den Versuch dann selbst durch Drücken einer Taste. Von diesem Zeitpunkt an wird die Zeit gemessen, die der Proband für die Beantwortung der einzelnen Fragen braucht.

Dem Probanden werden dann die fünf Fragen hintereinander gestellt.

Nach der letzten Frage wird der Proband auf das Ende des Versuches hingewiesen.

Der Versuchsleiter übernimmt wieder die Bedienung des Programms und nach dem Drücken einer Taste erscheint das o.a. Auswahlmenü.

Die Auswertung der Versuche kann jederzeit durchgeführt werden und soll verschiedene statistische Daten anzeigen.

Mögliche Bildschirmausgabe:

```
Psychologisches Institut II
Teiluntersuchung: 5 Fragen
******AUSWERTUNG*********
```

```
Prozentualer Anteil der korrekten Antworten bei Frage 1:    40%
Prozentualer Anteil der korrekten Antworten bei Frage 2:    20%
Prozentualer Anteil der korrekten Antworten bei Frage 3:    50%
Prozentualer Anteil der korrekten Antworten bei Frage 4:    60%
Prozentualer Anteil der korrekten Antworten bei Frage 5:    30%
Prozentualer Anteil der korrekten Antworten bei allen Fragen:    40%

Durchschnittliche Antwortzeit bei Frage 1: 4500 Ms
Durchschnittliche Antwortzeit bei Frage 2: 6200 Ms
Durchschnittliche Antwortzeit bei Frage 3: 2600 Ms
Durchschnittliche Antwortzeit bei Frage 4: 3700 Ms
Durchschnittliche Antwortzeit bei Frage 5: 4900 Ms

Minimale Antwortzeit bei Frage 1: 1500 Ms
Minimale Antwortzeit bei Frage 2: 2100 Ms
Minimale Antwortzeit bei Frage 3: 900 Ms
```

```
Minimale Antwortzeit bei Frage 4: 1100 Ms
Minimale Antwortzeit bei Frage 5: 1800 Ms

Maximale Antwortzeit bei Frage 1: 9600 Ms
Maximale Antwortzeit bei Frage 2: 6700 Ms
Maximale Antwortzeit bei Frage 3: 4500 Ms
Maximale Antwortzeit bei Frage 4: 6700 Ms
Maximale Antwortzeit bei Frage 5: 8800 Ms

Zurueck zum Auswahlmenue - Bitte eine Taste druecken. . . . .
```

Durchführung:

Entwickeln Sie das C#-Programm für die o.a. Problemstellung.

Stellen Sie bei den Benutzereingaben absolut sicher, dass keine Fehleingaben möglich sind.

Entwickeln Sie eine Klasse oder Struktur, in der Sie die Daten eines Probanden speichern können. Da beliebig viele Versuche durchgeführt werden können, muss die Speicherung der Daten dynamisch geschehen.

Die Fragen und Antworten sollten im Programmcode leicht editierbar, also in geeigneter Form an einer zentralen Stelle gespeichert sein. Das Programm sollte so konzipiert sein, dass es für das Ergänzen von weiteren Fragen vorbereitet ist.

> **Hinweis:**
>
> Die Zeitmessung kann mithilfe der Eigenschaft **Now** durchgeführt werden:
>
> System.DateTime.Now.Hour
>
> System.DateTime.Now.Minute
>
> System.DateTime.Now.Second
>
> System.DateTime.Now.Millisecond
>
> Die aktuelle Zeit ist in Stunden, Minuten, Sekunden und Millisekunden abrufbar.

Kontrolle:

Testen Sie das Programm mit dem *Black-Box*-Testverfahren. Die Testpersonen kennen den internen Aufbau des Programms nicht und testen nur die Funktionalität und das Ergebnis.

Kontrollieren Sie die Zeitmessungen auch manuell.

Simulieren Sie die Eingaben von möglichst vielen Versuchspersonen.

> **Lernziele:**
>
> ▶ Sie lernen eine komplexere Aufgabenstellung zu planen und zu realisieren.
>
> ▶ Sie erarbeiten sich tiefer gehende Kenntnisse über komplexe Datenstrukturen.
>
> ▶ Sie testen Ihr Programm mit einem allgemeinen Testverfahren, dem *Black-Box*-Test.

Lernsituation 5:

Implementierung einer Klasse zur Simulation der echten Bruchrechnung

Ausgangssituation:

Für den Einsatz in der Schule plant die Firma **ProSource** eine Softwarereihe für den Mathematikunterricht in der Grundschule und den Klassen der Sekundarstufe 1. Ein Teilmodul dieser Software soll ein Übungsprogramm für die Bruchrechnung werden. Dazu soll eine Klasse in C# entwickelt werden, die einen mathematischen Bruch korrekt repräsentiert. Dadurch soll die Grundlage für eine effiziente und fehlerfreie Entwicklung des Übungsprogramms geschaffen werden.

Da Sie bereits erfolgreich einige Klassen in C# implementiert haben, erhalten Sie den Auftrag, die Bruch-Klasse umzusetzen.

Arbeitsschritte in Einzel- oder Partnerarbeit:

Planung:

Die Bruch-Klasse soll einen mathematischen Bruch repräsentieren. Mathematisch gesehen ist ein Bruch der Quotient aus zwei ganzen Zahlen. Der Datentyp für eine ganze Zahl in C# ist der vorzeichenbehaftete Integer. Aus der Entwicklungsabteilung erhalten Sie eine Vorgabe der Bruch-Klasse, die von Ihnen implementiert und erweitert werden muss. Dabei sind die Konstruktoren der Klasse in der Lage, sowohl Integer-Werte als auch Gleitpunktzahlen in einen Bruch umzuwandeln, wobei die entsprechenden Werte in den privaten Attributen zaehler und nenner gespeichert werden. Das Kürzen des Bruches soll die Funktion Kuerze() übernehmen. Weiterhin sollen für alle arithmetischen Operationen mit Brüchen, Integer-Werten und Gleitpunktzahlen die entsprechenden Operatoren überladen werden.

Durchführung

Implementieren Sie die Bruch-Klasse in C#. Die folgende Klasse und die Hauptmethode sollen als Grundlage dienen:

```csharp
class CBruch
{
        private int zaehler;
        private int nenner;

        public CBruch()
        {
                //TODO
        }
        public CBruch(int z, int n)
        {
                //TODO
        }
        public CBruch(double d)
        {
                //TODO
        }
```

> Parameterkonstruktor mit Zähler und Nenner

> Eine Gleitpunktzahl soll in einen Bruch umgewandelt werden.

```csharp
        // TODO: Eigenschaften
        // TODO: Überladene Operatoren ( + , - , * , / , ++ , -- )
        // TODO: Explizite / Implizite Konvertierungen
        // TODO: ToString() überschreiben
}
```

```csharp
static void Main(string[] args)
{
        CBruch a = new CBruch(1 , 2);
        CBruch b = new CBruch(1.5);
        CBruch c = new CBruch();
        int i = 2;
        double d = 1.75;


        c = a + b;
        Console.WriteLine(c);


        c = i + b;
        Console.WriteLine(c);


        c = a + i;
        Console.WriteLine(c);


        c = d + b;
        Console.WriteLine(c);


        c = a + d;
        Console.WriteLine(c);


        c.Z = 28;
        c.N = 12;


        c.Kuerze();
        Console.WriteLine(c);


        c = (CBruch)1.75;
        Console.WriteLine(c);


        d = (double)c;
        Console.WriteLine(d);


}
```

Rechnen mit Brüchen

Rechnen mit Integer-Werten und Brüchen

Rechnen mit Gleitpunktzahlen und Brüchen

Eigenschaften nutzen

Den Bruch kürzen

Explizite Konvertierungen

Kontrolle:

Kontrollieren Sie die korrekte Arbeitsweise der Bruchklasse, indem Sie die Bildschirmausgabe der o.a. Hauptmethode mit dieser Ausgabe vergleichen:

```
C:\Windows\system32\cmd.exe

40 / 20
35 / 10
5 / 2
3250 / 1000
450 / 200
7 / 3
175 / 100
1,75

Drücken Sie eine beliebige Taste . . .
```

Testen Sie dann anschließend alle anderen Operatoren (- , * , / , ++ , --) auf Funktionalität.

Lernziele:

▶ Sie lernen eine wichtige Technik in C# kennen – das Überladen von Operatoren.

▶ Sie erkennen den Nutzen dieser Technik für die realitätsnahe Umsetzung einer Software.

Lernsituation 6:

Entwicklung einer Terminverwaltungssoftware mit Datenbankanbindung

Ausgangssituation:

Die Firma **ProSource** möchte ihren Kunden eine kostenfreie Anwendung zur Terminverwaltung zu Verfügung stellen. Damit sollen die Kunden stärker an das Unternehmen gebunden werden. Kunden, die schon länger keine Software bestellt haben, sollen dadurch wieder an **ProSource** erinnert werden. Die Terminverwaltungssoftware soll den Kunden eine komfortable Verwaltung der täglichen Termine bieten. Durch eine Datenbankanbindung soll eine zukünftige Web-Anbindung möglich sein. Mit dem Einsatz der neuesten .NET-Technik möchte **ProSource** seinen Kunden auch demonstrieren, dass bei **ProSource** mit aktueller Technik entwickelt wird.

Als Auszubildender der Firma erhalten Sie nun den Auftrag, die Software zu entwickeln. Die Software soll eine Verwaltung für Kontakte (Kundenkontakte oder persönliche Kontakte) und eine Verwaltung für Termine bieten. Die Termine werden immer mit einem eingetragenen Kontakt verknüpft.

Arbeitsschritte in Einzel- oder Partnerarbeit:

Planung:

Für die Funktionalitäten wurden bereits Bildschirmmasken entworfen, die als Grundlage der Entwicklung dienen sollen:

Startbildschirm:

Auf dem Startbildschirm wird eine Liste der Termine in einer Listenansicht angezeigt. Die Termine sind nach Datum sortiert (absteigend). Das Menü bietet weitere Möglichkeiten:

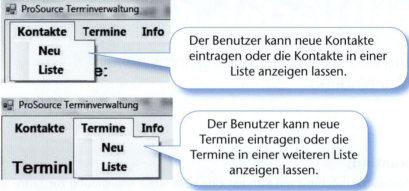

Kontakte → Neu:

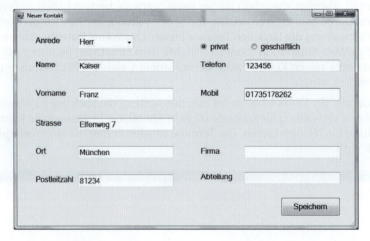

In diesem Formular kann ein neuer Kontakt eingetragen und gespeichert werden.

Kontakte → Liste:

Alle Kontakte werden in einer `ListBox` angezeigt. Mit den Buttons „Ändern" und „Löschen" kann ein selektierter Kontakt geändert oder gelöscht werden. Das Ändern erfolgt über dieselbe Bildschirmmaske wie unter dem Menüpunkt „Kontakt → Neu".

Termine → Neu:

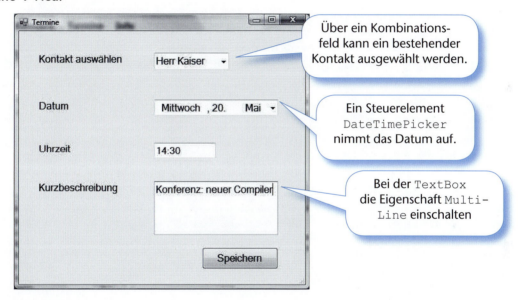

Termine → Liste:

Das Ändern oder Löschen von Terminen kann so wie bei den Kontakten über eine zusätzliche Liste realisiert werden.

Zur Datenbank:

Entwerfen Sie ein ER-Modell, um die Tabellen für die Datenbank zu konzipieren. Normalisieren Sie die Tabellen bis zur 3. Normalform.

Durchführung:

Entwickeln Sie die Anwendung als Windows-Forms-Anwendung mit einer Anbindung an eine Datenbank (beispielsweise ACCESS-Datenbank).

Wenn es möglich ist, dann erarbeiten Sie den Sachverhalt in Zusammenarbeit mit anderen Fächern wie Datenbanken.

Kontrolle:

Entwickeln Sie eine Anwendung, die mit Zufallswerten Kontakte und Termine generiert und in die Datenbank einträgt.

Testen Sie die Terminverwaltungssoftware dann mit wenigstens 100 Kontakten und 1000 Terminen.

Führen Sie Black-Box-Tests mit Mitschülerinnen und Mitschülern durch.

Lernziele:

▶ Sie erarbeiten ein sehr wichtiges Thema der C#-Programmierung – die Programmierung mit Windows-Forms.

▶ Sie lernen, wie eine Datenbank konzipiert und angebunden werden kann.

Anhang A: Strukturierte Dokumentationstechniken (PAP und Struktogramm)

Der Programmablaufplan (PAP):

Der Programmablaufplan ist eine grafische Darstellung eines Algorithmus. Er dient als Grundlage zur Umsetzung des Algorithmus in eine Programmiersprache.
Die Symbole für Programmablaufpläne sind in der DIN 66001 genormt.

Achtung:

In einem PAP sollten keine sprachspezifischen Elemente einer Programmiersprache enthalten sein. Ein PAP ist übergeordnet und kann für jede strukturierte Programmiersprache eingesetzt werden.

Symbole:

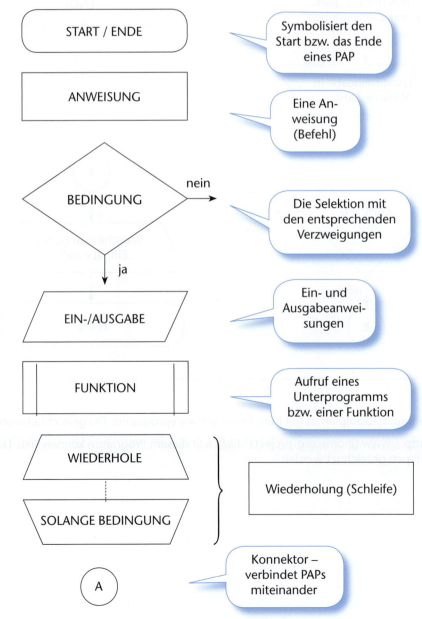

Beispiel eines Programmablaufplanes:

Problemstellung:

Ein Benutzer soll eine Zahl über die Tastatur eingeben. Wenn er eine Null eingibt, soll „Fehler bei der Eingabe" auf dem Bildschirm ausgegeben werden, ansonsten „Eingabe ok"

PAP:

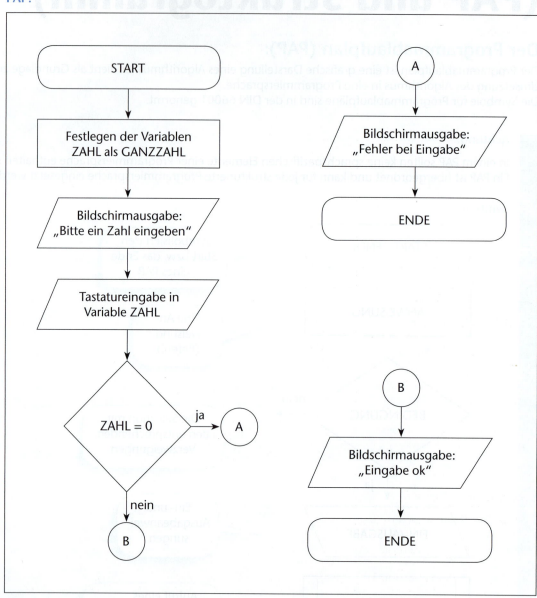

Hinweis:

Der Programmablaufplan ist mit dem freien Softwareprogramm *Dia* gezeichnet worden

(Link: http://www.gnome.org/projects/dia/). Mit diesem Programm können viele Diagrammtypen gezeichnet werden.

Das Struktogramm (auch Nassi-Shneiderman-Diagramm):

Das Struktogramm ist ebenso wie der PAP eine Planungs- und Dokumentationshilfe für den Programmablauf. Es ist nach DIN 66261 genormt und ebenso wie der PAP unabhängig von einer Programmiersprache.

Für die strukturierte Programmierung ist das Struktogramm noch besser geeignet, da die Umsetzung eines Struktogramms in die Programmiersprache eindeutiger ist als beim PAP.

Symbole:

Die Sequenz
Das sind Anweisungen, die hintereinander ausgeführt werden.

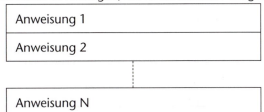

Die Selektion

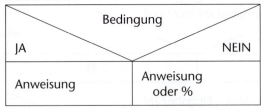

> Wenn der Nein-Zweig keine Anweisung haben muss, so wird dafür das Prozentzeichen % gesetzt.

Die Mehrfachselektion

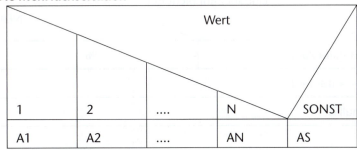

Kopfgesteuerte Schleife

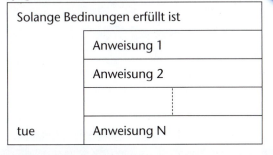

> A1 ... AN: Anweisungen 1 bis N

Rumpfgesteuerte Schleife

	Anweisung 1
tue	Anweisung 2
	⋮
	Anweisung N
Solange Bedingung erfüllt ist	

Zählergesteuerte Schleife

Für i = Start bis Ende mit Schrittweite x	
	Anweisung 1
	Anweisung 2
tue	⋮
	Anweisung N

Beispiel eines Struktogrammes:

Ein Benutzer kann beliebig viele ganze Zahlen (Integer-Werte) eingeben. Wenn er eine Null eingibt, soll das Programm anschließend die Anzahl der eingegebenen Zahlen sowie die größte und die kleinste der Zahlen auf dem Bildschirm ausgeben. Es sind nur folgende Variablen zu verwenden: EingabeZahl, Anzahl, Min, Max

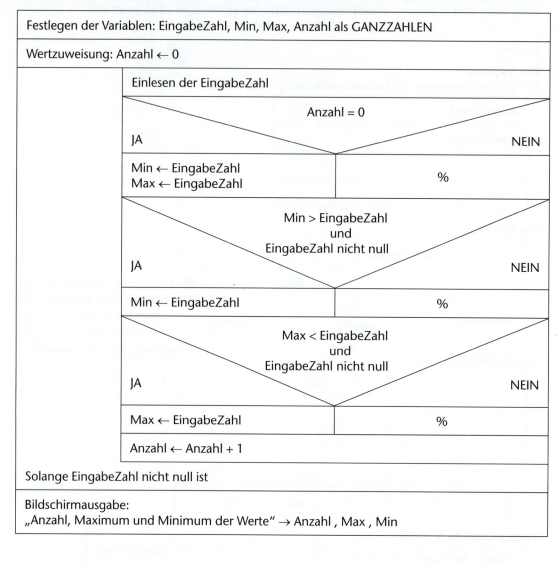

Festlegen der Variablen: EingabeZahl, Min, Max, Anzahl als GANZZAHLEN
Wertzuweisung: Anzahl ← 0

Einlesen der EingabeZahl

Anzahl = 0
JA / NEIN

Min ← EingabeZahl Max ← EingabeZahl	%

Min > EingabeZahl
und
EingabeZahl nicht null
JA / NEIN

Min ← EingabeZahl	%

Max < EingabeZahl
und
EingabeZahl nicht null
JA / NEIN

Max ← EingabeZahl	%

Anzahl ← Anzahl + 1

Solange EingabeZahl nicht null ist

Bildschirmausgabe:
„Anzahl, Maximum und Minimum der Werte" → Anzahl , Max , Min

Index